U0870118

HANYU
XIUCIXUE
ZHIYAO

汉语修辞学指要

谭汝为 著

天津出版传媒集团
天津人民出版社

图书在版编目(CIP)数据

汉语修辞学指要 / 谭汝为著. -- 天津 : 天津人民出版社, 2023.1

ISBN 978-7-201-18868-3

Ⅰ. ①汉… Ⅱ. ①谭… Ⅲ. ①汉语—修辞学—研究 Ⅳ. ①H15

中国版本图书馆CIP数据核字(2022)第196996号

汉语修辞学指要

HANYU XIUCIXUE ZHIYAO

出　　版	天津人民出版社
出 版 人	刘　庆
地　　址	天津市和平区西康路35号康岳大厦
邮政编码	300051
邮购电话	(022)23332469
电子信箱	reader@tjrmcbs.com
策划编辑	王　康
责任编辑	岳　勇
装帧设计	汤　磊
封面题签	赵红岩
印　　刷	天津新华印务有限公司
经　　销	新华书店
开　　本	710毫米×1000毫米　1/16
印　　张	18.25
插　　页	1
字　　数	250千字
版次印次	2023年1月第1版　　2023年1月第1次印刷
定　　价	87.00元

版权所有　侵权必究

图书如出现印装质量问题,请致电联系调换(022-23332469)

序　言

1932年，陈望道先生的《修辞学发凡》由上海大江书铺正式出版，创立了中国第一个科学的修辞学体系，被语文学界奉为中国现代修辞学的奠基之作。1964年秋天，笔者19岁，在天津山西路和成都道交口附近的黄家花园新华书店，买了一册由上海文艺出版社出版的《修辞学发凡》。这本浅绿色封面、印制并不精美的书，却使我爱不释手，反复研读，对修辞学产生了浓厚兴趣，并依照书中所引例句的出处为指南，去寻觅阅读古今名家名著。在《修辞学发凡》引导下，笔者走上了汉语修辞研习之路，后来又登上高校文科讲台。40年来，发表了近200篇语言修辞学论文、数百篇语言文化小品，出版了多部修辞学及语言文化著作，培养了多名汉语修辞学硕士学位研究生。迄今，退而不休，仍乐此不疲，甘之如饴，年既老而不衰。

2021年10月，应中学语文教学研究会之邀，在人民教育出版社录制了“名家说名作”系列节目——“《修辞学发凡》与现代修辞学”。在准备演讲稿时，中国修辞学会会长、复旦大学教授陈光磊先生提供参考资料。在初稿完成后，又蒙陈老师认真审阅，提出中肯的修改建议。光磊教授是陈望道先生的高足，与笔者相交近三十年，志同道合，亦师亦友。在光磊老师的指导下，这个讲座取得圆满成功，收看率和点赞率都很高——这不禁令我回想起1964年在黄家花园书店挑选购买《修辞学发凡》的情境……一本好书确实可以培育读书种子，甚至指引读者为之奋进一生。半个多世纪以来，笔者的生涯就是三件事：读书——教书——写书，且始终围绕着汉语修辞学这个学术基础。其中经历的艰辛历程和无限甘苦自不待言，但“回首向来萧瑟处，也无风雨也无晴”。

研修修辞学多年，深切感受到：在语言科学诸多的分支学科（如语音学、文字学、词汇学、语法学等）里，最关注动态的、感性的，处于发展变化的社会语言的，就是修辞学。因为修辞学最贴近现实的语言生活，旨在帮助人们在社会交往中，如何适应言语环境，怎样更好地使用语言，完成交际任务，从而实现语言的社会功能。

从20世纪70年代末以来，笔者先后在天津市红桥区职工大学中文系和天津师范大学国际教育交流学院任教，从事修辞学及汉语言文化教学和研究工作，迄今已四十多年。前20年，主要从事古代诗歌和汉语修辞的教学与研究工作，先后出版了《古典诗歌的修辞和语言问题》(1994)、《词语修辞与文化》(1998)。进入新世纪后，笔者将主要的精力转移到语言应用和天津城市文化研究上来。涉及语言文化、诗歌修辞、地名文化、方言文化等四个领域。关于语言文化研究，先后出版了《民俗文化语汇通论》(主编，2004)、《人名春秋——姓名文化古今谈》(2016)；关于诗歌修辞研究，出版了《诗歌修辞句法与鉴赏》(2003)；关于地名文化研究，先后出版了《天津地名文化》(2005)、《天津地名故事》(与刘利祥合作，2012)、《天津地名文化通论》(主编，2022)；关于天津方言研究，先后出版《这是天津话》(2009)、《天津方言文化研究》(2014)、《天津方言词典》(主编，2014)、《天津方言研究与调查》(与马庆株、曾晓渝合作，2014)、《天津方言与津沽文化》(2015)、《阅读天津·乡音识烟火》(2022)、《天津话里话天津》(2023)等著述。以上这些研究成果的取得，都得益于汉语修辞学与文化语言学的交汇融通。

近年来，笔者先后主持"天津方言寻根调查"(2010—2011)、"天津方言语音建档工程"(2015—2016)、"天津文化地理四卷本研究课题"(2018—2021)、"中国民间文学大系出版工程天津语言类六卷本编纂工作"(2022—)等语言文化项目的研究工作。由于多年来将汉语修辞与语言文化冶于一炉的研究路数，具备了比较宽阔的研究视野和比较灵活的研究方法，这就为学术转向后的各类语言文化研究工作奠定了比较坚实的基础。在研究实践中，善于掌握规律，触类旁通，就能"常行于所当行，常止于不可不止"。

近三年疫情防控，外出活动减少，在客观上提供了居家读书写作的充裕时间。笔者充分利用这难得的时空条件，将多年前因冗务缠身而被搁置的几部半成品书稿，如"诗词读赏心解""汉语称谓古今谭""语义文化指要""天津话里话天津"等，进行整理，使之完善，皆有望陆续出版。其中，笔者最看重的《汉语修辞学指要》书稿，就是在天津师范大学《汉语修辞学讲义》的基础上补充、修订而成的。

《汉语修辞学指要》即由天津人民出版社出版。这部书稿涉及汉语修辞与语言文化的多项内容——第一章“修辞学的性质”、第二章“词语应用修辞”、第三章“语法应用修辞”、第四章“语音应用修辞”、第五章“文字应用修辞”、第六章“侧重于内容的修辞”、第七章“侧重于形式的修辞”、第八章“修辞与语言文化”、第九章“汉语词汇的修辞特质”、第十章“言语交际的得体性原则”、第十一章“韵文修辞”、第十二章“多角度研究修辞”。——前七章，对传统修辞学的主要内容提要钩玄，力求言简意赅。后四章内容（如修辞与语言文化、汉语词汇的修辞特质、言语交际的得体性原则、韵文修辞）在探研的基础上力求创新，是笔者个性化研究的体现。最后一章多角度研究修辞，对近年来国内修辞学界出现的十个新的研究领域进行简介及阐析，力求化繁复为简约，突出这些研究领域各自的主旨与特色。

笔者潜心研究汉语修辞和语言文化四十余年，深刻体会到：只要贴近现实社会、贴近群众生活，就如走进了广阔的沃野，无限风光等待我们去欣赏，无数花果等待我们去采摘。如从青灯黄卷、故纸书袋的寻章雕句中挣脱出来，在现实语言生活中捕捉信息，就会发现鲜活的课题。“为渠哪得清如许？为有源头活水来。”只有与时俱进，不断进取，语言修辞研究自然就接地气，左右逢源，走上一条常青之路。

本书命名为“指要”，即突出汉语修辞学的主旨，力求删繁就简，深入浅出。在本书即将出版之际，对天津人民出版社总编辑王康老师多年来的热情帮助，对责任编辑岳勇老师的精心审改、严谨把关，表示由衷的感谢！

本书是在多年前讲义的基础上修订完善的，对于其中存在的舛误之处，欢迎方家读者不吝批评指正。

谭汝为

2022年10月3日写于天津华苑碧华里寓所

扫码领取精品视频课
领略汉语之美

·配套音频·
配套音频资源，轻松高效阅读本书

·名家课程·
文学名家精品课，深度学习专业知识

·读书笔记·
好记性不如烂笔头，边看边记加深印象

·交流社群·
入群和志同道合的书友交流阅读心得

目 录

第一章 修辞学的性质

本章主要内容:一、"修辞"本质剖析。二、修辞学是一门独立的学科。三、修辞学研究史话。四、修辞学的学术地位和发展前景。

第一节 "修辞"本质剖析

"修"和"辞",在上古时期都是常用字,但二字组合在一起成为"修辞"这个词,最早见于《易经·乾卦·文言》:"君子进德修业。忠信,所以进德也;修辞立其诚,所以居业也。"按照《说文》的解释,"修"的本义是"修饰";"辞"的本义是"讼辞",引申为"言辞""语言"。所以从词义角度分析:"修辞"就是修饰文辞,美化语言。这种通常的分析得到多数学者的认同。

"修辞"的本质究竟是什么?如何给"修辞"下一个科学的定义?这在现代修辞学界是聚讼纷纭的,主要有"修饰、加工、美化文辞","调整语辞","运用语言的艺术","提高表达效果的规律","同义形式选择","言语形式的最佳组合"等多种说法。综观以上各家对修辞下的定义,以及他们对修辞本质进行的探讨,存在着一些共同的缺憾:

首先,多数定义指向的修辞研究对象侧重于文辞,忽视语辞;追求文辞的艺术之美,忽视话语活动的修辞规律总结,致使汉语修辞学的研究对象和范围过于狭窄。其后果就是:修辞学界长期以来只注重艺术修辞,却忽视实用修辞;只注重书面语修辞,却忽视口语修辞。

其次,把修辞活动仅仅局限于对个别词句的修饰和调适,仅仅着眼于修辞者最终选定某一最佳词句去表达思想的那"一刹那",而不是着眼于修辞策略制定和实施的全过程。这样,修辞学家所关心的,只是那些经过修辞手段已经处理好了的,并具有明显修辞效果的个别用例;而对于大量存在的话语活动和修辞过程却不予注意，更谈不上对言语交际进行修辞调控规律的科学总结了。

再次，把修辞活动所指向的调控对象局限于语言自身，强调对词句进行修饰、加工、美化、调整、选择和组合，但没有把语言环境和社会文化环境这两个关键的因素纳入修辞调控范围。

最后，这些关于修辞的定义，只着眼于修辞应该如何适切说写者的思想感情，却忽略了接受者的特点和反应，忽略了在话语活动中表达与理解二者双向互动的根本性质。我们认为：说写者运用了各种修辞手法与技巧，能够恰当地表达出所要表达的思想内容，并不一定能取得良好的效果。因为说写者的交际目的或话语活动的根本任务，不仅仅是表达出思想就万事大吉了，更主要的是尽量以得体的话语，去有效地激发接受者的实际反应，借修辞调控去实现说写者的交际意图，从而达到人际交往的目的。

第二节　修辞学是一门独立的学科

语言是人类最重要的交际工具，语言的生命在于运用，修辞学就属于语言运用方面的科学。在语言学分科中，语音学、词汇学、语法学等都是根据对语言体系研究的需要形成的。它们在研究语言的体系时，自然会涉及语言的使用问题，但是对于语言使用中的一般规律和特点的研究，则超出了它们自身性质所决定的研究范围。为了充分地研究使用语言的规律和特点，语言学就要建立相应的新学科，这个新学科就是修辞学。修辞学主要研究使用语言的特点和规律。修辞学同语音学、词汇学、语法学等学科有着不同程度的联系，但是这种联系只是修辞学的学科特点之一，却并非是它的实质特征。例如：汉语语音学的研究对象是汉语的语音系统，而如何利用汉语语音的声、韵、调，构成各种表达手段，去增强语言表现力，追求良好表达效果，这是汉语修辞学研究的问题。汉语词汇学的研究对象是汉语的词汇体系和词义系统，而如何利用词汇体系和词义系统，构成各种表达手段，根据表达的需要予以恰当的选择和安排，以增强语言的表现力，追求良好的表达效果，那就是汉语修辞学研究的问题了。汉语语法学的研究对象是语言结构规律，而在此基础上能够构成哪些同义形式，各有什么表达效果，如何进行选择等，则属于汉语修辞学的研究范围。逻辑学的研究对象是思维形式及其规律，至于利用某种思维形式，或者故意“违背”某种思维形式，构成某种修辞现象，去增强语言表现力，追求良好表达效果，则是汉语修辞学研究的问题了。

修辞学是对语言运用进行全面深入研究的一门科学，它同语音学、词汇学、语法学等虽有联系，但语音系统、词汇体系、语法规律等本身并不是修辞学研究的对象。修辞学所研究的是在语音系统、词汇体系、语法规律等基础上形成的各种表达手段，探讨运用这些手段而取得的表达效果，总结语言运用的规律。例如：

A. 是进攻，还是防守？

B. 是攻，还是守？

C. 是进攻，还是守？

D. 是攻，还是防守？

这四句话表达的意思完全一样，词义都明确，语法也都通，逻辑上也没问题。但是从语言表达效果上看，A、B 比较好，C、D 就不大好。像这种性质的问题，词汇学、语法学、逻辑学就没法管，只能是修辞学研究的范畴：如何利用单音节词、双音节词这样的语言材料构成的同义形式，进行恰当的选择和安排，以取得好的表达效果。

再如刘勰《文心雕龙》“体性”篇，把作品风格列为八种类型：典雅、远奥、精约、显附、繁缛、壮丽、新奇、轻靡；然后总结道：“故雅与奇反，奥与显殊，繁与约舛，壮与轻乖。”其中把表示风格类型的双音节词缩略为单音节词，归纳为相对立的四组，分别选用“反”“殊”“舛”“乖”四个同义词来表述。这属于修辞问题，在表达某一个相同意义时，应注意选择恰当的同义词语交替使用，形成错综和变化的文势，才能取得好的表达效果。

第三节　修辞学研究史话

一、古代传统修辞

修辞研究，无论中外，都有悠久的历史。可以说在古希腊、罗马时代就产生了“修辞学”。从伊梭克拉兹(前436—前338)的《修辞术》、亚里士多德(前384—前322)的《修辞学》，到欧洲中世纪把“修辞学”列为“七自由学艺”中的一科，可见修辞在欧洲的历史久远。但是古希腊、罗马学者所标榜的“修辞学”，并不能与今天的修辞学在学科理论上完全画等号。虽然其中有一些与今天的修辞学相一致的内容，但论述简朴而混杂，实质上并没能奠定修辞学的基础。另外，当时名为修辞学的一些著述，实际上谈的是逻辑学或论辩术问题，把一些性质不同的学科混杂在一起。

在我国，修辞研究的历史也是悠久的。在先秦时期的典籍中，我们可以发现有关“修辞”的许多著名的论述，例如：

情欲信，辞欲巧。(《礼记》)

辞多则史，少则不达。辞苟足以达，义之至也。(《仪礼·聘礼记》)

质胜文则野，文胜质则史，文质彬彬，然后君子。(《论语·雍也》)

其旨远，其辞文，其言曲而中。(《周易·系辞》)

子曰：“君子进德修业。忠信，所以进德也；修辞立其诚，所以居业也。”(《周易·乾》)

这些论述虽是零散的只言片语，但都强调了语言美化和真诚态度的统一，提倡文雅的语言和朴实的人格的统一，颇有见地。

南朝梁代刘勰的《文心雕龙》是我国最早一部集中而全面论述修辞的著作。它系统地总结并提出了许多有关修辞方面的问题，例如“神思”“体性”“风骨”“情彩”“熔裁”“声律”“章句”“比兴”“夸饰”“炼字”“隐秀”等；把文体风格概括为“典雅”“远奥”“精约”“显附”“繁缛”“壮丽”“新奇”“轻靡”八种。《文心雕龙》对后世的修辞学产生了深远的影响。现代语言学大师王力晚年出版了两卷本论文集《龙虫并雕斋文集》，所谓“雕虫”就是研究“小学”(古代对文字学、音韵学、训诂学的研究），所谓“雕龙”就是对修辞或辞章的研究。龙虫并雕、龙虫并重，是我国古代语文学的传统，王力先生就继承了这个传统。

我国第一部修辞学专著是宋代陈骙的《文则》，另外元代王构的《修辞鉴衡》、明代谢榛的《四溟诗话》、清代况周颐的《蕙风词话》、陈廷焯的《白雨斋词话》、王国维的《人间词话》中都蕴含着丰富的修辞元素，有待于我们去搜集开发，爬剔梳理。古代许多诗话、词话、随笔、杂记中，都存有对修辞的精彩论述，但都把修辞同写作心得、鉴赏体会、文学评论混杂在一起。这些零散的吉光片羽式的论述，虽然可贵，但还远远不能形成独立的修辞学体系。

二、现代修辞的兴起

中国现代修辞学的兴起始于20世纪20年代。五四运动后，随着中西文化交流的加强，中国学者引进并吸收了外国修辞理论和成果，使修辞摆脱了与相邻近学科的种种缠绕混淆，开始走上了独立成学之路。其标志就是以“修辞学”命名的著作陆续出版，而且形成了一个小高潮。当时的修辞学著作大致可分为三个派别。

（一）引进日本修辞学的流派

我国最早出现的现代修辞学著作，当数汤振常的《修词学教科书》（1905）和龙伯纯的《文字发凡·修辞卷》（1905）。汤振常主要引进日本修辞学家武岛又次郎《修辞学》（1898）的观点；而龙伯纯主要引进日本学者岛村抱月《美辞学》（1901）、《新美辞学》（1902）的观点。王易的《修辞学》（1926）、《修辞学通诠》（1930），陈介白的《修辞学》（1931）、《新著修辞学》（1936）等，也主要是引进吸收日本修辞学理论而成书的。

（二）吸收欧美修辞学的流派

龚自知的《文章学初编》（1926）是照搬、节缩、翻译美国学者吉能的《实用修辞学原理》。唐钺的《修辞格》（1923）既借鉴了学者英国纳斯菲尔《高级英文作文法》中的一些观点，又吸收了中国古代修辞理论，是一部被视为“现代修辞学初步建立的标志”的主要著作。

（三）崇尚古代传统修辞学的流派

郑奠的《中国修辞学研究法》（20年代北京大学讲义）用文言写成，体现出著者明确的修辞观点，想要用中国古代传统修辞来规范今后的修辞。实际上，该书并没有谈修辞学的研究法，只是一部古典修辞理论的资料汇编。胡怀琛的《修辞学要略》(1923)标榜并以清朝桐城派姚鼐的古文创作经验为纲，全书引例全部来自古代典籍，作者认为只有文言文可以修辞，白话文不能修辞，这种陈腐的论调与时代格格不入。

在这个历史时期，代表古汉语修辞学研究最高成就的，就是杨树达的《中国修辞学》(1933)。该书体例受俞樾《古书疑义举例》的影响，揭示修辞规律，提出创新见解，建立起古汉语修辞学的体系。

三、现代修辞学的里程碑——《修辞学发凡》

陈望道《修辞学发凡》(1932)的出版标志着中国现代修辞学的正式建立。《修辞学发凡》融古今中外修辞学遗产于一炉，是我国第一部系统地兼顾文言修辞与白话修辞的专著。它的主要特点是：以马列主义观点为指导，建立了完备的修辞学理论体系，回答了修辞学的对象、任务、性质、作用等根本的理论问题；创立了修辞必须适应题旨语境的学说；从实际出发，概括了“两大分野”的规律，建立了比较完整的修辞手法规律体系；成为中国现代修辞学的一座里程碑，对中国修辞学的发展产生了巨大而深远的影响。

四、1949年之后至“文革”前修辞学的发展状况

20世纪40年代以后，中国修辞学研究基本上处于停滞不前的状态。中华人民共和国的建立，为修辞学的发展提供了前所未有的良好条件。这个时期最为显著的特点就是白话修辞得到空前的重视与发展，其代表著作就是吕叔湘、朱德熙的《语法修辞讲话》(1952)和张志公的《修辞概要》(1953)。修辞学加强了实用性，并走向了普及。

在这个时期，苏联修辞学、语体学理论对汉语修辞学产生了很大的影响。苏联语言学界，由于受到维诺格拉多夫院士等学术权威的影响，注重修辞学、语体学和风格学的研究。当时一些俄语修辞学名著被译为汉语，如格沃兹节夫的《俄语修辞学概论》(1959)、谢尔巴茨基的《中学高年级俄语修辞课》(1957)、叶菲莫夫的《论文艺作品的语言》(1958)、《语言风格与风格学论

文选译》(1960)等。这对中国语言学界，对20世纪50年代汉语课程体系的制定，都颇具影响。从那时开始，汉语教学和研究就被切分成四大块——语音、词汇、语法、修辞。尽管修辞列于末席，但始终占有一席之地。

如果说在这个时期，古汉语修辞研究的代表作是王力在《古代汉语》(1963)中论修辞和周振甫在《诗词例话》(1962)中论修辞的话；那么现代汉语修辞学的代表作则是张弓的《现代汉语修辞学》(1963)。这部著作探索了修辞和汉语各个因素的关系，探索了辞格系统和“寻常词语的艺术化”问题，探索了修辞和语体的关系，建立了颇具特色的修辞学体系，为汉语修辞理论建设做出了新的贡献。因而被称为中国现代修辞学史上继陈望道《修辞学发凡》之后，又一座里程碑式的著作。

五、从80年代到90年代，汉语修辞学走向了空前的繁荣

经历了“文革”之后，中国修辞学在20世纪80年代开始走向了繁荣，表现在：学术活动活跃、学术成果丰硕、研究领域拓宽、研究内容加深、研究方法更新、形成了学术梯队等几个方面。

在这个时期，王希杰在修辞理论上的贡献十分突出。他的《汉语修辞学》(1983)代表了中国80年代汉语修辞学的水平。《修辞学新论》(1993)是一部富于探索性、思辨性、理论性的修辞学专著，作者在书中提出建立正负偏离修辞模式，显辞格和潜辞格以及发挥潜在修辞作用，比喻的深层结构和表层结构等一系列重要的理论问题。《修辞学通论》(1996)提出：“力求遵循科学的最简单性原则，把修辞学体系建立在很有限的概念术语之上。这些概念术语就是：交际活动中的四个世界(语言世界、物理世界、文化世界、心理世界)，零度和偏离，显性和潜性。”另外，这部书还论述了语言环境和得体性原则、语体和风格等问题。《修辞学通论》建立的修辞学体系，就是以交际活动中的四个世界为框架，以零度和偏离，显性和潜性为两轴，以同义手段为贯穿线，按照语言环境和得体性原则，组织和甄别语料，建构全新的现代修辞学殿堂。

这个时期富有特色的修辞学著作是成批出现的，例如吴士文的《修辞格论析》(1986)、宗廷虎等的《修辞新论》(1988)、王德春和陈晨的《现代修辞

学》(1989)、谭永祥的《汉语修辞美学》(1992)、谭学纯等的《接受修辞学》(1992)、刘焕辉的《修辞学纲要》(1993)、张炼强的《修辞理据探索》(1994)等,在此就不一一介绍了。

第四节 修辞学的学术地位和发展前景

从20世纪80年代开始,中国修辞学进入了空前的繁荣时期,这是不争的事实。但是也必须指出,汉语修辞学研究的理论建设还比较薄弱,修辞研究的总体水平广度有余而深度仍显不足。修辞学在中国语言学中地位不高,作为中国语言学的权威刊物《中国语文》,多年来极少发表修辞学论文。《著名中年语言学家自选集》先后两批收入20人的论著,囊括了语言学的各个分支学科,但唯独没有修辞学家的席位。

从总体上看,中国语言学界受西方语言理论的影响很大。从20世纪40年代以来,在索绪尔《普通语言学教程》的影响下,描写语言学和结构主义占据了西方语言学的统治地位。从50年代以来,中国语言学基本上处于描写语言学的阶段,而描写又只限于语言的结构。在这相当长的时期,语言学只注重研究共时的、静态的语言本体,特别是语法占了突出的地位;传统语言学受到冲击,而以"言语"为研究对象的修辞学,受到轻视和冷落是必然的。

结构主义引入中国语言学界的几十年间,确实取得了很大成绩,从形式上给人们提供了一幅语言结构系统图,为第二语言教学和自然语言处理提供了规则。结构主义对中国语言学大有其功,但也日益显示出它的弊端。结构主义把语言从社会、文化、民俗、心理等复杂的背景中抽取出来,把它当作一种游离社会人文、脱离民俗文化、隔绝心理情感的纯形式系统,把活生生的、内涵丰富而复杂变化的语言,变成一个由零件和部件组成的机械世界。因而人们对于这种单调而枯燥的纯然公式化的描写,自然会感到不满意或不耐烦。世界是多元化的,是丰富多彩的;语言也是多属性的,自然也应是绚丽多姿的。为什么对语言的描写和解释只用一种固定的模式呢?为什么不把语言多姿多彩的面貌,把语言的人文面貌,把语言的民俗文化面貌,在语言研究中反映出来呢?

人们的这种感受和认识是中外相应的。近几十年来，欧美一些国家的语言学界逐渐对于狭义的语言观加以调整拨正，打破了结构主义一统天下的局面，兴起了宏观语言学，倡导并建立了与语言使用或运用有关的一系列语言学新学科，例如应用语言学、社会语言学、文化语言学、话语语言学、心理语言学、语用学等。这些新型的语言学科，属于索绪尔所谓的“言语语言学”的范畴。修辞学和这些学科的关系十分密切，有不少交叉点和结合部。这些学科的迅速崛起，对修辞学的发展极为有利。进入21世纪，修辞学应该有一个大发展。宗廷虎先生曾满怀豪情地预测——汉语修辞学在21世纪应该成为一门显学！总之，修辞学作为一门传统的学科，它之所以能够建立，经历过极受关注的兴盛时期，并且在新世纪要走向中兴，自有其外部和内部的原因。外部原因就是时代需要、社会需要和交际的需要；而内部原因就是修辞学有它特定的研究对象和任务，这绝非其他学科所能取代的。

在语言科学中，修辞学是最有社会效益的分支学科。因为有了修辞学，语言科学就可以帮助人们理解语言这个交际工具的本质和体系，帮助人们理解言语规律，帮助人们适应言语环境更好地使用语言，实现语言的社会功能，完成交际任务。因此，我们说——修辞学是语言学沟通大千世界的一座津桥，是语言学与亿万语言使用者之间联系的一条纽带，是语言学把握社会语言发展趋势、开发语言资源、为社会主义现代化服务的一个窗口，也是语言学树立社会形象最重要的一条渠道。

扫码获取
☆配套音频
☆名家课程
☆读书笔记
☆交流社群

第二章　词语应用修辞

本章主要内容：一、同义词语的选择。二、反义词语的选择。三、礼貌词语的使用。四、词语使用的要求和原则。

吕叔湘先生在《我对于“修辞”的看法》中指出：“修辞学，照我的看法，应该是‘在各种可供选择的语言手段之间——各个（多少是同义的）词语之间，各种句式之间，各种篇章结构之间，各种风格（或叫作‘文体’、‘语体’）之间——进行选择，选择那最适合需要的，用以达到当前特定的目的。’”

从语言运用的宏观角度分析，修辞活动自始至终就是一个不断选择的过程：它包括词语的选择、句式的选择、各种修辞方法的选择、不同的语体和风格的选择。不管是谁，只要你说话、写作，都面临着一个对语言进行选择的问题。我们评价某人语文水平的高低，或衡量其修辞效果的优劣，实质上就是看他在言语实践中，能否自觉或不自觉地连续作出最佳的选择。

词语是语言的建筑材料，文学家、演说家在写作或演讲中所运用的各种修辞技巧，往往令人欣羡，但是这些技巧和手段必须以丰富的词汇作为基础。正像刘勰在《文心雕龙·章句》中所说：“夫人之立言，因字而生句，积句而成章，积章而成篇。篇之彪炳，章无疵也；章之明靡，句无玷也；句之清英，字不妄也：振本而末从，知一而万毕矣。”刘勰所说的“字”“章”就相当于我们今天的“词”“段（或称‘句群’）”。词语的选择是繁复的修辞活动中最基本的一种选择。组词为句，积句成段，积段为篇，而词是造句的材料。要写出好文章，必须组织好每一个句子；要组织好句子，首先应选择恰当的词语。无论你运用什么修辞方式，都离不开选词这个基础环节。词语选择不过关，就很难迈进修辞运用的大门，更谈不上登堂入室了。

第一节　同义词语的选择

一、“同义异词”的选择

一篇文章，如果词汇贫乏，颠来倒去总是那几个少得可怜的词语，语言就显得单调干瘪，读来自然索然乏味。如果掌握了丰富的词汇，让同义或近义的词语在上下文里交替使用，就可以形成错综和变化的文势。这就是说，相同的意义应该选择不同的词语来表达。这种“同义异词”的选择，已成为古今作家在创作实践中自觉的修辞活动。例如：

（1）天下之佳人，莫若楚国；楚国之丽者，莫若臣里；臣里之美者，莫若臣东家之子。（宋玉《登徒子好色赋》）

（2）但这回却很有几点出于我的意外。一是当局者竟会这样地凶残，一是流言家竟至如此之下劣，一是中国之女性竟能如是之从容。（鲁迅《纪念刘和珍君》）

（3）微风过处，送来缕缕清香，仿佛远处高楼上渺茫的歌声似的。这时候叶子和花也有一丝的颤动，像闪电般霎时传过荷塘的那边去了……月光如流水一般，静静地泻在这一片叶子和花上，薄薄的青雾浮起在荷塘里。叶子和花仿佛在牛乳中洗过一样，又像笼着轻纱的梦。（朱自清《荷塘月色》）

（4）二和尚在外已经当了官，要像薛平贵那样，一十八载才能衣锦还乡。二和尚已经出去八年了，所以望日莲还得在寒窑苦守十个春秋，就会苦尽甘来，夫贵妻荣。（刘绍棠《蒲柳人家》）

（5）我有两条飞毛腿，走起路来快如飞。跨千山，越万水，追日寇，赶蒋匪。转战千里求解放，踏遍山河显神威。（石祥《我爱我的飞毛腿》）

（6）一会儿到上面看看水手们，望望放了望哨的警卫员，一会儿瞧瞧前舱里的人是不是休息了。（刘白羽《海上的遭遇》）

这些例句都在连贯的句子里精心选用了同义词语：例（1）的“佳人”“丽者”“美者”，例（2）的“竟会”“竟至”“竟能”，“这样”“如此”“如是”，例（3）的“仿佛……似的”“像……般”“如……一般”“仿佛……一样”“像……”，例(4)的“载”“年”“春秋”,例(5)的“跨”“越”“追”“赶”,例(6)的“看看”“望望”“瞧瞧”等。

在连贯的文句里精心选用同义异词,可以避免同一词语重复出现的呆板,显示出文意的灵巧变化之美。例如我们说:“比喻运用的面很宽,可以比喻声音,比喻外貌,比喻情感,比喻事物。”这句话形成了排比句式,但在短短的一句话里,“比喻”这个词连续出现了五次,显得有点儿重复板滞。《文心雕龙·比兴》在论说同样内容时,是这样表述的:“比之为义,取类不常,或喻于声,或方于貌,或拟于心,或譬于事。”也用排比句式,但因选用了“喻”“方”“拟”“譬”四个同义词,所以读来顺畅,毫无呆滞之感。

汉语的同义词语丰富多彩,给使用者提供了取精用弘的宝库。比如“酒”的同义词语就有——玉液、玉露、玉醅、玉浆、琼浆、醇醪、醇醴、杜康、甘醴、消愁药、扫愁帚、青州从事等。在言语实践中,我们也可以听到关于“酒”的贬斥性的同义词语——马尿、黄汤、狂水、祸泉、魔浆等。当然,这种同义词语选择要受感情评价、语言环境、语体风格、交际对象等多方面因素的制约。例如白居易的名作长篇叙事诗《琵琶行》中,有三次说到“音乐”,巧妙地选用了同义词:

主人下马客在船,举酒欲饮无管弦;

浔阳地僻无音乐,终岁不闻丝竹声。

——把“管弦”“音乐”“丝竹”三个同义词语交错使用,避免了重复板滞。

二、近义词语的选择

鲁迅先生在写作中,对词语的选择和锤炼非常重视,请看他在《太白》半月刊上发表的杂文《中国的科学资料——新闻记者先生所供给的》:

毒蛇化鳖——特志之以备生物学家之研究焉。

乡妇产蛇——因识之以供生理学家之参考焉。

冤鬼索命——姑记之以俟灵魂学家之见教焉。

这篇微型杂文用词贴切生动而富于变化——“特—志之”,“因—识之”,“姑—记之”;“备—研究”,“供—参考”,“俟—见教”——三个为一组的近义词语(或“近义结构”)又形成了“鼎足对”。用词手段的洗练、对偶的工稳和嘲讽的犀利互为表里，不愧为千古奇文！

精心而妥帖地选用近义词语，不仅可以避免单调、重复，使语言活泼灵巧、丰富多彩；而且可以协调节律，增强语势。例如：

(7)秦孝公据崤函之固，拥雍州之地，君臣固守，以窥周室，有席卷天下，包举宇内，囊括四海之意，并吞八荒之心。……及至始皇，奋六世之余烈，振长策而御宇内，吞二周而亡诸侯，履至尊而制六合，执敲扑而鞭笞天下，威振四海。(贾谊《过秦论》)

(8)你们的这许多言论行动，既然和敌人汉奸的所有言论行动一模一样，毫无二致，毫无区别，怎么能够不使人怀疑你们和敌人汉奸互相勾结，或订立了某种默契？(毛泽东《质问国民党》)

(9)延安的歌声……它是黑夜的火把，雪天的煤炭，大旱的甘霖。(吴伯箫《歌声》)

以上三例都是利用一连串的意义相近、结构相同的词语，增强了语势。在通常的情况里，词语的运用应避免雷同，往往要变换词语，以追求语言的活泼和变化。如果近义词语选择恰当，搭配妥帖，使用得体，就可以产生好的表达效果。例如：文天祥在《指南录后序》中，单是用来表现类似动作的近义词，就有二十多个。表示“奔逃”意义的——“奔真州”“出北海”“去京口”“如扬州”“趋高邮”，表示“趋向”“来到”意义的——“至京口”“入苏州洋”“来三山”“至于永嘉”，表示“经过”意义的——“过瓜州扬子桥”“行城子河”“道海安”“历吴门”，表示“渡过”意义的——“渡扬子江”“涉鲸波”等。这些动词性近义词语的交替使用，使语言波澜起伏，富于变化。

再如：萧华的《长征组诗》中，同是称呼“红军”就变换使用了十几种不同的称谓——“子弟兵”“万众”“雄师”“战士”“奇兵”“健儿”“勇士”“钢铁汉”“远客”“神兵”“劲旅”“征师”“三军”等。这些名词性近义词语的次第使用，不仅避免了同词重出，而且使行文活泼多姿。

又如：碧野的《天山景物记》，同样描摹草木的“绿”，分别使用了“墨绿”“碧绿”“翠绿”“沁绿”“青翠”“淡青”“深青”等词，避免了词语运用的重复划一。

使用同义词语或近义词语的出发点和主要的功能是避免重复，但并不

意味着“重复绝不可取”。有时有意识地重复使用某一个词语,可以取得很好的修辞效果。例如:

(10)春日绣衣轻,春台别有情。
春烟间草色,春鸟隔花声。
春树乱无次,春山遥得名。
春风正飘荡,春瓮莫须倾。
(皎然《和邢端公登台春望句,句有春字之什》)

(11)一整天,我所看见的,是灰色的墙,灰色的土,和穿着灰色衣服在街头守望的兵。(宋之的《1936年春在太原》)

(12)这几天,我准备写篇文章,题目就叫《忌“一”随感录》。抓文艺工作,我想有十个“切忌”:在领导思想上切忌“一刀切”;领导作风切忌“一言堂”;在管理手段上切忌“一边倒”;对人对事切忌“一偏之见”;对尖子人才切忌“一味求全”;观察形势切忌“一叶障目”;在创作和评论上切忌“一窝蜂”;对有争议的作品切忌“一锤定音”;对待创作中的失误者切忌“一棍打闷”;文艺团体切忌“一盘散沙”。(《文化部常务副部长高占祥答本报记者问——如何创造和谐融洽的良好气氛》,《文学报》1986年5月22日)

例(10)全篇八句,每句开头都是“春”字。这种有意的重复在于烘托出一种气氛,使作品充满了盎然的春意。例(11)全句三次出现“灰色”这个词,渲染出兵荒马乱氛围中的压抑感。例(12)连续铺排了十个“切忌”和十个以“一”打头的习用语,读来并无繁碎复沓之感,却有别开生面的感受。

第二节 反义词语的选择

反义词语的选择和使用,可以在相互映衬中把所描述的事物对象表现得更明晰、更传神。例如:

(1)我们的痈疽,是它们的宝贝,那么,它们的敌人,当然是我们的朋友。(鲁迅《我们不再受骗了》)

(2)它真挚却非固执,美丽却非淫艳,愉快却非狂欢,有力却非粗暴。(鲁

迅《记苏联版画展览会》)

以上两个例句都恰切地使用了反义词语,但在具体的表现手法上,却各有不同。例(1)通过"痈疽—宝贝""敌人—朋友"的反义对比,昭示爱憎分明的态度。例(2)用"非固执""非淫艳""非狂欢""非粗暴"四个否定性的短语,分别补充"真挚""美丽""愉快""有力"这四个形容词的含义。

(3)它单纯可又繁复,扰攘同时清幽,庄严而诡谲,平凡亦新奇;低诉里突起一声高歌,短曲中拖出无尽的长调。(聂绀弩《巨像》)

(4)你又贫穷,你又富庶;
你又孱弱,你又强大;
——亲爱的母亲俄罗斯!

(涅克拉索夫《在俄罗斯谁能快乐而自由》)

(5)他的世界,又小又宽广;
他的路径,又短又漫长。
每天呵每天,上上下下,
在书的丛林中,采摘精神果实忙。

(方敬《图书管理员》)

例(3)对应使用了六组对应的呈反义的词语:"单纯—繁复""扰攘—清幽""庄严—诡谲""平凡—新奇""低诉—高歌""短曲—长调",揭示出作者对所描摹事物特殊的理解和感受。例(4)的"贫穷—富庶""孱弱—强大"和例(5)的"小—宽广""短—漫长",都形成了反义对立。以上三例中互相对立的词语在不和谐的组合中似乎是矛盾舛误的,但这两种互相排斥的意象却"互相矫正,彼此偶然也约束,共同合作而产生了美"(荷迦兹《美的分析》)。这种修辞法还常常造成一种睿智的幽默感,如日常语言中:"聪明的傻瓜""好聪明的糊涂法子""勇敢的懦夫""熟悉的陌生人",等等。曾有人这样描述美国小说大师艾·辛格,说他太复杂了,是"禁欲的好色者,无邪的世故者,孤独的好客者,稚气的老人"。这段有趣的描述,使人在正与反、善与恶、积极与消极、肯定与否定等两种性格的相互冲突、因依和联结中,窥见这位诺贝尔文学奖获得者复杂性格之一斑。[①]

第三节 礼貌词语的使用

礼貌语言是社会文明的标志，是心灵美、行为美的体现，是人与人之间相互尊重、友好团结、互助互谅的新型关系的反映。礼貌语言有利于人们的身心健康，有利于社会的安定团结，有利于社会公德的培养，有利于全民族文明素质的提高，有利于社会的进步。它是精神文明建设的重要内容之一。礼貌语言主要表现在称谓语、委婉语和礼俗语的选择和使用上。

一、称谓语的使用

称谓就是称呼、名称。它是人们由亲属关系或其他的相互关系，以及由于职业、职务等而得来的名称。譬如汉语古今有关"妻子"的称谓语就多达近百种，如：夫人、老婆、太太、媳妇、婆娘、婆姨、女人、堂客、老伴儿、内人、内子、屋里的、做饭的、孩子他妈等。这些不同的称谓反映了人们的思想意识、道德观念、价值取向和文明程度。在社会交际活动中，首先遇到的就是"选用称谓语"的问题。它是提高交际表达效果的一个重要方面。

汉语的称谓可分为"亲属称谓"和"非亲属称谓"两大类。亲属称谓在一定的条件下，也可以用来称呼本无亲属关系的人，但大多用于非正式的交际场合（如：车、船、码头、公园、商场等），借以表达说话人对称呼对象比较亲切的态度。使用亲属称谓，应注意确定辈分，选择适当的称呼：

同辈人——大哥、兄弟、大姐、大嫂、大妹子等，

父一辈的——大爷、大妈、大叔、大婶儿、伯伯、叔叔、阿姨，

祖父一辈的——爷爷、奶奶、姥姥等。

在比较正式的交际环境（如：在工厂、学校、公司、部队、机关谈论工作时），就不宜使用亲属称谓，而应该使用职业称谓了。在汉语的职业称谓中，

---

① 详见谭汝为：《试论"似不通"的修辞方式》，《天津社会科学》1986年第5期。另收入谭汝为：《古典诗歌的修辞和语言问题》，天津古籍出版社1994年。

较为常见的是“师傅”(多用于工人或服务性行业的工作人员)、“老师”和“大夫”。这三种职业称谓前,可以加上姓氏,如“赵师傅”“钱老师”“孙大夫”等。其他的职业称谓,如:“司机”“门卫”“邮递员”“民警”“记者”“编辑”“售货员”“售票员”“列车员”“导游”等,也经常使用。一般应在后面加上“同志”一词,表示亲切和尊重。但是在这些职业称谓前,不能加姓氏,如“李司机”“周门卫”“武邮递员”“王售货员”等。

社交称谓在近年发生了两个相当显著的变化:一是“同志”“师傅”使用范围的缩小,而“先生”“女士”“小姐”之类社交称谓相当盛行。这是改革开放与国际惯例接轨之使然。另一个引人注目的变化就是:“老师”这个称谓已越出教育界的范围,而运用于高文化素质的其他行业(尤其表现在文艺、卫生、科技、新闻、广播电视等领域)。文艺界、广电界知名人士被社会称为“老师”。

二、委婉语的使用

俗话说“入境问俗”“入乡随俗”,这是礼貌语言使用的重要方面,也是修辞运用的重要原则之一。所谓“问俗”“随俗”就是要了解并注意当地的风俗习惯,特别是禁忌习俗。

不同的民族、不同的地区、不同的行业,往往有自身独特的禁忌习俗和相应的禁忌词语。当人们谈到这些被禁忌的事物时,应该用委婉词语来代替,否则就被视为“犯忌”。如:旧时船家、渔民忌讳说“翻”和“沉”这两个词,连和这两个词同音异义的词也在禁忌之列;那么“船帆”就改称为“船篷”,烙饼“翻个”就改称“转个”,姓“陈”就改称姓“耳东”。江浙一带商家认为,指称“商店晚上结束营业”为“关门”,很不吉利;因为“关门”还是“停业倒闭”的代称。因而把店铺晚上结束营业改称为“打烊”。这些委婉语的出现,是“避讳”之使然。

委婉语就是不直接说某事物或状态,而用比较温和、曲折的方式,换另一种说法指称。其目的是避俗求雅,减少对听话人的刺激。比如“死亡”总是伴随着痛苦、悲伤和遗憾,引起恐惧和厌恶;因此自古及今,产生了一系列关于“死亡”的委婉语,例如:亡、故、卒、殒、归天、归西、物化、仙逝、长眠、逝世、去世、谢世、辞世、过世、下世、弃世、作古、捐躯、永别、永诀、就义、就木、牺牲、献身、玉碎、殉国、殉难、殉职、断弦、圆寂、羽化、没了、不在了、过去了等。现代汉语中又出现了一些关于“死亡”的委婉语，如：“心脏停止了跳动”“永远地闭上了眼睛”“走完了人生的路程”“去见马克思”“光荣了”等等。人们之所以把“死”字隐去，代之以委婉语，一是为了避开这个令人可怕的字眼，二是表达对死者的怀念和尊重。

涉及“性行为”以及与“性”有关的事物，都用一些委婉的说法来代替。男女间的性生活，西方人的委婉语是“上床”；中国人连“床”也避开，叫“同房”“同居”。关于“男女交媾”的委婉语有：“云雨”“办事”“有事”“发生关系”等。女子来月经，除了在医院里等少数场合外，一般用“来例假”“倒霉了”等词语委婉地指代。女子怀孕，被说成“有了”或“有喜”。把大小便委婉地称为“出恭”“净手”“解手”“净手”“更衣”“方便”等。厕所被委婉地说为“卫生间”“洗手间”“盥洗室”“化妆室”等。涉及人体某些部位的词语也尽可能地用委婉语，如用“胸罩”代替“乳罩”，用“卫生巾”代替“月经纸”，用“臀部”代替“屁股”，用笼统的“下身”代替那些不便直言的性器官。

对于人的某些身体特征，也应使用委婉语。例如：“富态”“发福”是说身体肥胖，“将军肚”是说中老年男子凸现隆起的大肚子，“眼神儿不好”或“眼睛不好使”是说视力有严重的病症或失明，“耳背”是说耳聋，“腿脚不方便”是说下肢残疾，“歇顶”是说头顶没有头发。这样使用委婉语，一是避免了“瞎子”“聋子”“瘸子”“傻子”“秃子”这类粗俗的称谓，二是表现出对人的尊重，体现出语言的文明。

对于某些不良的社会现象，也常避开直言，而采用委婉的说法。例如：用“三只手”“手脚不干净”指代小偷或有这类毛病的人；用“作风问题”指代乱搞两性关系；用“绯闻”“花案”指代与不正当的男女关系有关的传闻或案件；用“办公室恋情”指代上班族发生在办公室内的感情冲动或纠葛；用“寻花问柳”指代嫖娼；用“失足青少年”指代青少年罪犯；用“进去了”“出事了”指代被拘捕或坐牢；用“二进宫”指代第二次被判刑关进监狱；用“扒马褂”指代公检法干警因严重违法乱纪，被清除出公检法队伍等。

三、礼俗语的使用

所谓“礼俗”就是礼仪习俗,“礼俗语”就是在社交礼节中形成的礼貌词语模式。中国经历过长期的宗法制度,加上受到儒家思想的影响,产生出一整套人事条理和道德规范,制约着人们在礼俗交往中的语言运用,并逐渐形成了自成体系的礼俗词语体系。礼俗词语又可分为对别人的“敬誉语”和对自己的“谦恭语”两大类。

(一)敬誉语

敬誉语在社会交际中,又可以分为庆贺、祝颂、赞誉、劝慰、唁慰、恭维等内容。

1. 庆贺语——例如“一帆风顺”“一举冲霄”是贺人升迁;“天作之合”“鸾凤和鸣”是贺人娶妻;“寿比南山”“福寿双全”是贺人寿辰。

2. 祝颂语——例如“鹏程万里”“前途无量”是祝颂前程远大;“旗开得胜”“马到成功”是祝颂事业成功;“燕雀相贺”“竹苞松茂”是祝颂新居落成;“一路顺风”“福星载运”是祝颂远行顺利。

3. 赞誉语——例如“明镜高悬”是称誉执法严明;“一廉如水”是称誉为政清廉;“人杰地灵”是称誉地方风物;“德隆望尊”是称誉长者风范;“宝刀不老”是称誉老有所为;“妙手回春”是称誉医术高超。

4. 劝慰语——往往寓有安慰和祈祝两层含义。例如“大器晚成”“大智若愚”“否极泰来”“自有公论”“失之东隅,收之桑榆”“留得青山在,不怕没柴烧”“大难不死,必有后福”“塞翁失马,焉知非福”等。

5. 唁慰语——对友人家的丧事或不幸进行吊唁安慰,例如:友人父母亡故,用“大故遽遭”;师长逝世,用“山颓木坏”;悼祭文人,用“玉楼赴召”;悼人丧子,用“西河之痛”;悼人丧女,用“蕙折兰摧”;悼祭年轻女子,用“香销玉殒”等。

6. 恭维语——表示恭敬和景仰。例如:“久仰大名”“大名鼎鼎”“遐迩闻名”“雄才大略”“才华横溢”“实至名归”“学富五车”“著作等身”“林下风致”“品学兼优”“一表人才”“风度翩翩”等。其中含有某种夸张的成分。

(二)谦恭语

谦恭语也是礼俗语重要的组成部分。例如:

“才疏学浅”“学养不足”“孤陋寡闻”“人微言轻”“望尘莫及”“自维谫陋”等是自谦语。

“抱歉良深”“深感歉疚”“敬希鉴谅”等是致歉语。

“力不从心”“有心无力”“无能为力”“爱莫能助”等是委婉的谢绝语。

另外,馈赠朋友礼品时,宜用“千里鹅毛”“聊表寸心”“不成敬意”“惟请笑纳”。对自己方面要用谦称,如:“拙著”“拙见”“寒舍”“后学”;同样的内容,用于对方则用尊称,如:“大著”“高见”“尊府”“先生”等。

应该指出:上述传统礼俗词语中,可能包含着某些落后的、不合时宜的成分;但是其主流意识确实反映了重礼仪、守礼法、行礼教、讲礼信的中华传统文化精髓;对此,应该在批判继承的基础上发扬光大。在词语选择上,如果我们注重对称谓语、委婉语、礼俗语的正确使用;那么对于促进“尊敬师长、团结同志、敬老慈幼、和睦邻里”的社会文明风尚的形成,是大有裨益的。

第四节 词语使用的要求和原则

一、词语使用的基本要求

词语使用的基本要求有四个方面,即:准确、鲜明、生动、简洁。下面分别论说。

(一)准确

在文章写作或言语交际中,词语的选择和使用,应该准确地反映客观事物、恰切地表达思想感情。老舍先生在《语言、任务、戏剧》一文中谈道:“语言要准确、生动、鲜明,即使像‘的、了、吗、呢……’这些词的运用也不能忽视。日本朋友已拟用我的《宝船》作为汉语课本,要求我在语法上作一些注解。其中摘出‘开船喽!’这句话,问我为什么不用‘啦’,而用‘喽’。我写的时候只觉得要用‘喽’,道理却说不清,这就整得我够受。我朗读的时候,发现大概‘喽’字是对大伙说的，如一个人喊‘开船喽！’是表示招呼大家。如果说‘开船啦’便只是对一个人说的，没有许多人在场。区别也许就在这里。”这段写作心得告诉我们，在词语的使用上，要精心选用最能妥帖表达此情此境的词语，不能忽视每一个词，即使像“喽”“啦”等语气词的斟酌选用，都大有讲究。

在某电视台颇有影响的综艺栏目中，主持人在请一位观众上场表演节目介绍说：“今天我们很高兴请到了一位年过半百的老同志上台，他就是八十多岁的……”把八十多岁的老同志说成“年过半百”，听着别扭。如果改为“已过古稀之年”或“已是耄耋之年”就准确了。沙叶新的小说《告状》写一个叫杨鲁的男孩，告他父亲杨庆的状。他向父亲所在单位的党委书记指控说：父亲不让儿子“游戏人间”，每天“画地为牢”，要儿子“咬文嚼字”，稍不满意，还要“入室操戈”。他声称：父亲打他总是“重于泰山”，不像母亲打他“轻如鸿毛”。他指责父亲把他打得“犬牙交错”“抱头鼠窜”“屁滚尿流”，并表示“庆父不死，鲁难不已”。这个孩子并不理解所使用的汉语四字格词语的深层意，他只用词语的字面意去表达，于是就出现了一连串令人啼笑皆非的错误。现实生活中由于词语使用的失误，造成交际负面效果的情况也屡见不鲜。例如：一家公司在“讣告”的结尾写道——“敬请光临”；一位干部在接受邀请时说——“谢谢，我一定准时光临寒舍”；一个学子在赠给恩师的书上写着——“××先师惠存”；某个年轻人在社交场合总是搬出父亲的大名当招牌——“我令尊是×××”等。[①]

（二）鲜明

词语使用应该鲜明突出地反映客观事物和思想感情，给听读者留下显豁的印象。例如鲁迅《头发的故事》中N先生的一段话——“我最佩服北京双十节的情形。早晨，警察到门，吩咐道：‘挂旗！’‘是，挂旗！’各家大半懒洋洋地踱出一个国民来，撅起一块斑驳陆离的洋布。”这段文字巧妙而精当地使用了“踱出一个国民”“撅起一块洋布”等意味深长的词语，把在北洋军阀

① 参见谭汝为：《言语交际得体性例论》，《词语修辞与文化》，天津古籍出版社1998年，第198页。

统治下的人们对双十节的冷漠和厌倦，描写得淋漓尽致，鲜明地表达了人物的感情。

再如王蒙《说客盈门》描写县革委会主任老赵同志——“他悠悠地踱着步子，嘬着牙花子，慢吞吞地吐着每一个字。好像是在掂每一个字的分量；又像是在咂每一个字的滋味。是的，他的话语就像五香牛肉干，浓缩，醇厚。”作者精心选用了“踱”“嘬”“吐”“掂”“咂”五个动词，加上“牛肉干”的比喻和“浓缩”“醇厚”这两个形容词，就把那个擅长于端架子、打官腔、说套话的官僚习气十足的领导干部形象如画地勾勒出来。

王春瑜《说鼓噪》写道：“曾记否？几年前，一些人在报刊、电视上连篇累牍地吹捧王同忆是‘词典专家’‘著作等身’，并在照片上、镜头上，亮出他的煌煌大著。然而，近来北京高级法院的一纸终审判决书，终于使他原形毕露：剽窃他人著作，名誉扫地的词苑扒手。面对这张判决书，当年群起鼓噪者不知作何感想？也许王同忆这样的学界‘鼓上蚤’人物，不值得一提。令人困惑的是，某些在学术上斐然有成，甚至早已置身名家之列的学者，也参加鼓噪的行列，真是何苦来！”这段文字使用了“连篇累牍”“吹捧”“原形毕露”“剽窃”“名誉扫地”“扒手”“群起鼓噪”“不值一提”“令人困惑”“鼓上蚤”“何苦来”等感情色彩鲜明的词语，义正词严地对文坛歪风进行鞭笞。

（三）生动

所谓生动，就是选用那些具体形象、新鲜活泼的词语，使文章或谈话浑然成趣，富有感染力。例如符中士《不吃辣椒不革命》写吃辣椒和声音洪亮的关系时，幽默地说——“外面流传着这样一句话：‘宁愿听苏州人吵架，不愿听湖南人说话。’听苏州人吵架，简直是一种艺术享受。吴侬细语轻柔温婉，好似‘两个黄鹂鸣翠柳’一般。湖南人只要辣口一开，哪怕两口子说悄悄话，也是高腔快调，振聋发聩。有些人……这是一种缺陷。殊不知湖南读过《麻衣相法》的人极多，相信书上说的‘声音洪亮者主贵’！”这段文字之所以飘逸精彩，就是因为使用了生动传神的词语，昭示出作者的睿智和才情。下面我们欣赏我国台湾著名节目主持人凌峰在1990年春节晚会上的一段独白：

在下凌峰，我和文章（台湾影星）不一样，虽然我们都得过“金钟奖”和“最佳男影星”称号。但是我是以长得难看而出名的。（掌声）两年多来，我们大江南北走了一趟——拍摄《八千里路云和月》，所到之处呢，观众给予我们很多的支持，尤其男观众对我的印象特别好，因为他们认为本人的长相像中国。（笑声、掌声）中国五千年的沧桑和苦难全都写在我的脸上。（笑声、掌声）一般说来，女观众对我的印象不太良好，有的女观众对我的长相已经到了忍无可忍的地步，（笑声、掌声）他们认为我是人比黄花瘦，脸比煤球黑。（笑声、掌声）但是我要特别表明：这不是本人的过错，实在是家父母的错误。当初并没有征得我的同意就把我生成这个样子。（笑声、掌声）但是，时代在变、潮流在变、审美的观念也在变。如果你仔细地归纳一下，你会发现，现在的男人基本上分为三种：第一种——你看上去很漂亮，看久了也就那么一回事，这一种就像我的好朋友刘文正这种；第二种——你看上去很难看，看久了以后是越看越难看，这一种就像我的好朋友陈佩斯这种；第三种——你看上去很难看，看久了以后你会发现，他另有一种男人的味道，这种就是在下我这种。（笑声、掌声）鼓掌的都表示同意了！鼓掌的都是一些长得和我差不多的，（笑声）真是物以类聚啊！接下来按规矩迎接挑战，带来了一首歌曲，叫作《小丑》。在我的人生观看来，我认为每个人都在扮演许多次的小丑：有的时候是在爱人面前；有的时候是在领导面前；有的时候是在孩子面前；有的时候是在父母面前。我呢，是在观众面前，给大家带来一首《小丑》——掌声有没有就无所谓啦！（笑声、掌声）

凌峰这段幽默的独白使受众掌声笑声不断，究其原因，一是严肃的立意通过风趣的形式表现出来；二是语言的生动。生动的词语构成一种新奇与诙谐交织的意境，令人耳目一新，给人留下了难忘的印象。像“本人长相像中国”“中国五千年的沧桑和苦难全都写在我的脸上”“人比黄花瘦，脸比煤球黑”“鼓掌的都是一些长得和我差不多的”“掌声有没有就无所谓啦”等妙语警句，已为广大受众所熟悉，而“秃头明星”凌峰，“一夜成名天下知”，成为颇受喜爱的演员。

（四）简练

简练就是选用词语应追求简洁精当、词约义丰，不芜杂、不拖沓、不啰唆。宋代修辞学家陈骙在《文则》中说：“且事以简为上，言以简为当。言以载事，文以著言，则文贵其简也。文简而理周，斯得其简也。读之疑有阙焉，非简也，疏也。"清代桐城派作家刘大櫆在《论文偶记》中说："文贵简。凡文笔老则简，意真则简，辞切则简，理当则简，味淡则简，气蕴则简，品贵则简，神远而含藏不尽则简，故简为文章尽境。"简练是对内容和形式两个方面的要求，既要求内容简洁精粹，又要求语言（尤其是词语）运用得简洁精当。做到言简而事明，理周而意显。像古人嘲笑的诸如"夫天地乃宇宙之乾坤，苍生乃百姓之黎元""关门闭户掩柴扉""一个孤僧独自行"等由复辞赘语堆砌的滥调诗文都是与简练背道而驰的典型例证。

上海东方电视台《东方直播室》曾播出有关"四合院·石库门·大世界"的讨论，涉及对北京人和上海人的形象特点进行对比的话题。不少嘉宾雅士即席直陈高见，但是给人留下深刻印象的是北京作家舒乙和上海作家陈村的见解。舒乙把北京人的特点概括为"幽默"，把上海人的特点概括为"灵活"。陈村的概括是"上海人斤斤计较，北京人夸夸其谈"。词语的选用简练而精当，颇有一语中的之妙。

选用尽可能少的词语表达尽可能丰富的内容，是选词的重要标准。试比较以下改笔的例证：

鲁迅《眉间尺》："上至王后，下至弄臣，也都恍然大悟。即刻（改作'仓皇'）散开，急得手足无措。"原稿"即刻"，表示"迅速"的意思，改作"仓皇"，既包含"迅速"之意，又表达出匆忙、慌乱的情态。

再如郭沫若《电火光中》："我一人（改作'孤独地'）在市中徐行，想起了苏子卿在贝加尔湖畔。"把原稿"一人"改作"孤独地"，其词义既包含了"一人"之意，又表达出内在的心情和外在的氛围。两相比较，通过换词修改，达到了言简意赅的境界。

又如峻青《秋色赋》："一条从山谷的深处流经村庄前面（改作'村前'）的小河。"吴伯箫《记一辆纺车》："想起它，就像想起路途的旅伴，战场的战友（改作'想起旅伴，想起战友'），心里充满了深深的怀念。"改稿删去了一些词语，但是文意却变得精练明豁。

二、词语使用的得体性原则

准确、鲜明、生动、简练是使用词语的基本要求。但是，孤立的词语无所谓文野优劣，词语使用的是否准确、鲜明、生动、简练，是在一定的题旨情境的制约下，才能体现出来的。陈望道《修辞学发凡》：“修辞以适应题旨情境为第一义”，“凡是成功的修辞，必定能够适合内容复杂的题旨，内容复杂的情境，极尽语言文字的可能性，使人觉得无可移易，至少写说者自己以为无可移易。”词语在动态的使用中呈现出极其复杂的状态，准确、鲜明、生动、简练，只是大体而言的基本要求。但是在一定的题旨情境下，在非常规的变异修辞手段的具体运用中，有时选用含糊不清、模棱两可的，甚至是呆滞笨拙、重复拖沓的词语，却可以收到良好的修辞效果。因此，衡量词语修辞效果的重要标尺，就是得体性原则。词语使用的得体性原则具体表现在以下五个方面：(1)适合说写对象。(2)注意时地差异。(3)适应语言环境。(4)体现文体特点。(5)适切文化背景。

扫码获取
☆配套音频
☆名家课程
☆读书笔记
☆交流社群

第三章 语法应用修辞

本章主要内容：一、长句和短句。二、整句和散句。三、常式句和变式句。四、肯定句和否定句。五、主动句和被动句。六、直陈句和拟问句。

语法应用方面的修辞方法主要表现在不同的句式、句类、句型的选择上。一个意思可以用好几种语句来表达，每种语句都有其特定的表意作用。例如：

A. 困难吓不倒我们。（陈述句）

B. 困难不能吓倒我们。（陈述句）

C. 困难怎能吓倒我们！（感叹句、反问语气）

D. 困难不能把我们吓倒。（“把”字句、陈述语气）

E. 困难岂能把我们吓倒！（“把”字句、感叹句、反问语气）

F. 困难是吓不倒我们的。（“是”字句、陈述语气）

G. 我们是不会被困难吓倒的。（“是”字句、“被”字句、陈述语气）

H. 我们不会被困难吓倒。（“被”字句、陈述语气）

J. 我们怎能被困难吓倒！（“被”字句、反问语气）

A句—F句是从“困难”着眼的，可视为主动句，G句—J句则是从“我们”着眼的，可视为被动句。句式和语句的选择需要斟酌、推敲和锤炼，以追求表情达意的最佳效果；因此人们又把这种修辞活动称为“炼句”。

本节拟对“长句和短句”“整句和散句”“常式句和变式句”“肯定句和否定句”“主动句和被动句”“直陈句和拟问句”等句式选择方面有关修辞的问题作简要的论析。

第一节　长句和短句

所谓长句，是指由较多词语构成、结构复杂、形体长的句子，包括复杂的复句和单句。所谓短句，是指词语较少、结构简单、形体短的句子，包括简短的单句和包含简短分句的复句。二者只是相对而言，并无明确的界限。我们先分析几个长句：

(1)鲁莽的专凭热情的军事家之所以不免于受敌人的欺骗，受敌人表面或片面的情况的引诱，受自己部下不负责任的无真知灼见的建议的鼓动，因而不免于碰壁，就是因为他们不知道或不愿知道任何军事计划，是应该建立于必要的侦察和敌我情况及其相互关系的周密思索的基础之上的缘故。(毛泽东《重要的问题在于学习》)

(2)当你坐在飞机上，看着我们无边无际的像覆盖上一张绿色地毯的大地的时候；当你坐在汽车上，倚着车窗看万里平畴的时候；或者，在农村里看到一个老农捧起一把泥土，仔细端详，想鉴定它究竟适宜于种植什么谷物和蔬菜的时候；或者，当你自己随着大伙在田里插秧，黑油油的泥土吱吱地冒出脚指缝的时候；你曾否为土地涌起过许许多多的遐想——想起它的过去，它的未来，想起世世代代的劳动人民为要成为土地的主人，怎样斗争和流血，想起在绵长的历史中，我们每一块土地上面曾经出现过的人物和事迹，他们的痛苦、忿恨、希望、期待的心情？(秦牧《土地》)

(3)世界上有各种各样的腰带，孤陋寡闻如我，见过的腰带中，寒伧的，莫过于在寒风中瑟瑟发抖的乞丐，以草绳束腰御寒；通常所见，则多为皮带、绸带、布带、人造革带，颜色则黑、红、蓝、黄、白等皆有，最近大陆流行一首名叫《西北汉子红腰带》的歌曲，不失为是对喜欢红腰带的黄土高原男子汉的赞歌；而金腰带、银腰带、玉腰带，只能偶尔在历史博物馆中，或文物展览会上，一饱眼福。(王春瑜《话腰带》)

例(1)是表因果关系的多重复句，先列出“因为‘受……欺骗/引诱/鼓动’，因而不免于碰壁”的结果，然后指出造成这种后果的原因。例(2)句子的主干是“你曾否为土地涌起过许许多多的遐想”，主干前有四个“当……

时候”的结构作状语，主干后是破折号，破折号后有三个“想起……”的结构，充当主干的宾语“遐想”的复指成分，起注释和补充的作用。例(3)是结构复杂的先总述、后分说的长句——句子的主干是“世界上有各种各样的腰带”，然后从“寒伧的”“通常所见”的和“金腰带”三个种类进行具体的分说。

一般说来，可以利用长句的联合成分，对某一事物进行多角度、多方面的描述；也可以利用其中的修饰成分、限制成分或复指成分，对繁复的事物进行细致、生动、形象的描绘；还可以利用多重复句的形式，对某些有密切关联的事物进行清晰、明了的表述。如果把长句的结构组织得严密无瑕，不仅可以把意思表达得准确周密，还可以增强语句的气势。但是长句也有不足之处，它的附加成分多，层次多，结构相当复杂。从听读者的角度看，其结构关系往往不能让人一眼看清，其语句的核心意义也难以使人一目了然。从说写者的角度看，长句不易驾驭，常常顾此失彼，颇费斟酌，稍不留意，就会出现病句。

长句的基础是短句。短句可以扩充铺衍为长句，长句也可以删削浓缩成短句。例如：

(4)当十月革命的枪声把古老的中国从睡梦中惊醒，五四运动的狂潮席卷祖国大地的时候，年轻的诗人郭沫若从遥远的日本海岸，用惠特曼式的粗犷豪放的激情，唱出了一曲雄壮奇丽的战歌。

(5)伟大的战斗英雄、中国人民的优秀儿子，十九岁的董存瑞，用自己的鲜血和生命为人民解放战争的胜利开辟了道路。

例(4)是形体很长的单句，但它可以浓缩为6个字的短句——“郭沫若唱战歌”。例(5)这个长单句也可以浓缩为7个字的短句——“董存瑞开辟道路”。

短句形体不长，词语较少，结构比较单纯。例如：

(6)但是，我还有要说的话。我没有亲见；听说，她，刘和珍君，那时是欣然前往的。自然，请愿而已，稍有人心者，谁也不会料到有这样的罗网。但竟在执政府前中弹了，从背部入，斜穿心肺，已是致命的创伤，只是没有便死。同去的张静淑君想扶起她，中了四弹，其一是手枪，立仆；同去的杨德群君又想去扶起她，也被击，弹从左肩入，穿胸偏右出，也立仆。(鲁迅《纪念刘

和珍君》)

(7)燕子去了,有再来的时候;杨柳枯了,有再青的时候;桃花谢了,有再开的时候;但是,聪明的,你告诉我,我们的日子,为什么一去不复呢?——是有人偷了他们罢,那是谁?又藏在何处呢?是他们自己逃走了罢?现在又到了哪里呢?(朱自清《匆匆》)

例(6)用一连串的短句,配合着短促而顿挫的节奏,表达出作者强忍着内心的悲愤,而愤慨却难以抑制地喷吐出来时的那种愤恨和悲痛交织的强烈情感。例(7)也是短句接踵联翩,节奏却短促而跳跃,表现了对时光易逝的惋惜而焦急的心情。

组成多重复句的分句,因长短各异,往往形成不同的节奏和情调。请看以下两例:

(8)清水寺在音羽山之巅,山上满植翠柏苍松;在万绿丛中,间杂几枝藤花,嫩紫之色,映日成彩,微风过处,松涛澎湃,花影袅娜。我独倚大悲阁的碧栏,近挹清香,领收黛绿,超然有世外感。庙宇之前,有滴漏,为香客顶礼时洗手之用。漏流甚急,其声潺潺,好象急雨沿屋檐而下。(卢隐《蓬莱风景线》)

(9)梅园,是无锡一个有力的名胜,这是我们从朋友的讲述和《游览大全》的记载可以觉得的。当我们刚到园门时,我们的心是不期然地充满着希望与喜悦了。循名责实,我们可以晓得这个园里应该有着大规模的梅树的吧。可惜来得太迟了,"万八千株芳不孤"的繁华,已变成了"绿叶成荫子满枝"!然而又何需斤斤然徒兴动其失时之感叹呢?园里的桃梨及其它未识名的花卉,正纷繁地开展着红、白、蓝、紫诸色的花朵,在继续着梅花装点春光的工作呵。(钟敬文《太湖游记》)

例(8)各分句的结构都比较短,以6字以下的短句为主,读来节奏短促顿挫,表明作者在漫游中移步换形,视角的不断变化。例(9)各分句的结构都比较长,读来节奏连绵悠长,如同悠闲地聆听一位历经沧桑的老人,慢悠悠地讲述和评析当年的经历和心情。

比较而言,汉语更适合多用短句。说写者对短句的结构容易安排妥当。对于听读者来说,短句读来,显得简洁、明快、顺畅,文意又易于理解、把握。

总之，长句和短句各有所长，各有特色，各有其更为适用的文体和语境。另外，讲究修辞的人们在说话或作文中，常常把长句和短句配合起来交替使用，可以兼擅二者之长，取得较好的表达效果。

第二节 整句和散句

整句指的是结构整齐匀称的句式。整句形式整齐、气势贯通、音调和谐、节律均匀，具有对称美和整齐美，它是运用对偶、排比、层递、顶真等修辞格构成的。例如：

(1)海好像我的母亲，湖是我的朋友。我和海亲近在童年，和湖亲近在现在。海是深阔无际，不着一字，她的爱是神秘而伟大的，我对她的爱是归心低首的。湖是红叶绿枝，有许多衬托，她的爱是温和妩媚的。(冰心《寄小读者》)——对偶

(2)为了达到这个目的，他们讲究亭台轩榭的布局，讲究假山池沼的配合，讲究花草树木的映衬，讲究近景远景的层次。(叶圣陶《苏州园林》)——排比

(3)做人难，做女人难。做名女人更难，做单身的名女人，难乎其难。(《刘晓庆自述》)——层递

(4)四化需要人才，人才需要教育，教育需要教师。(陈云同志题词)——顶真

散句指的是结构不匀称、长短参差不齐的句式。由于散句交叉并用各种句型、句式，显得灵活多变，错落有致，散而不乱，使用得当也可以取得很好的修辞效果。例如：

(5)且稍稍窥一下彼岸彼土。那里似有美丽多姿的白鹤在飞翔舞蹈。你看那玉羽雪白，雪白得不沾一点尘土；而鹤顶鲜红，而且鹤眼也是鲜红的。它踯躅徘徊，一飞千里。还有乐园鸟飞翔，有鸾凤和鸣，姣妙娟丽，变态无穷。在深邃的数学领域里，既散魂而荡目，迷不知其所之。(徐迟《哥德巴赫猜想》)

这段话中，包含了无主句、主谓句、动词谓语句、形容词谓语句、独词句，还有复句；虽然各句的结构不同，长短不齐；但读来仍有变化美和参差美。

整句有凝重、齐整的长处，散句有流利、错落的优点，但是一味使用散句会显得单调，一味使用整句也过于板滞。古代文人早就注意到了这种情况，刘勰在《文心雕龙·丽辞》中说："迭用奇偶，节以杂配，乃其贵耳。"就是说注意上下文句型的配合和变化。吕祖谦在《古文关键》中说："文字一篇之中，须有数行齐整处，须有数行不齐整处。"就是说，如果在较长的语段里，把具有整齐美、对称美的整句和具有参差美和变化美的散句，交错运用，就可以取得很好的效果。请看：

(6)假如，你嫌这样的光太朴素了些，那你就在墙边种上一行疏竹。有风，你可以欣赏它婆娑的舞容；有月，窗上映出迷离的竹影；有雨，它给你平添一番清凄；有雪，那素洁，那清劲，确是你清寂中的佳友。即使无月无风，无雨无雪，红日半墙，竹荫微动，掩映于你书桌上的清晖，泛出一片青翠，几纹波痕，那般的生动而空灵。你书桌上满写着清新的诗句，你坐在那儿。纵使不读书也"要得"。(杨振声《书房的窗子》)

(7)只见一个一个的场景，闪来闪去，风驰电掣，惊天动地。一台一台的戏剧，排演出来，喜怒哀乐，淋漓尽致；悲欢离合，动人心肺。一个一个的人物，登上场了。有的折戟沉沙，死有余辜；四大家族，红楼一梦；有的昙花一现，萎谢得好快呵。乃有青松翠柏，虽死犹生，重于泰山，浩气长存！有的是英雄豪杰，人杰地灵，干将莫邪，千锤百炼，拂钟有声，削铁如泥。一页一页的历史写出来了，大是大非，终于有了无私的公论。肯定——否定——否定之否定。化装不经久要剥落；被诬的终究要昭雪。种子播下去，就有收割的一天。播什么，收什么。(徐迟《哥德巴赫猜想》)

以上两例，都是根据表达内容的需要，把整句和散句结合起来，交错使用，既充分明晰地表达了主旨，又取得了很好的修辞效果。

第三节　常式句和变式句

所谓"常式""变式"是从词语(或成分)排列顺序的角度来区分的。凡是句子成分或分句是按照常规次序排列的，我们称之为常式句。在一定的语境中，由于修辞的需要，改变了通常的词语(或成分)的排列次序，就称作变式句。由于常式句司空见惯，在此不必多说；而变式句却是常式的变异，呈现出复杂的状态，是我们讨论的重点。就是说，在本小节里，主角是变式句，而常式句只以陪衬的身份出现。

通常的句子成分的次序是——在主谓句里，主语在前，谓语在后；在有宾语的句子里，谓语在前，宾语在后；在有定语、状语的句子里，定语、状语在前，中心语在后。而变式句就是我们通常所说的“倒装句”。例如：

一、主谓易序

(1)我到了自家的门外，我的母亲早已迎着出来了，接着便飞出了八岁的侄儿宏儿。(鲁迅《故乡》，应为“侄儿宏儿飞出”。)

(2)青沉沉的大海，波涛汹涌着，潮向东方。光芒万丈地，将要出现了哟——新生的太阳。(郭沫若《女神·太阳礼赞》，应为“太阳将要出现”。)

(3)多熟悉呵，这漫天皆白的雪原！(魏钢焰《忆铁人》，应为“雪原，多熟悉呵！”)

例(1)把谓语“飞”移到主语之前，是为了突出小孩子敏捷的行动和迫不及待的心情，另外，也是为了避免和前一个句式的雷同。例(2)主语“新生太阳”后置，并用破折号来体现节奏的停顿和延长，传达出诗人注目东方，等待日出的急切而欢快的心情。例(3)为了强调谓语“多么熟悉呵”，把它置于主语“雪原”之前，增强感叹的语气，以抒发强烈的感情。

二、谓宾易序

(4)“雷峰夕照”的真景我也见过，并不见佳，我以为。(鲁迅《论雷峰塔的倒掉》，应为“我以为(雷峰夕照)并不见佳”。)

(5)一个念头忽然跳进我的脑子，我得到一幅画的构思。(杨朔《茶花赋》，应为“脑子跳进一个念头”。)

(6)千军易得，一将难求。(应为“易得千军，难求一将”。)

例(4)把谓语“以为”的宾语“(雷峰夕照)并不见佳”移至“以为”之前，是为了突出宾语。例(5)的修辞效果：一是突出了宾语“一个念头”，二是避免了和下一个句子的句式相重复。例(6)将宾语前置于主语的位置，使“千军”

和“一将”的对比更为显豁。

三、定语移后

(7)小草偷偷地从土里钻出来,嫩嫩的,绿绿的。(朱自清《绿》,应为“嫩嫩的,绿绿的小草”。)

(8)她们穿着节日的盛装,洁白的,海蓝的,鲜红的,碧绿的,……(刘白羽《火》,应为“洁白的、海蓝的、鲜红的、碧绿的盛装”。)

(9)听不清!仿佛遥远的地方刮来了一阵巨风,呜呜的,呼呼的。(杨沫《青春之歌》,应为“呜呜的、呼呼的巨风”。)

例(7)把定语移至句末,既对修饰语“嫩嫩的,绿绿的”作了强调,也符合人们观察事物的顺序:突然发现了钻出地面的小草,然后仔细观察,才感受到——他是“嫩嫩的,绿绿的”。例(8)强调了作为定语的各种色彩;另外,“节日的盛装”是概括的总说,各种艳丽的色彩是分类细致的描述。例(9)把定语“呜呜的,呼呼的”置于中心词“巨风”之后,一是突出呼啸声响的巨大和绵长,二是烘托人物倾耳细听的神情。

四、状语移位

(10)在那年月,人们只知道砍树,不晓得栽树,慢慢的,山成了秃山,地成了光地。(老舍《正红旗下》,应为“山慢慢成了秃山,地慢慢成了光地”。)

(11)早晨,一个小姑娘,默默地读着一本书,在拥挤而又喧嚣的电车上。(流沙河《电车上的小姑娘》,应为“在电车上默默地读书”。)

(12)他生下来的时候,并没有玫瑰花,他反而取得成绩。而现在呢?应该有所警惕了吧,当美丽的玫瑰花微笑时。(徐迟《哥德巴赫猜想》,应为“当玫瑰花微笑时,应该有所警惕”。)

例(10)把常式句中两个分句的两个状语,合并成一个,置于句首,使句子更为严整精练。例(11)既突出了后置的状语“在拥挤而又喧嚣的电车上”;又使“上”和“娘”协韵,符合诗句押韵的规律;而且四句诗在字数上形成“2—5—8—11”的格式,呈梯形句列,和诗歌的建筑美要求相和谐。

以上四种类型的变式句,是句法修辞进行句式选择的重要手段,很值得说写者研习把握。

第四节 肯定句和否定句

肯定句是对事物作出肯定判断的句子,否定句是对事物作出否定判断的句子。否定句一般都含有表示否定的词语(最常见的是副词“不”),但含有表示否定的词语的句子不一定表示否定的意思。肯定句一般不含有表示否定的词语,但有时也可以用双重否定来表示肯定的意思。在语言表达中,同一个意思可以用肯定句表达,也可以用否定句表达,但是二者在语意的轻重强弱上有细微的差别。例如:

A. 他对我很好。(肯定句)

B. 他对我不坏。(否定句)

C. 他对我决不是不好。(双重否定句)

D. 他对我也不是不好。(双重否定句)

例A毫不含糊地表示肯定,用语褒扬。例B也表示肯定的意思,表达的语意在程度上要轻一些,用于陈说。例C表示肯定的意思,在语气上更强烈一些,用于反驳。例D也表示肯定的意思,但在语意的程度上有某种保留,用于解释。

有时,人们为了加强语势,在同一句话里,用肯定的说法和否定的说法相互映衬,使所要表达的意思更为鲜明。常选用“不是……而是”的句式。例如:

(1)……但素园却并非天才,也非豪杰,当然更不是高楼的尖顶,或名园的美花,然而他是楼下的一块石材,园中的一撮泥土……(鲁迅《忆韦素园君》)

(2)这三千里江山已不再是孤零零的半岛,而是保卫人类和平的前哨。(杨朔《三千里江山》)

(3)因为在内蒙人民的心中,王昭君已经不是一个人物,而是一个象征,一个民族友好的象征;昭君墓也不是一个坟墓,而是一座民族友好的历史纪念碑。(翦伯赞《内蒙访古》)

双重否定是指用两个相互配合的否定词(如:"没有……不""不……不"等)来表示肯定的语气。一般说来,双重否定比单纯肯定在语气上要强一些。例如:

(4)从前线回来的人说到白求恩,没有一个不佩服,没有一个不为他的精神所感动。(毛泽东《纪念白求恩》)

(5)马克思主义思想的鲜明和有力量,就在于他是从实际出发,按照客观事物的逻辑,使人看到,什么是我们必须拥护,也不能不拥护的;什么是我们必须反对,也不能不反对的。(施东向《义理、考据和辞章》)

在写作或演说中,为了表达感情或阐发事理的需要,有时要采用"肯定—否定—肯定"的格式。从表面上看,后一个"肯定"似乎是对前一个"肯定"的修正,实际上是对前一个"肯定"语意的延伸或深化。例如:

(6)冼星海同志指挥得那样有气派,姿势优美,大方;动作有节奏,有感情。随着指挥棒的移动,上百人,不,上千人,还不,仿佛全部到会的,上万人,都一齐歌唱。(吴伯箫《歌声》)

如果否定词语运用不当,就把话说反了。这种造成语意上南辕北辙的情况,应引起我们高度的注意。例如:

(7)草原上那位美丽、善良的牧马姑娘无时无刻在想念他。

(8)为了防止不再发生林彪、江青一类阴谋家、野心家篡夺党和国家领导权的反革命事件,我们必须进一步发扬民主,健全法制。

(9)这部电视连续剧受到广大观众的热烈欢迎,主人公已成为许多青少年喜爱而崇拜的艺术形象,谁能否认它不是一部优秀的电视剧呢?

(10)当初,首先在农村进行改革时,有些同志不是也担心个人会不会吃亏吗?

例(7)"无时无刻"就是"没有一会儿"的意思,"姑娘没有一会儿在想念他"显然不是句子的原意。把"在"字删去,换上否定词"不"字,就与原意相吻了。例(8)多了一个否定词"不",使表意发生一百八十度的大颠倒。把"不"字删除就可以了。例(9)"谁能否认……呢?"是反问,强调谁都否认不了。把"不"字删除,句子就合乎情理了。例(10)的本意是说"有些同志担心会吃亏",应把"不会"删去。

第五节 主动句和被动句

在一般的句子(特别是动词谓语句)里,主语是动作行为的发出者,这个句子就是主动句。与之相反,主语是动作行为的承受者,这个句子就是被动句。同一个内容往往可以用这两种不同的句式来表达。例如:

雨水淋湿了衣服。(一般的主动句)

雨水把衣服淋湿了。(特殊的主动句/"把"字句)

衣服被雨水淋湿了。(特殊的被动句/"被"字句)

衣服被淋湿了。(特殊的被动句/"被"字句)

衣服淋湿了。(一般的被动句)

选用主动句还是选用被动句,要根据作者强调的对象而定。一般说来,主动句比被动句显得明确有力,因此用主动句的时候较多。但是在某些情况下,选用被动句却比较合适。通常有以下几种情况:

一、为了强调或突出被动者,宜用被动句

(1)小二黑挣扎了一会,无奈没有他们人多,终于被他们七手八脚打了一顿捆了起来。(赵树理《小二黑结婚》)

(2)在自然科学发展的历史中,有不少科学家认识了真理,并且坚持真理,结果被愚昧的统治者杀死、烧死,他们的学说、著作也被禁止、焚毁。(吴晗《说谦虚》)

以上两例,前者为了突出主人公"小二黑",后者为了突出被杀死、烧死的科学家,所以把受事者作为陈述对象,而选用被动句。

二、不愿说出、不必说出或无从说出施事者,宜用被动句

(3)伽利略也因为信仰和传播哥白尼学说,在一六三三年他已经七十岁的时候,还被审讯,受到严刑的威胁。(竺可桢《哥白尼》)

(4)那瀑布从上面冲下,仿佛已被扯成大大小小的几绺;不复是一幅整齐而平滑的布。(朱自清《绿》)

例(3)突出伽利略被审讯,而不必说出或不愿说出审讯者。例(4)突出“瀑布”飞流直下的变化,至于它被谁或者什么事物“扯成几绺”,也是无从谈起的。

三、为了使前后相连的分句不转换主语,保持叙述方向的一致,宜选用被动句

(5)他也躲到厨房里,哭着不肯出门,但终于被他父亲带走了。(鲁迅《故乡》)

(6)二诸葛老婆追出门来,被二诸葛拦回去,还骂个不休。(赵树理《小二黑结婚》)

例(5)三个分句,都以“他(润土)”做主语,叙述方向一致,语势连贯,结构紧密。如果不用被动句,写成“他也躲进厨房里,哭着不肯出门;后来,他父亲把他带走了”,主语改换,句子结构就显得松散了。例(6)分析同上,不再赘述。

第六节　直陈句和拟问句

按照句子的用途和语气,可以把句子分为陈述句、祈使句、感叹句和疑问句四种类型。例如:

(1)今天,开始讲《汉语修辞研究》这门专题课。(陈述句)

(2)请同学们翻开讲义的第4页。(祈使句)

(3)这一段论述写得太精彩啦!(感叹句)

(4)你们能背诵《将进酒》这首诗吗?(疑问句)

陈述句、祈使句、感叹句都是直抒胸臆的,可以把它们合称为“直陈句”。疑问句又可分为“因疑而问”和“无疑而问”两种。“无疑而问”的“问”是虚拟的,可以称作“拟问句”。直陈句和虚拟句可以相互转换。例如:

(5)我们是好朋友。(直陈句)

——我们不是好朋友吗?(拟问句)

(6)他一绷着脸,谁也不敢开玩笑了。(直陈句)

——他一绷着脸,谁还敢开玩笑?(拟问句)

(7)这种寂寞孤独的生活环境,一般人是受不了的。(直陈句)

——这种寂寞孤独的生活环境,一般人怎么受得了呢?(拟问句)

以上每一组的两句话语气不同,但所表达的意思是大体相同的。在语言运用中,可以根据具体的题旨情境,对这两种同义的句式进行选择。

一、直陈句和设问句

设问句是明知故问,自问自答;就是为了引起对方的注意和思考,或者为了达到某种修辞目的,先提出问题,然后再说出自己的看法。选用设问句式,大体上有以下三个方面的作用:

(一)引起注意,启发思考

例如:梁启超在《最苦和最乐》一文中说:“人生什么最苦呢? 贫吗? 不是;失意吗? 不是;老吗? 死吗? 都不是。我说人生最苦的事,莫若身上背着一种未了的责任。”如果去掉前半部分的五个问话,只留下后半部分的论述,虽然从表意上看似乎没有什么变化,但在修辞效果上是大为逊色了。把平铺直叙的“直陈”变为曲折有致的“拟问”,可以引起读者或听众的注意,发人深省,启迪思考,调动对方的参与感,引起共同探究的兴味。

(二)突出要点,加深印象

例如:吕叔湘在《把我国语言科学推向前进》一文中说:“虚和实的关系,也就是理论和事例的关系(这里说的“事例”,用科学家的术语就是“数据”)。理论从哪里来? 从事实中来。事实从哪里来? 从观察中来,从实践中来。”连续两个设问句所提出的问题和所作的回答,就是文章接下来所要论述的内容。议论性的文章,常在展开论述之前,用设问句的形式先把问题和观点提出来,然后再从容不迫地展开论述。这种设问句,先声夺人地突出了论述的中心和要点,给读者或听众留下深刻的印象。

(三)兴起波澜,文笔活泼

一篇文章或者一个语段,从头到尾只使用一种句式,就显得文笔单调、形式呆板;如果适当使用设问句,可以使文章的语势波澜起伏,使文笔轻灵活跃,富于变化。例如梁启超在《为学与做人》一文中说:“这些人,当十几年前在学校的时代，意气横厉，天真烂漫，何尝不和诸君一样，为什么堕落到这样的田地呢？屈原说的'何昔日之芳草兮，今直为此萧艾也？岂其有他故兮？莫好修之害也。'"在叙事说理中安排了两个拟问句，第一句指出：原来纯正向上的青年，为什么会堕落成官僚、政客、卖国贼？然后用屈原的诗句作答案；而屈原的诗句里，包含着第二个拟问句："岂其有他故兮？"答案是"莫好修之害也"。由此推导出全文的中心论点："'好善自修'（就是我们今天说的'世界观和道德修养'）是'为学与做人'的基础。"上文的两个拟问句如果用直陈句表达，就显得平淡无奇了。

二、直陈句和反问句

反问句是选用疑问的形式来表达明确的意思。它是无疑而问，问话里已包含"答案"了。反问句常用否定的形式表达肯定的内容，或用肯定的形式表达否定的内容。例如：

A. 这个问题很清楚了。（直陈句）

B. 这个问题还不清楚吗？（反问句）

C. 难道这个问题还不清楚吗？（反问句）

D. 这个问题难道还不清楚吗？（反问句）

反问句的修辞作用是强化感情，加强语气。选用直陈句式还是反问句式，要根据题旨和情境斟酌拟定。用直陈句可以把话说得委婉平和，用反问句可以加强语气，使话说得有气势。冰心在《繁星》中吟唱道："大海呵，哪一颗星没有光？哪一朵花没有香？哪一次我的思潮里没有你波涛的清响？"如果把这连续三问的拟问句改用直陈句表述，即为："每一颗星儿都发光，每一朵花儿都吐香，我每一次的思潮里都有你——大海波涛的清响。"语意大体相同；但是在抒情的跌宕、语势的起伏，以及表意的委婉上，都明显地远逊前者。茅盾《白杨礼赞》有一段文字，是反问句式的集结使用：

当你在积雪初融的高原上走过，看到平坦的大地上傲然挺立着这么一株或一排白杨树，难道你就只觉得它只是树？/难道你就不想到它的朴质、严肃，坚强不屈，至少也象征了北方的农民？/难道你就一点也不联想到，在敌后的广大土地上，到处有坚强不屈，就像这白杨树一样挺立的守卫他们家乡的哨兵？/难道你又不远一点想到，枝枝叶叶靠紧团结，力求上进的白杨树，宛然象征了今天在华北平原纵横决荡，用血写出新中国历史的那种精神和意志？

第一个反问句，从肯定方面反问，意为“不能只觉得它只是树”，为下文的进一步联想奠定基础。然后，打开了联想的闸门，用第二个反问句，从否定方面发问，指出“它（白杨树）象征了北方的农民”。接着连用两个反问句，层层递进地指明了“白杨树”——“守卫家乡的哨兵”——“（中华民族的）精神和意志”的象征关系。在这个语段里连续使用四个反问句，无论在语势和抒情的力度上，还是在修辞效果上，都远远胜过单纯使用直陈句进行平铺直叙的表述。

本节主要谈句式的选用，从句子形体长短的角度，分析了长句和短句；从句子结构特点的角度，分析了整句和散句；从句子语法规约和变化的角度，分析了常式句和变式句、主动句和被动句；又从句子语气表达的角度，对肯定句和否定句、直陈句和拟问句进行了分析。这是为了阐述的方便而进行的分门别类的介绍。实际上，我们在进行句式选择时，或者对选用的句式进行分析时，总是多角度地考虑问题的。另外，句式句法本身是多种多样而富于变化的；说写者在书面写作或口语表达时，所设定的条件和要求又是千殊万别的，再加上语体、语境和风格等诸多因素上的种种差异，使句式选择呈现出很复杂的状况。这种状况远不是本节所列的几种句式所能概括的。语法修辞规律的概括总结只是撮其要而取其精，而面对繁复多变的语言实际，它远不是，也不能成为万应具全、包管一切的金科玉律。所以在选用句式时最基本的原则就是“具体问题具体分析”。

第四章　语音应用修辞

本章主要内容：一、语音协调。二、节奏配合。三、声调搭配。四、韵脚和谐。五、双声叠韵。六、人名的语音修辞。

语言是语音和语义的结合体。无论是口语表达，还是书面表达，都得把音义结合的语言符号组成表情达意的符号系列，也就存在着一个语音表达效果问题。所谓语音表达效果好，就是讲究语音应用的修辞，使写出的文章或说出的话，语音协调，音节匀称，读起来顺口，听起来悦耳，从而取得理想的修辞效果。王力先生在《略论语言形式美》一文中指出："语言的形式之所以是美的，因为它有整齐的美、抑扬的美、回环的美，这些都是音乐所具备的，所以语言的形式美也可以说是语言的音乐美。""音乐和语言都是靠声音来表现的，声音和谐了就美，不和谐就不美。整齐、抑扬、回环，都是为了达到和谐的美。"本节拟从"语音协调""节奏配合""声调搭配""韵脚和谐""双声叠韵"等几个方面来分析阐述。

第一节　语音协调

声音的搭配组合有其规则，符合这种规则的语言系列就读来上口，听着悦耳，产生一种协调的美感，使人易于接受；反之，读来拗口，听着别扭，使人难以接受。当然，语音的协调，离不开和语义的配合。譬如，汉语同音词的大量存在，有时会造成言语交际的误解或歧解等负面效应。在言语交际时，碰上诸如"遇见—预见""学历—学力""期中—期终""全不—全部"等容易产生歧义的同音现象时，应该设法避开，如把"遇见"改为"遇到"，把"学力"改为“水平”，把“期终”改为“期末”，把“全部”改为“全都”，等等。另外，应尽量避开在语音上容易使人产生误解的词语。例如：“家里安上了钢窗和铁门”，而不说“铁窗”“钢门”，因为前者是监狱的代称，后者同音词的词义欠雅。再如：一位年轻的女子说：“我从初中就开始晨练”，“会务组安排我们今晚去接站”；而不说“早练”，也不说“接客”；因为前者读音与“早恋”相同，后者的词义更涉丑恶。有一个电视广告“戴某某牌领带，使您的仪容更潇洒！”受众一听，自然就想到“遗容”，应改为“仪表风度”才为得体。①

同音或音近，除了会产生歧义、造成误解之外，还会引起拗口，例如：

“老一辈人/倍儿走背字儿。”

“我对树和/和大有/有意见。”

“我的看法/同你的不同。”

“你也真是，给老四/四块四/不就完事了。”

“坐你的的/就是为了/追前面的的。”

“的来的去/一水儿面”（意为来来往往的都是“面的”即面包出租车）等。

这类同样音节连续出现的口语句，说起来诘屈聱牙，听起来十分别扭。再如：

“就像/向你介绍/少年时的趣事。”

“一进门就倒/到床上。”

“他当时的感情极/激烈。”

“只专心一意地看/刊物的封面”等。

读这些句子很拗口，原因就是两个同音或音近的成分相邻出现。如果我们在语音协调上稍加注意，这类由于语音搭配组合不和谐，而影响语义或语流正常表述的毛病，是完全可以避免的。②

---

① 参见谭汝为：《言语交际得体性例论》，《毕节师专学报》1997年第4期。另收入谭汝为：《词语修辞与文化》，天津古籍出版社1998年，第197~198页。

② 同上。

第二节　节奏配合

语音的协调,还要求词语的音节组合以匀称整齐的形式出现。所谓语言的节奏,是指:在一个段里,音与音的长短、轻重、疾徐有规律的交替往复的组合形式。在具体的语言表达中,节奏的配合,首先要求词语音节的搭配应“单对单”“双对双”“多对多”,即呈现出均衡的组合状态。例如:

(1)工作,工作,衰弱到不能走路,还是工作,手脚像芦柴棒一般的瘦,身体像弓一般的弯,面色像死人一般的惨,咳着,喘着,淌着冷汗,还是被压迫着做工。(夏衍《包身工》)

(2)那清清冽冽的光,秋江静水般的爽,女子手指般的柔,田园牧歌般的淌,仄耳细听似还熠熠有声呢,将群峦环抱的村庄洗濯得冰清玉洁似的。(伍振戈《桃花江小夜曲》)

例①“瘦”“弯”“惨”——单音节形容词相对应,“咳”“喘”“淌”——单音节动词相对应;例②“光”“爽”“柔”“淌”——也是单音节词相对应。如果把其中的某一个或两个改为双音节(如“瘦”—“瘦弱”/“弯”—“弯曲”/“惨”—“惨白”/“咳”—“咳嗽”等)就变得不和谐了。再请看:

(3)她失去了平时那种娇憨的笑容,那种天真的笑容,那种嘲弄的笑容,那种聪慧的笑容,只是那双漂亮的眼睛看着我,目光里有亲切,有安慰,有满足,有感激,有探询,有深情。(张同吾《爱的超越》)

(4)为了你,我愿做:磨平障碍的三角锉,遮挡风雨的小木舍,尽可攀缘的野藤萝,忍辱负重的瘦骆驼,忠言逆耳的镇山锣,严守秘密的不上马的将军锁,庆功宴上解油腻的山楂果,排遣迟暮寂寞的丹顶鹤。啊,那就是我,那就是我。(刘齐《那就是我》)

(5)每当月白风清、午夜梦迴之际,脑海里辄会浮现出旧时家山的影子:……那太湖的风帆落日、那梅园的蜡梅飘香、那姑苏的拱桥旧院、那寒山古刹的夜半钟声、那嘉兴的南湖风雨、那西湖的潋滟湖光……在模糊的记忆里,不知它们,不知它们都无恙否?(中原《梦回江南》)

例(3)“娇憨”“天真”“嘲弄”“聪慧”“亲切”“安慰”“满足”“感激”“探询”“深情”——10个双音节词语相对应。例(4)“三角铿”“小木舍”“野藤萝”“瘦骆驼”“镇山锣”“将军锁”“山楂果”“丹顶鹤”——8个三音节词语相对应。例(5)“风帆落日”“蜡梅飘香”“拱桥旧院”“夜半钟声”“南湖风雨”“潋滟湖光”——6个四音节词语相对应。由于相同音节的连续对应出现,使这些语段在吟读时,可以产生一种整齐匀称的美感。

现代汉语主要的节奏格式是“2 + 2”的四音节。在四字格的词语中,不管其结构形式的具体情况如何,人们都习惯于把它们读成“2 + 2”的两个音步。四个单音节的词构成的并列式四字格词语,如“酸/甜/苦/辣”“锅/碗/瓢/盆”“柴/米/油/盐”“喜/怒/哀/乐”“多/快/好/省”等,一般都读成“酸甜/苦辣”“锅碗/瓢盆”“柴米/油盐”“喜怒/哀乐”“多快/好省”。

意义和结构是“1 + 3”或“3 + 1”的四字格词语,如“无/所适从”“言/人人殊”“乘/人之危”“一衣带/水”“丧家之/犬”等,也读成“无所/适从”“言/人人/殊”“乘人/之危”“一衣/带水”“丧家/之犬”等。这是因为四个音节分为两个音步,语音上成双成对,读来节奏匀称,朗朗上口。

《诗经·关雎》的开头:“关关/雎鸠,在/河之洲”;历来被约定俗成地读为“在河/之洲”;就表明了这种“2 + 2”的节奏格式所具有的压倒一切的优势。请看在一次诗歌朗诵会上节目主持人所说的串联词:

新春/伊始,万象/更新,一场/白雪,一串/脚印,一鞭/新柳。一苞/花蕾,一声/燕啼,一缕/清风,一片/白云,大千/世界,芸芸/众生,每每/触动了/我们/敏感的/神经,我们/都/命之为诗。于是,你写,我写,他写,在座的/各位/都想写。可是/我们/为什么/要写诗呢? 问你,问他,问我? 不! 我们/还是/问一问/XX同学:“你/为什么/要写诗呢?”

在整个语段中,以双音节的节奏格式为主,语词典雅,句式齐整,节奏均匀,富有一种诗的韵律,洋溢着浓郁的诗情。

第三节 声调搭配

汉语是有声调的语言。所谓声调，指语音高低升降的变化，是由音高因素形成的。现代汉语的声调分为四声，即阴平、阳平、上声和去声。四声又分为两大类：阴平和阳平为一类，称为平声；上声和去声为一类，称为仄声。平声读起来语调平缓，可以拉长但不变音；仄声发音较短，不能拉长，语调曲折多变。平声的特点是“扬”，仄声的特点是“抑”。如果在一句话里，把“平声”和“仄声”这两类性质不同的声调，有规则地相间搭配，在音律上就形成了高低起伏、长短疾徐的变化。读来就朗朗上口；听着就铿锵悦耳。譬如四字格词语的平仄组合，就以“平平/仄仄”和“仄仄/平平”这两种格式为多，例如：

一、平平仄仄式：

惩前毖后　理直气壮　杀鸡取蛋　登堂入室　同床异梦　和风细雨
铜墙铁壁　山穷水尽　循循善诱　中流砥柱　刨根问底　情文并茂
居心叵测　千军万马　浮光掠影　拖泥带水　玲珑剔透

二、仄仄平平式：

世外桃源　顺手牵羊　旧调重弹　噤若寒蝉　问道于盲　煮豆燃萁
老马识途　祸起萧墙　卷土重来　画饼充饥　睹物思人　力挽狂澜
浮光掠影　刻骨铭心　锦上添花　树大招风　姹紫嫣红

读起来节奏感很强。平仄抑扬是汉语修辞常用的方法。旧体诗词十分注重平仄的安排，律诗的对仗句不仅要求一句之内的平仄交错，而且要求上下句的平仄相反。譬如，我们朗读杜甫的七言律诗《登高》的颔联：

无 边 落 木 萧 萧 下， 不 尽 长 江 滚 滚 来。
— — | | — — | 　 | | — — | | —

现代的新诗虽然没有如旧体诗那样严格的平仄要求，但讲求韵律的诗人也很注意平仄相配。他们特别讲求诗作句末音节的平仄安排。不必说诗歌，就是散文，也有适当地讲究平仄的必要。老舍在《出口成章》中说："即使是散文，平仄的排列也还应该考究。'张三李四'好听，'张三王八'就不好听。前者是二平二仄，有起有落；后者是四字皆平，缺乏抑扬。四字尚且如此，那么连说几句就该好好安排一下。"例如郁达夫散文《故都的秋》：

在南方每年到了秋天，总要想起陶然亭的芦花，钓鱼台的柳影，西山的虫唱，玉泉山的夜月，潭柘寺的钟声。

这个句子由五个逗号隔成六个短句，每个短句句末的双音节词语分别是"平平"或"仄仄"，声调高低相间，读来有一种抑扬起伏的美感。

第四节　韵脚和谐

语言的音乐美，集中体现在节奏和韵律的安排上；而节奏和韵律的安排，典型地体现在诗歌的语言形式上。所谓诗的韵律，主要是指押韵。押韵就是选择同韵的字，把它们有规则地安排到诗行中，使同韵成分在诗作中重复出现，从而强化诗歌的节奏，构成同韵相应、回环流畅的韵律美。所谓押韵，就是把韵安放在句末的音节上；处在句末而又押韵的字就是"韵脚"。

安排和谐的韵脚，既增强了诗歌回环的韵味，也突出了抑扬的节奏。①例如王鸣久的《初恋的记忆》：

是双桅船上朦胧的星光，
是海螺壳里细雨的喧响，
是青皮橄榄留在嘴角儿的汁浆，
是龙舌兰洁白如雾的清香……

这首诗的开头四句有四个韵脚——"光""响""浆""香"。韵脚处的四个双音节词语："星光"（视觉）、"喧响"（听觉）、"汁浆"（味觉）、"清香"（嗅觉）不仅增强了语音上的鲜明的节奏和回环的韵味；而且从语义上给人以深切的

---

① 关于诗歌押韵问题参见谭汝为：《新诗韵律论略》，《语言学论辑》第2辑，北京语言文化大学出版社1996年。

感受。再如胡宏伟的《长江之歌》:

你从雪山走来,春潮是你的丰采;

你向东海奔去,惊涛是你的气概。

……

你从远古走来,巨浪荡涤着尘埃;

你向未来奔去,涛声回荡在天外。

这首歌词的韵脚是“来”“采”“概”“埃”“外”等,构成跌宕往复的韵味;配合着“从雪山”——“向东海”,“从远古”——“向未来”时空纵横交织的意境渲染,抒发出中华儿女对母亲河——长江的热爱之情。

臧克家在《精练·大体整齐·押韵》中说:“押韵却是加强节奏的一种手段,有如鼓点,它可以使诗的音调更加响亮,增加读者听觉上的美感。在比较长的诗里没有韵的话,容易引起一种疲劳感,读者心理上得不到预期的一个落脚处。同一韵脚的诗句,可以比较紧密地结合在一起,从形式到内容可以得统一与和谐。”

押韵有助于诗情的抒发,进而增强艺术感染力,所以有时为了押韵,不得不改变处在韵脚上的某些词语的结构,例如:

(1)我失骄杨君失柳,

杨柳轻飏,直上重霄九。

(毛泽东《蝶恋花·答李淑一》)

(2)万只喇叭齐奏,雷霆暗哑,

吹起六亿人民有如奔腾万马。

(郭沫若《百花齐放·牵牛花》)

(3)他帮着我,我帮着他,

做一对模范夫妻,立业成家。

(评剧《刘巧儿》唱段)

例(1)为使韵律和谐,把“九重霄”改为“重霄九”;例(2)为了押韵,把“万马奔腾”倒装成“奔腾万马”;例(3)把“成家立业”改为“立业成家”,也是为了适应韵律的要求。不过,这种对韵律的适应要掌握一定的度。如果不顾内容,只是片面地追求押韵,以致影响了感情的抒发和思想的表达,就是“以韵害意”，殊不可取。

例如，有一首题为《思念》的短诗，结尾一节写道：“亲爱的，每当想起了你，我便感到寞寂。”为了押韵，把“寂寞”硬改成“寞寂”，破坏了词语的结构，读来也拗口。再如，一首写海外华侨爱国情怀的短诗《长城，在他心上耸立》：开头写道：“车轮轻唱：中华、中华、中华……/ 这声音在心头响了四十年，/ 响皱了脸，想白了发，/ 终于在今天呵，/ 他驱车来到八达……”为了押韵，作者将“八达岭”这个专用地名的“岭”字随意省略，使读者不知所云。同样的道理，我们不能因为协韵就把“黑龙江”“长白山”“吐鲁番”“张家界”“子牙河”这些地名，随意简缩为“黑龙”“长白”“吐鲁”“张家”“子牙”等。

押韵的诗文或句群，读起来顺口，听起来悦耳，便于吟诵，利于记忆。因此，民间的谚语、谜语等，很多都是押韵的。例如：谚语——“春雨贵似油，夏雨遍地流”，/“ 老王卖瓜，自卖自夸”，/“ 舍得一身剐，敢把皇帝拉下马”，/“当断不断，反受其乱”，/“ 救寒莫若重裘，止谤莫若自修”，/“三个臭皮匠，顶个诸葛亮”，/“牙疼不是病，疼起来真要命”，/“看自己一枝花，看别人豆腐渣”，/“刀不磨要生锈，水不流要发臭”，/“ 早穿皮袄午穿纱，怀抱火炉吃西瓜”等。谜语——“兄弟七八个，围着柱子坐；大家一分手，衣服就扯破”；/ “麻屋子，红帐子，里面住着个白胖子”等。

第五节　双声叠韵

所谓双声，就是两个声母相同的音节组成的词语。例如：把柄、参差、惆怅、叮当、大地、芬芳、仿佛、丰富、高贵、辉煌、寂静、慷慨、玲珑、伶俐、慷慨、美妙、弥漫、泥泞、批评、澎湃、凄切、荏苒、神圣、体态、开阔、忐忑、威武、虚心、牧民、嬉戏、渊源、庄重、蜘蛛、踯躅、开阔、艳阳等。

所谓叠韵，就是两个韵母相同的音节组成的词语。例如：绮丽、疏忽、女婿、发达、剥夺、隔阂、排外、高潮、抖擞、蓓蕾、菡萏、深沉、彷徨、窈窕、连绵、响亮、空洞、均匀、源泉、妖娆、蜿蜒、千万、通融、辛勤、蜻蜓、旮旯、蹭蹬、苗条、骆驼、婉转、昆仑、联欢、烂漫、霹雳等。

另外，一个双音节词的声母相同，韵母也相同，只是声调不同的。我们称它为“双叠词”。例如：出处、夫妇、公共、积极、聚居、苛刻、律吕、买卖、漆器、审慎、事实、史诗、誓师、矢石、显现、想象、信心、意义、异议、移易、优游、渊源、制止等。

在诗歌等作品里适当使用双声词、叠韵词或双叠词，也是增添语言音乐性的传统手段之一。明代诗歌评论家李重华在《贞一斋诗话》中说：“叠韵如两玉相扣，取其铿锵；双声如贯珠相联，取其婉转。”双声词两个节拍的起音相同，叠韵词两个节拍的尾音相同，双叠词两个节拍的起音和尾音都相同；读起来两个节拍或同起或同落，前起后随，彼响此应，就产生出“婉转”“铿锵”的音乐美。例如：

（1）清秋 幕府 井梧 寒，独宿 江城 蜡炬 残。
永夜 角声 悲 自语，中天 夜色 好 谁看。
风尘 荏苒 音书 绝，关塞 萧条 行路 难。
已忍 伶俜 十年 事，强移 栖息 一枝 安。

（杜甫《宿府》）

诗中画直线的是双声——“清秋”“永夜”“荏苒”；加重点号的是叠韵——“幕府”“独宿”“夜色”“风尘”“萧条”“伶俜”“栖息”。全诗用了三个双声词，加上题目《宿府》共用了八个叠韵词，再有“寒—残—看—难—安”五个韵脚，直接体现韵律的有27个字，占全诗58个字（包括题目）的47%。

（2）我站在 高山之巅，
望黄河滚滚，奔向东南，
金涛澎湃，掀起万丈狂澜；
浊流婉转，结成九曲连环；
从昆仑山下奔向黄海之边，
把中原大地劈成南北两面……

（光未然《黄河颂》）

这段歌词使用了四个双声词——“黄河”“澎湃”“黄海”“大地”；三个叠韵词——“婉转”“连环”“昆仑”；读来抑扬顿挫，优美动听。

下面谈“叠音”问题。叠音就是读音（包括声调）完全相同的两个音节的

连续出现。由于叠音是增强语言音乐美和修辞美的重要手段,因此在古今诗文中,它多为人们所使用。现代汉语有六种叠音形式:

①单音节重叠:如"渐渐""星星""滚滚""草草""耿耿"等。

②双音节两两重叠:如"花花草草""寻寻觅觅""婆婆妈妈""前前后后"等。

③双音节交替重叠:如"热闹热闹""研究研究""合计合计""学习学习"等。①

④交叉式重叠:如:"相反相成""畏首畏尾""一了百了""人云亦云""痛定思痛""精益求精""看一看""瞧一瞧"等。

⑤后缀重叠:如"白花花""绿油油""香喷喷""冷冰冰""慢悠悠"等。

⑥三音节重叠:如"莫莫莫""错错错""难难难""休休休"等。

请看两幅园林楹联:

(3)紫紫红红 处处 莺莺燕燕,

朝朝暮暮 年年 雨雨风风。

(杭州西湖花神庙楹联)

(4)风风雨雨 暖暖寒寒 处处 寻寻觅觅,

莺莺燕燕 花花叶叶 卿卿 暮暮朝朝。

(苏州网师园楹联)

两联完全由叠音组成,情境与韵味相互生发,读来颇饶情趣。再请读两首诗歌:

(5)漳河水,九十九道湾。

层层树,重重山;

层层绿树重重雾,重重高山云断路。

(阮章竞《漳河水》)

(6)找点空闲,找点时间,领着孩子,常回家看看。带上笑容,带上祝愿,陪同爱人,常回家看看。妈妈准备了一些唠叨,爸爸张罗了一桌好饭。生活

---

① 参见谭汝为:《重字"四字成语"的结构》,《语文建设通讯》(中国香港)1999年总第60期。

的烦恼，跟妈妈说说；工作的事情，向爸爸谈谈。常回家看看，回家看看；哪怕给妈妈捶捶后背揉揉肩。老人不图儿女为家做多大贡献，一辈子不容易，只图个团团圆圆。常回家看看，回家看看；哪怕帮妈妈刷刷筷子洗洗碗。老人不图儿女为家做多大贡献，一辈子总操心，就奔个平平安安。（当代歌词《常回家看看》）

叠音词的使用，除了具有双声词和叠韵词的音乐效果之外，还使言语出现一种回环流动的意味。《漳河水》的诗句用“层层”“重重”摹景状貌，使景物灵动多姿。《常回家看看》连续十几个叠音词，如“说说”“谈谈”“捶捶”“揉揉”“刷刷”“洗洗”“团团圆圆”“平平安安”都是司空见惯的口头语。但是这些似乎信手成篇而絮絮如道家常的语言，配合着诗的韵律，营造出以真挚淳朴的情感为主旋律的意境，打动了亿万听众的心，使他们为之唏嘘动容。

第六节　人名的语音修辞

一、人名与平仄

汉语的声调，指语音高低升降的变化。现代汉语声调分为四声，四声又可归为两类：阴平和阳平为平声，上声和去声为仄声。平声的特点是“扬”，读来语调平缓，可拉长但不变音；仄声的特点是“抑”，发音较短，不能拉长，语调曲折多变。

历史人物并称的排序，平声者居前，仄声者列后的居多。例如：

屈宋（屈原、宋玉）、刘项（刘邦、项羽）、嵇阮（嵇康、阮籍）、颜谢（颜延之、谢灵运）、韩柳（韩愈、柳宗元）、温李（温庭筠、李商隐）。

对于初唐四杰，自杜甫“王杨卢骆（王勃、杨炯、卢照邻、骆宾王）当时体，轻薄为文哂未休”之句出，一直按照这种近体诗平声开头的律句格式排列，只不过为了容易上口，根本不含有长幼、尊卑、优劣的意思。唐代四大山水诗人“王孟韦柳”（王维、孟浩然、韦应物、柳宗元）、宋代四大书法家“苏黄米蔡”（苏轼、黄庭坚、米芾、蔡襄）、元曲四大家“关王马郑”（关汉卿、王实甫、马致远、郑光祖)、三国蜀汉的五虎上将“关张赵马黄”(关羽、张飞、赵云、马超、黄忠)等,都是按平起律句的格式排列的。

古典小说戏曲里,成双配对的人物,姓名排序也多遵循“平声居前,仄声列后”的规则。例如《水浒传》押解林教头的两个解差董超、薛霸;梁山寨主宋江的两个护卫吕方、郭盛;《铡美案》包公的两组部下张龙、赵虎,王朝、马汉;《说岳全传》岳元帅的贴身护卫马前张保、马后王横;《杨家将》杨延昭的两员部将孟良、焦赞;《红楼梦》林黛玉的两个丫鬟紫鹃、雪雁等,莫不如此。

如果两人的姓氏都是平声或都是仄声,就要按照时代先后或师承关系等因素排序了。如:孔孟(孔丘、孟轲)、管乐(管仲、乐毅)、李杜(李白、杜甫)、程朱(程颢、程颐、朱熹)、苏辛(苏轼、辛弃疾)、康梁(康有为、梁启超)等。不仅古代,现代亦然,例如解放战争时期各野战军高级将领的并称:刘邓(刘伯承、邓小平)、彭贺(彭德怀、贺龙)、陈粟(陈毅、粟裕)、谭许(谭震林、许世友)等,也是这种先平后仄的排序。

在一句话里,把平声和仄声有规则地相间搭配,就形成高低起伏、长短疾徐的音律变化,读来就朗朗上口,听着就铿锵悦耳。讲求平仄抑扬,是汉语修辞常用的方法。旧体诗词十分注重平仄的安排,律诗的对仗句不仅要求一句之内的平仄交错,而且要求上下句的平仄相反。散文也有适当讲究平仄之必要。老舍《出口成章》说:“即使是散文,平仄的排列也还应该考究。‘张三李四’好听,‘张三王八’就不好听。前者是二平二仄,有起有落;后者是四字皆平,缺乏抑扬。四字尚且如此,那么连说几句就该好好安排一下。”

取名最好平仄相调,读来音顺字正,最忌仄仄相接。例如著名演员王丹凤原名王玉凤,“玉凤”二字皆为去声读音低抑短促。在她16岁从影时,导演为她改名为“丹凤”,音节一平一仄,读来就响亮和谐了。人名读音如平仄相调,就会产生一种抑扬起伏的音韵美。如:

平仄式——舒适、秦牧、宗璞、王朔等,

仄平式——赵丹、谢添、顾城、铁凝等,

平平仄式——高云览、周行健、郑天挺、张天翼等,

平仄仄式——周而复、王利器、陈木秀、方济众等,

平仄平式——臧克家、刘世德、齐燕铭、朱骏声等，

仄平平式——赵燕侠、沈柔坚、易明珠、马识途等，

仄平仄式——谢无量、廖承志、路金栋、魏钢焰等，

仄仄平式——厉以宁、史量才、傅抱石、李醒尘等。

应尽量避免姓名三个字为同声调的组合。例如徐平明（三字皆阴平）、钱怀源（三字皆阳平）、马景选（三字皆上声）、郑敬育（三字皆去声）等读音不响亮，如改为徐庆华（平仄平）、钱育文（平仄平）、马静轩（仄仄平）、郑敬之（仄仄平），读音就大为改观了，关键在于平仄协调，使读音有抑扬变化。

二、人名与音韵

一个人的名字可以写在纸上，而更多的是用在口头。名字是让别人呼叫的，主要诉诸听觉。因此，在新生儿取名时，应该在注重候选之名的“字形”与“字义”的基础上，认真仔细地斟酌它的读音。鲁迅先生主张“取名需读音响亮，好听，易于传播”。就是说力求使名字的读音富于音韵美。要想使名字具有音韵美，可采用以下几种方法。

（一）双声叠韵

双声指相连的两个字的声母相同，叠韵指相连两个字的韵母相同。利用双声叠韵法取名，读音回环荡漾、和谐悦耳。

双声姓名如庄周、李羚、郑卓、班彪、纪洁、高歌、洪荒、刘亮、谭天等。叠韵姓名如商鞅、舒芜、丁玲、田间、李季、杨绛、金新等。双声用在名字上的，如许<u>友渔</u>、李<u>成超</u>、顾<u>和辉</u>、张<u>沫铭</u>、王<u>天彤</u>等；叠韵用在名字上的，如王<u>昆仑</u>、沈<u>端先</u>、朱<u>延年</u>、林<u>沧浪</u>、常<u>天鉴</u>等。

但应指出：三字姓名不宜选用双声叠韵字。例如田坦涛（三字声母都是t）、秦琪群（三字声母都是q）、陈楚成（三字声母都是c）、毛梦谋（三字声母都是m）、谢晓新（三字声母都是x）、王长光（三字韵母都是ang）、秦寅林（三字韵母都是in）、韩凡楠（三字韵母都是an）、汤莽旺（三字韵母都是ang）、傅筑夫（三字韵母都是u）、孙润春（三字韵母都是un）等名，读如绕口令，聱牙拗口，倍感不畅。

(二)叠音成名

一是姓与名同字连缀。例如:方方、林林、杨杨等。

二是选择与姓同音或音近的字为名。例如:曹操、魏巍、韦唯、袁苑、李莉、倪妮、黎励、甄珍、谭坦等。

三是双字相叠为名,感情色彩浓重,多用于女性之名。叠音法命名,古已有之,如李师师、陈圆圆、关盼盼、崔莺莺、苏小小等。现代仍以女性为多,如刘婷婷、李双双、孙宁宁、王蓓蓓、王蓉蓉、王玲玲、刘明明、周巧巧、宋丽丽、吴妍妍、赵娜娜、洪飞飞、褚俏俏、郑英英、刘婷婷、史蓉蓉、张晶晶、姜黎黎、李媛媛等。

叠音命名小变其格,就是将同音同字变为同音异字,如张如茹、王丽莉、胡园媛、魏荣蓉等。姓氏与叠音双字名同音的很少见,如李莉莉、林琳琳、应莹莹、潘盼盼等。男性用叠音为名者极为罕见,如儿童文学作家任溶溶,原名任以奇,溶溶是他女儿之名,因爱女心切,故移之作笔名。

三、人名与谐音

(一)谐音取名利弊谈

人名谐音是一种修辞手段,利用同音异义词求得声在此而意在彼,这在文艺作品中有典型的体现。作家在塑造人物形象的同时,往往也为人物的取字而煞费苦心。例如《红楼梦》中的元春、迎春、探春、惜春,谐音“原应叹息”;甄士隐、贾雨村,谐音“真事隐去,假语村言”;甄士隐的女儿英莲,谐音“应怜”;仆人霍启,谐音“祸起”;丫鬟娇杏,谐音“侥幸”;被薛蟠恶奴打死的冯渊,谐音“逢冤”;贾政,谐音“假正经”;清客詹光,谐音“沾光”;单聘仁,谐音“善骗人”;贾蔷的舅舅卜世仁,谐音“不是人”等。另如《金瓶梅》中的好事之徒车淡(扯淡)、游守(游手)、郝贤(好闲),《儒林外史》中冒牌的“名士”权勿用(全无用),《杜十娘怒沉百宝箱》中的杜十娘(笃实娘)、李甲(里假),歌剧《白毛女》中的黄世仁(枉是人),电影《永不消失的电波》中的叛徒姚伟(摇尾),电视剧《宰相刘罗锅》中的安徽巡抚桂淮泰(鬼怀胎),等等。

“文革”期间,谐音命名一度十分盛行。一是用在大批判文章的笔名上,例如梁效(两校)、罗思鼎(螺丝钉)、江天(江青的天下)、池恒(持之以恒)等。

二是用在挖空心思、无中生有地分析查找所谓的“敌情”上。例如电影《大浪淘沙》的主人公“靳公寿”之名，竟被“四人帮”的爪牙谐音为“金公寿”；接着，把“金”和“寿”两字合为“铸”字，把它与“陶铸”挂上钩；进而据此认定这部影片是“为陶铸树碑立传的大毒草”。三是把文艺作品中的英雄人物谐音改名，据说是为了避免和生活原型相混淆。于是，在江青的授意下就把《智取威虎山》中的孙得达改名为“申德华”，把《奇袭白虎团》中的杨育才改名为“严伟才”等。

以上所谈是文艺作品中的例证。在现实生活中，有些名字的谐音还关系到名主的切身利害。古时科举考试就有一些考生因姓名谐音而意外得福，或横遭灾祸。例如清朝道光年间，殿试内定一甲第一名（即“状元”）是江苏高邮人史求。道光皇帝在御批审定时，看到“一甲第一高邮史求（谐音“死囚”）”，就疾首蹙眉，当即朱笔勾去。再往下看“一甲第九天长戴兰芳”，龙颜大悦，提笔钦定为头名状元。因为“第九天长”的谐音是“地久天长”，“戴兰芳”的谐音是“代代兰芳”。

据史书记载，在明清两代，已顺利通过科举考试的层层关卡，已进入“一甲”之列，且名列前茅的“状元候选人”，因其名谐音不妥，而被皇帝从名单中勾去的，还有吴情（无情）、王国钧（亡国君）等人。皇上金口玉言，纯以名取士，把严肃的人才选拔视同儿戏，确实荒唐可笑；但是平心而论，“史求”“吴情”“王国钧”之名，确实也不吉利。自古至今，在取字命名上，祈福忌祸、避俗求雅的文化心理和社会习俗，还是应该适应和遵从的。

（二）取名的谐音尴尬

现代人倒不会因姓名不雅或欠妥而断送前程了，但是有些始料未及的姓名谐音也会使人尴尬而无奈，尤其表现在当代小学生的姓名中。仅举笔者目见耳闻的实例，如两字姓名：纪丹（鸡蛋）、毛崇（毛虫）、章欣（脏心）、尤炳（油饼）、侯岩（喉炎）、魏妍（胃炎）、费延（肺炎）、史刚（屎缸）、谭彤（痰桶）、魏桐（胃痛）、温毅（瘟疫）、贾效（假笑）、胡硕（胡说）、范健（犯贱）、刘产（流产）、范统（饭桶）、庞光（膀胱）等。

三字姓名：施昌吉（是娼妓）、姬从良（鸡从良）、孙奇概（孙乞丐）、王白旦（王八蛋）、胡丽清（狐狸精）、朱怡佳（猪一家）、朱逸群（猪一群）、杨宜知（羊一只）、萧春珠（小蠢猪）、毕云高（避孕膏）、肖泰坚（小太监）、吴乃照（无奶罩）、谢丽婷（泻痢停）、付妍婕（妇炎洁）、夏建仁（下贱人）、秦寿生（禽兽生）、杜琦燕（肚脐眼）、魏生津（卫生巾）、沈京兵（神经病）、杜子腾（肚子疼）、史珍香（屎真香）等。

因谐音因素考虑不周而形成的姓名，必然会成为淘气的小伙伴开玩笑的口实，给人带来不尽的烦恼。因此，长辈在为新生儿取名时，应该慎重而周全地推敲斟酌，尤其对于姓名中有可能产生负面谐音的因素加以防范，不可掉以轻心。

（三）谐音取名与谐音改名

谐音取名一直为人喜用，例如：阎肃（严肃）、陈辉（晨辉）、魏珉（为民）、韩笑（含笑）、李响（理想）、霍达（豁达）、康凯（慷慨）、姚旺（遥望）等。

对于原本不满意的姓名，用谐音法改名也有不少成功的例证。例如著名法学家张友渔，原名张像鼎，字友彝。1927年前后，为表达忧国忧民的情感和大胆怀疑的思想，遂将“友彝”谐音改为“忧疑”，后定名“友渔”。作家艾芜原名汤道耕，开始写作时，因受胡适“人要爱大我（社会）也要爱小我（自己）”主张的影响，遂取笔名“爱吾”，后谐音为“艾芜”。

哲学家艾思奇，原名李生萱，早年写《大众哲学》一书，颇有影响。1935年，25岁的艾思奇加入中国共产党。传记作家叶永烈在访问艾思奇夫人王丹一时，据她告知，艾思奇这笔名来历有三：一是“爱”“思奇”之意，即喜爱独特地思索；二是热爱马列主义之意，“思”即马克思，“奇”即伊里“奇”（亦即列宁）；三是他不怕冷，冬日穿衣甚少，得了个雅号“爱斯基摩人”。艾思奇为“爱斯基”的谐音。

表演艺术家田华，出生时老家村里正闹天花，父母给她取名刘天花，就是希望孩子不被天花传染，平安无事。小天花后来参加革命，成为一名小演员，剧团领导为她谐音改名为“田华”，变俗为雅，突出了文化意境！著名女作家铁凝，姓屈，幼时乳名铁妞。后她以铁凝为名发表小说《啊，春雪》，并以此而出名，从此就以“铁凝”为名了。

著名作家贾平凹，原名平娃，体现父母对孩子平安无虞的企盼。谐音改为“平凹”，“平坦”和“低凹”两个矛盾对立的词儿统一在名字里，却个性鲜明、意味深长。贾平凹的“凹”，和“凸”相对，是低于周围的意思，读为āo。因此，多数人读作贾平凹 āo。但贾先生却不认同，他说：凹应读为 wā。陕西等地用“凹”字作地名，就相当于“洼”，读为 wā，如陕西地名碾子洼。《现代汉语词典》的“凹”字就有以上两个读音，并注明“凹同洼，用于地名”。

扫码获取
☆配套音频
☆名家课程
☆读书笔记
☆交流社群

第五章　文字应用修辞

本章主要内容：一、析字与文字游戏。二、析字与社会生活。三、析字与命运预测。四、析字与文艺创作。五、取名用字的讲究。

数千年来，汉字之所以既能保持形象性的特点，又得以生生不息，是因为它在形体上具有一套稳定而灵活的基础结构，形成了可分可合的特点和极强的再生能力。文字方面的修辞集中而典型地表现在“析字”修辞上。它充分发挥了汉字形体结构的特点，通过对字形结构进行分离、拆解、组合和增损，来寄意寓理、表情达意。

传统的析字修辞包括析形、析音、析意三种形式，其中“析形”是析字修辞的主要形式。我们着重论述“析形”修辞在语用上具有的多种功能，以及它在应用过程中所体现的汉民俗文化特点。

第一节　析字与文字游戏

一、析字修辞是文字游戏的主要手法

文字游戏是古代文人花间尊前的雅事，历代文人乐此不疲。析字修辞是文字游戏的主要手法之一。宋元时期，析字修辞又被俗称为“拆白道字”，上至帝王权臣，下至白衣处士，就连青楼女子也驾轻就熟。元代关汉卿《救风尘》杂剧第一折，宋妈妈夸宋引章时说：“俺孩儿拆白道字，顶针续麻，无般不晓，无般不会。”《西游记》第十回也有“行令猜拳频递盏，拆白道字漫传钟”的诗句。

析字修辞需要坚实的文字功底和刻意安排的巧妙构思，自然成为文人

炫才逞能的疆域。析字类文字游戏种类繁多，包括析字谜语、析字对联、姓名析字，以及绕口令、酒令、诗钟等形式。本文重点分析字谜、析字对联和姓名析字。

二、字谜

字谜是中华传统文化的瑰宝，是一种独特的民间文学样式，也是一门充满智慧和谐趣的语言文字艺术。字谜起源于民间，源远流长，自古及今受到广大民众的喜爱。人们热衷于制谜、猜谜活动。例如：

某甲出一字谜叫某乙猜："唐虞有，尧舜无；商周有，汤武无；古文有，今文无。"某乙略一思索，笑道："我把你的谜底也做成一谜，你听对不对——听着有，看者无；跳者有，坐者无；高者有，矮者无。"甲接着说："哭者有，笑者无；骂者有，打者无；活者有，死者无。"乙继续："右边有，左边无；后边有，前边无；凉天有，热天无。"甲拍手叫绝，又道："哑巴有，聋子无；跛子有，麻子无；和尚有，道士无。"乙紧接着笑道："善者有，恶者无；智者有，愚者无。"……[①]

您猜出来了吗？字谜的谜底就是"口"字。通过甲乙对答，把字体结构有"口"的和无"口"的字，组成在语义上有关联的语句，形成连绵不绝的系列谜面。

直至当代，在小学教学中，一些老师仍乐于利用字谜识字的方式，来激发小学生的学习兴趣，培养他们的判断推理能力，开阔眼界，拓宽知识面。例如：

上是春天无日，下是秋天无火，打一古代国名，就在春秋战国。（谜底：秦）

我在山边站，老家在四川。（谜底：峨）

爬着一条虫，常入白石画卷中。（谜底：虾）

耳朵上边长着草，东北三宝不可少。（谜底：茸）

于光远先生曾制作了一些别具一格的字谜，其特点是从一个字改成另一个字，打一句成语，例如"奏"→"春"，谜底是"偷天换日"。二字上半部分

---

① 转引自《演讲与口才》1987年第7期。

相同,把下半部分的“天”换成“日”,“奏”就成了“春”字;所以谜底是成语“偷天换日”。另如:

“湍”→“而”(谜底:山穷水尽),

“波”→“破”(谜底:水落石出),

“杞”→“休”(谜底:舍己为人),

“旭”→“旦”(谜底:九死一生),

“倍”→“立”(谜底:杀人灭口),

“忽”→“吻”(谜底:有口无心),

“励”→“历”(谜底:挂一漏万),

“侠”→“二”(谜底:杀人放火),

“傢”→“伏”(谜底:丧家之犬),等等。①

对这类新型字谜逐个研读,顿感构思新颖,妙趣横生。有的字谜在内容上与通常的游戏文字迥然不同,有着深刻的社会意义。郎瑛《七修类稿·荒年转语》记载,明代嘉靖二十四年(1545),天下大荒,“时疫大行,饿殍横道”,郎瑛的一位朋友在除夕之夜作了两首“转语词”,其中有两个关键性的字谜:

(1)去年来来去忙,不饮千觞饮万觞。

今年若还要酒吃,除却酒边酉字旁。(原注:“饮水也。”)

(2)去年来来去忙,不杀鹅时也杀羊。

今年若还要鹅吃,除却鹅边鸟字旁。(原注:“杀我也。”)

例(1)“除却酒边酉字旁”谜底是“水”,是说:往日过年饮酒,而今过年只得饮水。例(2)“除却鹅边鸟字旁”谜底是“我”,是说:往日过年宰羊杀鹅,而今荒年挨饿,疫病蔓延,性命难保,其势犹如“杀我也”。

三、析字对联

析字对联是对汉字结构进行分合组装的一种艺术展示。例如浙江杭州西湖竺仙庵的楹联:“品泉茶三口白水,竺仙庵两个山人。”上联拆“品”为“三口”、拆“泉”为“白水”;下联拆“竺”为“二个”、拆“仙”为“山人”。意境清新,

① 于光远:《短文三篇》,《今晚报》1999年7月28日。

耐人寻味。再如：

(3)六木森森，松柏梧桐杨柳；

众水淼淼，江河湖泊海洋。

(4)十口心思，思家思国思社稷；

八目尚赏，赏风赏月赏秋香。

(5)冻雨洒窗，东二点，西三点；

切瓜分客，横七刀，竖八刀。

(6)嫁给潘家郎，有田有水有米；

娶来何氏女，添人添口添丁。

(7)白水泉边女子好，少女犹妙；

山石岩前古木枯，此木为柴。

(8)四口合图(繁体“圖”)，内口皆从外口管；

五人同伞(繁体“傘”)，小人全靠大人遮。

(9)学正不正，诸生皆以为歪；

相公言公，百姓自然无讼。

(10)琴瑟琵琶，八大王一般面目；

魑魅魍魉，四小鬼各具肚肠。

以上析字对联有的用于机敏应对，有的用于诣趣嘲讽，令人拍案称绝。至于每一副联语字形离合状况的具体分析，限于篇幅，就不一一赘析了。

四、姓名析字

利用汉字形体上的特点，把某人姓名拆开字形来表示某一意思的修辞法可称为“姓名析字”。姓名析字常用于文友间的戏谑，《北齐书·徐之才传》就记载了一个有趣的故事：

(徐)之才聪辩强识，有兼人之敏。尤好剧谈谑语，公私言聚，多相嘲戏。嘲王忻姓曰：“有言则诳，近犬便狂；加颈足而为马，施角尾而为羊。”卢元明戏之才曰：“卿姓是未入人，名是字之误。”即答云：“卿姓在亡为虐，在丘为虚，生男则为虏，养马则为驴。”

宋人胡仔《苕溪渔隐丛话》记载了宋代文坛有关姓名析字的趣闻逸事，

如郭忠恕针对聂崇义的姓，写了一首析字诗："近贵全为聩，攀龙即是聋；虽然三个耳，其奈不成聪！"聂崇义也不甘示弱，针对郭忠恕的名字，析字反嘲之："勿笑三个耳，全胜畜二心。"陈亚、蔡襄互相嘲笑，合成一联："陈亚有心终是恶，蔡襄无口便成衰。"吕扩、谢晖也以名相嘲云："吕扩无才终入广，谢晖不日便充军。"文友之间，针对对方的姓名用析字法以相戏谑，虽为文人游戏，却可见深厚的文字功力。

第二节 析字与社会生活

一、析字用于政治斗争

利用析字修辞法参与政治斗争，从古到今十分习见。请看《三国志·吴志·薛综传》的一段记载：

西使（指蜀汉使臣）张奉，于权（指孙权）前列尚书阚泽姓名以嘲泽，泽不能答。综下行酒，因劝酒曰："蜀者何也？有犬为独，无犬为蜀；横目苟身，虫入其腹。"奉曰："不当复列君吴耶？"综应声曰："无口为天，有口为吴；君临万邦，天子之都。"于是众坐喜笑，而奉无以对。

这场发生在孙权宴请蜀汉使臣张奉的宴会上的"唇舌争斗"，是张奉狂妄地嘲笑阚泽姓名而一手挑起的。东吴大臣薛综针锋相对的敬酒辞，属于自卫反击性质。他机敏地借对"蜀""吴"二字的析字来褒扬本方，贬损嘲弄对手。其用意就是打掉张奉的气焰，灭一灭蜀国的威风，表面上似乎是樽俎间的玩笑，实质是激烈政治斗争的体现。

二、析字用于宣传鼓动

用于正面赞颂的析字，多见于在社会大动荡时，以民间谣谚的形式发挥引导舆论的作用。例如晚唐诗人皮日休曾在诗作中写道："欲知圣人姓，田八二十一；欲知圣人名，果头三曲律。"诗句妙用析字法，暗藏"黄巢"二字——"田八二十一"是"黄"，"果头三曲律"是"巢"——对农民起义领袖进行热情的歌颂。

另如李渊称帝前，社会上流传着“东海十八子，八井唤三军”的预言（“十八子”是“李”，“八井唤三军”是繁体字“淵”）；李自成造反，有“十八子主神器”（“十八子”是“李”，指李自成）的预言。用析字制成谣谚谶语，表明天意使然，以鼓动人心，掌握群众。

析字谶语的制作只是为政治目的服务的一种蛊惑人心的手段，例如《三国志·魏书·文帝记》载谶语：“鬼在山，禾木连，王天下。”“鬼在山，禾木连”是“巍”字（“魏”字的另一种写法），是说曹丕的国号“魏”将统一天下。明代民间有针对大奸臣魏忠贤的谶语：“阉人任用保社稷，八千女鬼乱朝纲。”[①]“八千女鬼”是“魏”字，指阉党元凶魏忠贤。“同一个‘魏’字可以从不同层次分析，预测的结论也就大不一样。一是‘王天下’，一是‘乱朝纲’。”[②] 可见字体结构布局只是一个由头或引子，而谶语所要表达的内容才是实质之所在。

元朝末年徐寿辉等人利用白莲教率众起义，以红巾为号，并于1351年宣布建立了“天完”政权。我国古代以“天”字打头的年号为数不少，但都一律选用吉祥字，这已成定例；而以“完”字为年号者绝无仅有。“天完”这个年号，单纯从语义上分析，令古今学者百思不解。其实，我们换一个角度，改用析字法去剖析，就可以一点即透——“天完”就是在“大元”的头顶上砸下一根棍子，盖上一顶帽子。“天完”毫不含糊地把矛头直指“大元”政权，表明起义农民决心推翻元朝政权的志向。

三、析字用于刺世疾邪

采用拆散某个姓名字形的手法对贪官污吏进行嘲讽，是中国百姓独有的刺世疾邪方式。例如太平天国民歌有“江南若逢人丁口，江南便是鬼门关”的句子。把清朝两江总督何桂清的姓拆分为“人丁口”，暗指何氏为政暴虐，以致民怨鼎沸。清朝乾隆年间，直隶学政吴省钦主持乡试。此人胸无点墨，又贪赃受贿，录取不才。落第生员愤然在考场门口题写了一块横匾和一副对联。匾额书写四个大字——“口大欺天”；楹联云——“少目焉能评文

---

① 参见谢贵安：《中国谣谶文化研究》，海南出版社1998年，第194页。

② 引自何九盈：《汉字文化学》，辽宁人民出版社2000年，第349页。

字，欠金安可望功名？”匾额中“口”“天”组成“吴”字；楹联上句“少”“目”组成“省”字，下句“欠”“金”组成“钦”字。一匾一联巧妙地隐含了赃官“吴省钦”的姓名，道破了此人学识浅陋、贪婪无厌的丑恶本质。

另据清人林纾《畏庐琐记》载：清朝咸丰年间福建总督王懿德、巡抚吕荃孙贪赃枉法，鱼肉百姓，民愤很大。福建百姓撰联讥讽：

总督王懿德，名藏二心，一心害民，一心误国；

巡抚吕荃孙，姓有双口，上口食银，下口食烟（指鸦片）。

利用对总督之名、巡抚之姓的析字，揭露出他们生活腐化、祸国殃民的丑恶嘴脸。

采用增损字形的析字法，就是有意将某个汉字增添或减少某一个偏旁部件，来表达某层隐含的深意。例如吕叔湘先生在《笑话里的语言学》里记录了一个笑话：

清朝有一个平恕，做官做到侍郎。曾经做过江苏学政，大搞贪污，名声很坏。有人编了一出戏，名字叫《干如》，开场白是：“忘八，丧心，下官干如是也。”看戏的人都笑了。“干”是“平”字去掉“八”，“如”是“恕”字去掉“心”。

这是用减少偏旁和笔画的手法，表达对赃官平恕的无比愤懑，绕了个圈子去痛骂丧心病狂的贪官污吏。

四、析字用于达意说理

有一些现代革命家在授课演说中，巧妙地运用“析字”修辞，去申明政见，发动群众，鼓舞士气。例如毛泽东在1922年给长沙人力车工人上课，在教授“天”字时说：“‘工’和‘人’合为‘天’，如果工人团结起来，就有顶天的力量。”再如1946年，国共两党在重庆谈判期间，在记者招待会上，一位记者向毛泽东发问：“谈判假如失败，国共全面开战，毛先生能否战胜蒋先生？”毛泽东回答说：

蒋先生的“蒋”字是将军的“将”字头上加根草，他不过是一个草头将军而已。而我的“毛”字，不是毛手毛脚的“毛”，而是一个反“手”。代表大多数中国人民根本利益的共产党，要战胜代表少数人利益的国民党，易如反掌！①

① 引自《福建党史月刊》2016年第9期。

应指出，析字修辞对某一个汉字形体的分析，并不一定恪守文字学关于合体字结构的原理，不过是借用字体组合这种方式借题发挥，以达到修辞目的罢了。例如上文所引毛泽东对“天”“蒋”“毛”三字的分析都是如此。可见灵活精妙地运用析字的口语修辞，婉转幽默，启人心智，发人深省，可以给人留下深刻印象。

第三节　析字与命运预测

一、神秘的文字预言

中国人对文字的崇拜，相沿成俗，后发展为文字迷信，如敬奉字纸如神明、字符算命等。古人迷信，认为自己的命运前途、祸福吉凶都是冥冥之中，早已由天地鬼神主宰注定了的。为了迎合人们探知进而把握未来命运的急切心理，卜筮、卦影、扶乩、相字、测字等预测未来的迷信方式应运而生并愈演愈烈。相字、测字就是其中的文字预言手段。所谓“文字预言”，就是挖空心思地从汉字的解构与各种事物之间，寻找出某种联系来。神秘的“文字预言”长期盛行，体现出原始思维和民俗因袭对人们精神生活产生的巨大影响。但也应看到，历史有不少“文字预言”是为了服务于某种特定的政治需要，别有用心地采用隐讳的形式，去表达某种深刻的意向。

二、歌谣的文字预言

在王纲解纽、政局动荡之时，“文字预言”往往利用歌谣这个载体，发挥引导舆论的传媒作用。其中常见的是，把人物姓名用离合法编进歌谣里传唱。《后汉书·五行志》载，东汉末年汉献帝继位时，京都童谣曰：“千里草，何青青；十日卜，不得生。”“千里草”由下而上合为“董”字，“十日卜”由下而上合为“卓”字。“何青青”言其一时暴盛；“不得生”言其即将灭亡。这首童谣巧妙运用析字辞格，言外之意是——“董卓逆贼犯上作乱，以臣凌君，何等暴盛；但很快就会破亡！”

再如《新唐书·裴度传》：“先是奸党忌（裴）度，作谣辞云：‘非衣小儿坦其腹，天上有口被驱逐。'”这里“非衣”是“裴”的析字，指宰相裴度；“天上有口”是“吴”的析字，指被裴度破蔡州而被擒杀的藩镇军阀吴元济。这是奸党利用姓名析字，攻击裴度，而为藩镇势力张目鸣冤。纵观历史，自汉至清，每逢社会发生大动荡时，都有附着在民歌童谣形式上的文字预言出现。

三、测字与文化心态

“测字”又叫“相字”“拆字”，历来有以测字为专业的“术者”。宋代不少笔记都记载了宣和年间在京都(今河南开封)名噪一时的“测字专家”谢石的事迹。其测字方法是，由求测字者随意写出一个字，由他就这个字的形体进行分析，“而言无不奇中者”。[①]

首先，请看罗大经《鹤林玉露》卷五载有关于“苏黄迁谪”的著名故事：

“苏子瞻(苏轼)谪儋州，以‘儋’与‘瞻’字相近也；子由(苏辙的字)谪雷州，以‘雷’字下有‘田’也(“田”与“由”字形近)；黄鲁直谪宜州，以‘宜’字类‘直’字也。此章子厚駃谑之意。当时有术士曰：‘儋’字从立人，子瞻其尚能北归乎！‘雷’字‘雨’在‘田’上，承天之泽也，子由其未艾乎！‘宜’字乃‘直’字，有盖棺之义也，鲁直其不返乎！后子瞻北归，至昆陵(今常州)而卒。子由退老于颍，十余年乃终。鲁直竟卒于宜。”

实际上这是对三人命运的两次预测——

人物＼预测	第一次预测(遭贬谪的地区)		第二次预测(遭贬谪后的最终命运)		
	测字分析原因	预测	测字分析原因	预测	结果
苏轼，字子瞻	“瞻”字与“儋”字形似	贬至儋州	“儋”字，从立人	尚能北归	遇赦北归，卒于常州
苏辙，字子由	“雷”字下有“田”，而“田”与“由”字形近	贬至雷州	“雷”字，“雨”在“田”上，可承天子恩泽	可遇赦返还	遇赦退休，老于颍州
黄庭坚，字鲁直	“宜”字与“直”字形体类似	贬至宜州	“宜”与“直”义近，有盖棺之义	不能遇赦返还	卒于贬所宜州

这种利用人名与地名在字体上的某种联系预测未来命运的做法，就是利

① 见洪迈：《夷坚志选注》，许逸民选注，文化艺术出版社1988年，第200页。

用某种附会和巧合的因素借题发挥，当然是不科学的，但在当时却风靡一时。

用测字法作婚姻预测也是当时的习俗，例如伊士珍《琅環记》记载了宋代著名女词人李清照和夫婿赵明诚的天作姻缘：

明诚幼时，其父将择妇。明诚昼寝，梦诵一书，觉来惟忆三句云："言与司合，安上已脱，芝芙草拔。"以告其父，其父曰："汝但得能文词妇也。'言与司合'是'词'字；'安上已脱'是'女'字，'芝芙草拔'是'之夫'二字。非谓汝为'词女之夫'乎？"

赵明诚和李清照伉俪情深已成为古今传诵的文坛佳话，这段充满了浪漫色彩的析字解梦，很可能是后人附会的。由此看来，古代民众对测字的热衷反映了向往趋福避祸的汉民俗心态。

四、测字与政局兴亡

令人感到惊奇的是，衰微政局的发展趋势，乃至王朝的兴亡更替，皇帝的生死命运，也成为测字内容。例如清人梁绍壬《两般秋雨庵随笔》卷七"测字"篇载文：

崇祯末年，流寇信急，上日夜忧勤。一夕，遣内臣易服出禁，探听民间消息，遇一测字者，因举一"友"字询之。问："何占？"曰："国事。"曰："不佳，反贼已出头了。"急改曰："非此'友'字，乃'有无'之'有'。"曰："更不佳，大明已去其半矣。"又改口曰："非也，'申酉'之'酉'耳。"曰："愈不佳，天子为至尊，至尊已斩头截脚。"内臣咋舌而还。

这个故事是明末清初文人编的政治笑话，借"测字"为题，讽刺明朝覆灭前夕气数已尽、无力回天的可悲结局。无独有偶，在20世纪40年代后期，一些有识之士曾通过测字，预言了蒋家王朝气数已尽，必然灭亡的命运：

淮海战役中，人民解放军对徐州已完成了包围阵势，有识之士纷纷料定蒋家王朝必覆。因此当孙科出面组阁，另称"和平内阁"时，《益世报》一编辑便在该报副刊上写一篇杂文：《为孙内阁算命》。此文将"科"字拆为"禾"、"斗"，断曰：孙内阁的八字为"欲和无口，欲斗无门"（斗字的繁体外围与"门"形近）。盖和无诚意，有口难开；士无斗志，即欲斗无门；而且翁孙是一家，翁文灏组阁，不久下台，称为"短命内阁"；而有其"翁"，必有其"孙"，也逃不出

"短命内阁"之命运。

此文刊出,《益世报》主笔段念慈称为奇文共赏,那八个字天然巧合,而事后竟然言中。由此又引出采访主任罗祖光的兴趣,他特地来找这位编辑为蒋介石测个字。问蒋什么时候下台,而且就以"蒋中正"三字进行测算。编辑默然一想,便把"蒋"字的"艹"头和"正"字的"一"头拆为"艹将中一止"五字,然后理顺为"艹一将中止",而其中"正"字可暗应"元月"。因此编辑断言说:"一月二十一日将下台。"接着,这位编辑还分析其中巧合与哲理,说明此字必验。当时在场的有五六个人之多,均认为测得有理,并以赌一条鱼作为余兴。不久,1月20日下午,罗采访主任回报社,兴冲冲地对那位编辑说:"你猜中了,总统宣布明天引退。"

由于两次测准,李宗仁代总统上台,总编辑陪同李宗仁秘书登门拜访那位测字编辑,并戏言可为李测字。这位编辑关心时政,善审时度势,对时局早有预感,当即直言不讳:"不用测了,应验在现在的成语李代桃僵上,桃花盛开的时候下台。"当时正是桃花盛开的季节。这位秘书听了一怔,只好悻悻而去,后来李宗仁飞往香港……南京4月23日解放,以上为孙、蒋、李三次政治测字算命,连连测准,根据当时形势发展而料定,自然也有巧合。当时这类讽刺小品、政治笑话每每见诸报端,可谓国民党政府大势已去,濒临倒台的处境已无可挽回。①

在这段趣闻中,报社编辑三次测字,屡试不爽。从1948年到1949年,国民党政权,到了覆亡的前夜,大势已去,这是测字灵验的大背景,但平心而论,这位善于测字的编辑,既有政治上的敏感和判断力,又有很深的文字功底和睿智的洞察力,确实令人膺服。我们认为,上文所引崇祯末年和国民党政权倒台前夕的两次测字逸闻,既是传统民俗"文字崇拜""文字迷信"的投影,又是彼时彼地活生生的"政治笑话"。

五、如何看待测字的"灵验"

清代著名文人纪晓岚在《阅微草堂笔记》中有一段关于亲历"测字"的

---

①《政治测字,天算不如人算》,《华商时报》1999年3月10日。

记载：

“亥”有二首六身，是拆字之权舆（开端）矣。汉代图谶，多离合点画，至宋谢石辈，始以是术专门，然亦往往有奇验。乾隆甲戌(1754年)，余殿试后，尚未传胪。在董文恪公家，偶遇一浙士，能拆字。余书一“墨”字，浙士曰：“龙头竟不属君矣。‘里’字拆之为二甲，下作四点，其二甲第四乎？然必入翰林。四点‘庶’字脚，‘士’‘吉’字头，是庶吉士矣。”后果然。又戊子(1768年)秋，余以漏言获谴，狱颇急。日以一军官伴守。一董姓军官，云能拆字。余书“董”字使拆。董曰：“公远戍矣。是千里万里也。”余又书“名”字。董曰：“下为‘口’字，上为‘外’字偏旁，是‘口外’矣。日在西方为‘夕’，其西域乎？”问：“将来得归否？”曰：“字形类‘君’，亦类‘召’，必赐还也。”问：“在何年？”曰：“‘口’为‘四’字之外围，而中缺两笔，其不足四年乎？今年戊子，至四年为辛卯。‘夕’字卯之偏旁，亦相合也。”从军乌鲁木齐，以辛卯六月还京。盖精神所动，鬼神通之；气机所萌，形象兆之；与揲蓍灼龟，事同一理，似神异而非神异也。

今天具有科学思想和现代意识的人，当然不会相信揲蓍灼龟、占卜测字那一套迷信的东西。纪晓岚是中国历史上一位治学严谨的大学问家，他贯通儒籍，旁及百家，曾任四库全书馆总纂官，纂定了《四库全书总目提要》。他所说的亲历测字之“奇验”，不可能是信口开河的无根之谈；也许是一种偶然的巧合吧。

有一些出自民间传说的测字逸闻，当然不能把它视为固有的事实。例如传说岳飞在抗金前线被诏回京途中，在金山寺小憩时曾梦见两只黑犬讲话。道悦和尚为之解梦——两犬对话乃“狱”字，暗示岳元帅将有牢狱之灾。再如传说晚唐诗人杜牧新任池州知府后微服私访，在杏花酒店与杏花女对诗后，因不便暴露真名，诗后落款为“半边林场半坡地，一曲牛歌一卷文”(把“杜牧”两字拆开为“木、土、牛、文”四字)。这种出于小说家虚构或附会的测字传闻，只是为故事增添了神秘感和悬念罢了。

文字预测之术在历史上是长盛不衰的，典型地体现出以汉字预测吉凶祸福的民俗文化心态。对于这种历史民俗传统，我们简单地用“迷信”两字给它定性，是轻而易举的事，但要把它彻底破除，却很难办到。如果我们从汉民族文化和民俗语言学的角度，对它进行科学的探索，就会发现，测字之术恐怕也存在着一些规律性的东西，有待我们去探研总结。

第四节 析字与文艺创作

一、诗词作品的析字

析字修辞屡屡见于宋人诗词作品，例如：

（1）你共人，女边着子；争知我，门里挑心。（黄庭坚《两同心》）

（2）水边灯火渐人行，天外一钩残月带三星。（秦观《南歌子》）

（3）何处合成愁？离人心上秋。（吴文英《唐多令·惜别》）

例（1）“女边着子”为“好”字，“门里挑心”为“闷”字，连在一起，意思是：你和别人好；怎知道我内心的愁闷啊！例（2）是词人写给歌女陶心儿的词作。“一钩残月”是指“心”字中间的“钩”，“三星”是指“心”字笔画的三个点，合成一个“心”字。例（3）“心上秋”就是“愁”字。全诗各句都用析字修辞的称为“拆字诗”，例如清人赵翼《陔余丛考》卷二四就记录了一首《拆字诗》：

日月明朝昏，山风岚自起。

石皮破仍坚，古木枯不死。

可人何当来，意若重千里。

永言咏黄鹤，志士心未已。

诗句依次对“明”“岚”“破”“枯”“何”“重”“咏”“志”八字分别进行了析字处理，诗意连贯，构思巧妙，匠心独运。

二、小说作品的析字

（4）金莲每日难挨绣帏孤枕，怎禁画阁凄凉，未免害些木边之目、田下之心。（《金瓶梅》第八二回）

（5）子系中山狼，得志便猖狂。（《红楼梦》第五回）

（6）根并莲花一茎香，平生遭际实堪伤；

自从两地生孤木，致使香魂返故乡。（《红楼梦》第五回）

例(4)“木边之目、田下之心”就是“相思”。例(5)是贾迎春的判词。“子”“系”合为“孙”字,指迎春的丈夫孙绍祖。例(6)是英莲(香菱)的判词,关键在“两地生孤木”这五个字上。“两地”是两个“土”字,“孤木”是一个“木”字,合之为“桂”字,指薛蟠之妻夏金桂。判词后两句暗示英莲将被夏金桂害死。

三、戏曲作品的析字

(7)〔耍孩儿〕写着道:西厢待月等更阑,着你跳东墙“女”字边“干”。(王实甫《西厢记》第三本第二折)

(8)我猜白道字,辨你个清浑:君瑞是个“肖”字这壁着个“立人”,你是个“木寸”“马户”“尸巾”!(王实甫《西厢记》第五本第三折)

以上两例都是红娘的唱词。例(7)是对张生说的,“‘女’字边‘干’”就指“奸”字。例(8)是对郑恒说的,“‘肖’字这壁着个‘立人’”指“俏”字,是说张生人品好,长得俏。“木寸”“马户”“尸巾”是羞辱郑恒的话,痛骂他是个“村驴屌”。这属于戏曲里的插科打诨的嬉笑之言。

饶宗颐先生曾精辟地指出:“汉字已是中国文化的肌理骨干,可以说是整个汉文化构成的因子。我人必需对汉文字有充分的理解,然后方可探骊得珠地掌握到汉文化深层结构的认识。”(《符号·初文与字母——汉字树》)析字修辞就是建立在汉字独特形体和汉文化深层结构这个条件之上的。历代文人雅士充分利用并发挥了汉字和汉文化水乳交融的这种特长,对析字修辞的灵活运用生生不息,扩充到各个语用领域,不断创造出新的手法和格式,从而使情思意境的表达、语用韵味的暗示、言语情趣的添加、修辞手段的创新,都达到了精湛圆熟的境界。

第五节 取名用字的讲究

汉字有独体字与合体字之分。所谓合体字就是由两个或两个以上的独体字合成一个字,如“村”由“木”和“寸”合成。合体字占汉字总数90%以上。汉字这种字形上的结构特点,体现在人名当中就是姓和名所选用的汉字的部件之间的关系。

一、利用字体分合变化取名

现代诗人穆旦，原名查良铮，其笔名是“查”姓上下两部分“木旦”的谐音。著名武侠小说作家金庸，原名查良镛，其笔名是其本命“镛”字的左右分开。利用汉字在字体上的分合变化取名，大约有以下几种方法：

（一）拆姓为名

把姓氏的汉字拆开来成为两部分，取其中一部分作为名字，例如：上古的伊尹、宋代陈东、清人阮元、音乐家聂耳、作家盛成、作家张弓、歌星胡月，以及翁羽、雷田、杨易、何可、周吉、吴天、林木、郑(鄭)奠、罗(羅)维等。

把姓氏拆为两字作名字的，例如内蒙古作家张长弓、漫画家雷雨田、作家舒舍予。再如王一川、何可人、李木子、岳丘山、翟羽佳、翁公羽、晏日安、许午言、伊人尹等。还有把姓与名第一字合为名的第二字，如王玉珏、王人全、田力男、白水泉、文武斌、林木森、林夕梦、秦至臻等。

（二）变体取名

有些字只要加上一笔或减少一笔，就形成了另外一个字。利用这种加减笔画来取名的也不少见，如李季、万方、何可、张弓、吴昊、王玉、田申、田甲、田由、陈阵、卞卡等。《镜花缘》中的王主、王玉、王三、王丰、王五、王壬、王毛、王全八兄弟，其命名方式更为典型。

（三）以姓构名

以姓氏为基础，取所姓之字的某一部件构成名字，例如：方芳、王匡、韦苇、丹彤、由迪、林彬、吴虞、彭澎、腾藤、孙逊、高嵩、魏巍等。牛犇、石磊、林森、金鑫、马骉等，则是将独体字的姓氏变为三个相同部件组成的汉字作为名字。

（四）姓名同旁

利用某姓的某一偏旁，从这个偏旁的字里选以为名。如艾芜、芦芒、芦荻、苏萍等皆为草字头；崔嵬、崔岩、崔峦、崔岱等皆为山字头；沙汀、江淹、洪深、洪涛、江流、江涛等皆为三点水旁等。姓名用字皆为同一部首偏旁，常能给人留下较深的印象。以此法取名的双字姓名还有：王琦、王瑾、马骏、林柯、钟键、裴斐等。三字姓名的，还有流沙河、苏蔚英、杨柳桥、杨村桦、雷震霆等。名字的部首相同，一般为家族内兄弟或姐妹共同使用。例如三国蜀汉后主刘禅的儿子：刘璇、刘瑶、刘琮、刘瓒、刘璩。

（五）拆名为字

古人有将合体字的单名拆分成两个字，作为表字的，例如：宋人谢翱，字皋羽。明人章溢，字三益；徐舫，字方舟；张峣，字山尧；刘侗，字同人；于琚，字居玉；曹恕，字如心；宋玟，字文玉；李愫，字素心等。清人林佶，字吉人；程嵋，字眉山；吴筠，字竹均；姚椿，字春木；臧琳，字玉林等。

也有将双名中某一字拆分为表字的，例如：清代卢文弨，字召弓；毛奇龄，字大可；姜尔珏，字双玉等。

（六）增字或减字改名

利用原有的三字姓名，删减其中一个字，构成一个饶有新意的双字姓名。

第一种是去掉姓氏，多用于笔名或艺名。例如刘知侠笔名知侠，刘伯坚笔名伯坚，钱浩梁艺名浩亮，刘航英笔名航鹰。

第二种是去掉名字中第一个字，例如著名画家古元，原名古帝源（一说字帝源）。参加革命到延安后，去掉姓名中间的“帝”字，将“源”字改为“元”。于是“古帝源”就变成了“古元”。另如孙谦（原名孙怀谦）、张芝（原名张大芝）、郭浩（原名郭德浩）、王兰（原名王凤兰）等。

第三种是去掉名字中第二个字，例如著名导演成荫，原名成荫保。1938年来到延安后，将名字后一个“保”字去掉，改名为“成荫”有绿树成荫之蕴意。另如王皓（原名王皓月）、李超（原名李超然）、纪鹏（原名纪鹏云）、徐慎（原名徐慎行）等。

第四种是去掉名字的偏旁。著名书法家沈尹默，原名沈君默。早年留学日本，积极投身新文化运动，曾任《新青年》编委。他有感于“防民之口甚于防川”的古语，遂将名字“君默”的“君”字下面的“口”去掉，改名为“尹默”，以示对国民党黑暗统治的不满。

二、人名与偏旁

（一）凭借偏旁明辈分

一个家族同一辈分的子弟，讲究以同一偏旁字命名，以表示血缘关系。例如初唐著名文学家王勃，哥哥名叫王勔，弟名王助；名相姚崇为三个儿子分别命名为姚彝、姚异、姚弈；名将郭子仪八个儿子，名字分别是郭曜、郭旰、郭晞、郭晫、郭晤、郭暧、郭曙、郭映等。清代皇室有严格的字辈命名制，自康熙皇帝的字辈始，近支宗室的取名，上一个字依照“允、弘、永、绵、奕、载、溥、毓、恒、启”等排列，对下一个字的偏旁也做出严格规定——如“允”字辈的下一个字用“礻”旁，如允祉、允祚、允祥、允礼；“弘”字辈的下一个字用“日”旁，如弘历（歷）、弘昨、弘晓、弘晖；“载”字辈的下一个字用“氵”旁，如载润、载洵；“溥”字辈的下一个字用“亻”旁，如溥仪、溥僡（杰）、溥伦，等等。

现代历史上著名的合肥张家四姐妹——张元和、张允和、张兆和、张充和——出自名门望族，曾祖父张树声是晚清重臣、淮军大将，历任两广总督和代理直隶总督，声名显赫。父亲张武龄是民国教育家，育有十个子女——六男四女。张允和曾介绍自己家族字辈说，她们张家共有姊妹兄弟十人。前面四个是女孩子，分别叫元和、允和、兆和、充和。姐四个的名字（元、允、兆、充）都带有“两条腿”，所以注定要走出家门的。后六个是男孩子，分别叫宗和、寅和、定和、宇和、寰和、宁和，名字（宗、寅、定、宇、寰、宁）里都有“宝盖头”，所以注定要留在家里的。张允和上述说法，虽带有笑谈的意味；但张老太爷当年对十个子女的取名，还是有系统的考虑的，就是严格按照“字辈”命名原则去命名的。

（二）凭借偏旁分性别

取名用字，两性均可选用的，如玉、英、华、荣、红、敏等。更多的是性别专用偏旁用字。

1.“女”“艹”等偏旁字多为女名

“女”偏旁：姑、娘、姐、妹、妮、娣、媖、婕、姬、妃、娥、婵、娟、妲、好、妙、婀、娜、娉、婷、娇、妩、媚、嫱、婉、嫣、媛、娴等。

“艹”偏旁：花、草、茉、莉、兰、蕙、菊、莲、荷、菡、蔷、薇、芷、芹、芝、菌、苹、蓉、芳、菲、茹、菁、葳、蕤、蓓、蕾等。

“纟”偏旁：锦、绣、纨、绮、缨、缦、绫等。

2.“亻”“钅”“礻”“刂”“马”等偏旁字多为男名

“亻”偏旁：仁、任、伟、俦、侠、保、佑、俭、信、健、伦、傑、倜、傥等。

“钅”偏旁：鉴、钢、铁、锦、键、钟、铭、鑫、鎏、铮、锁、铉、铨、锳、锟等。

“礻”偏旁：福、禄、禧、礼、祥、祜、祐、祖、祚、祺、祈等。

“刂”偏旁：剑、利、刚、钊、剀等。

“马”偏旁：驷、驹、骏、骐、骥、骅、骝、骧等。

三、取名追求形体美

所谓形体美指名字的书写形式整一协调富于变化。体现出形体美的名字，便于书写，易于布局，利于造型，在外部形态上给人以均衡的美感。

（一）形体整一

例如：董其昌、路品清、张正宜、曹国瑞、吕祖谦、颜云程等姓名，三字基本上四角整齐，上下均衡，字体组合方正，无论横写竖写效果都好。

（二）形体协调

例如：王佐良、朱光斗、陈独秀、刘光第、柴师孔、韩熙载等姓名，三个字的笔画类型较多，横、竖、撇、捺、点、折、钩基本俱全，相互照应，组合协调，活泼自然。

（三）形体变化

例如：王世德，从字形上看，“王”是长方体，“世”为横宽体，“德”属四方体。三种字形组合，整体配合协调，个体富于变化。另如朱九敬、陆云龙、朋士望、吴仁碧、许必望等，皆为此类。

（四）笔画疏密

例如：魏元培，姓名三字笔画疏密轻重各自不同，“魏”字笔画稠密，“元”字笔画稀少，“培”字笔画适中，三字组合疏密相间，富于变化。另如章士钊、宁调元、方慧如、黄达人、于知颢等，皆为此类。

（五）结构错落

例如：李大钊，首字上下结构，中间为独体字，末字左右结构。结构不同，但在形态上富于错落变化。另如陈衡哲、梁诗元、周子坤、郝天秀、柳中雍等，皆为此类。

利用汉字形体组合的整一、协调与变化，以及笔画的疏密、结构的错落等特点，使姓名写在纸上具有形体美感。反之，违背上述特点的名字就形体欠佳或不便于书写。例如：赵连起、史超迈、宋道远、廉又发等名字，三“捺”

相连，写起来不顺手，看着也不顺眼。再如陈阵陵、陆阝随、邓阳陛、郑邦隆、邱际陶等名，每个字或左或右都有“耳朵”，部首单一、结构单调，就谈不到形体美了。又如单群峰、申丰年、郭千平、邓军华、柳中律等名字，最末一笔都是长竖，犹如三条长枪相连，不仅形体单一无变化，看起来有些刺眼。另外，姓名书写形式的形体美还体现在笔画适中，避免过于稠密或过于稀少，如谢肇徵、戴麒麟、酆曙奭、魏鼒鼐等，笔画过于繁复，看着就累得慌，就甭说让孩子学写多费劲儿了！但丁一元、王一川、于之万、方子飞、卜大力等，笔画过于稀少，看着也不舒服。

四、取名用字忌冷僻

为新生儿取名应避免使用生僻字的问题。例如为孩子取名刘鬯，大多数人都不认识这个字。“鬯”字，读音为chàng，指古代祭祀、饮宴饮用的香酒，通“畅”字，畅通流畅的意思。取名用字不要追求离奇、冷僻，国学大师章太炎先生喜欢研究古字，十分入迷，她的三个女儿全用古字命名，名字都是四叠字：长女，四个乂，章㸚（“尔”的古字，音lǐ）；二女，四个又，章叕（“缀”的古字，音zhuó）；三女，四个工，章㠭（“展”的古字，音zhǎn）。章太炎觉得，能读出女儿名字的人，才能算得上有才，才配娶他的女儿。后来三位千金个个美貌，早过了婚配年龄，可是由于别人不知道这三位美女的名字怎么念，所以都不敢贸然提亲。后来章老先生走出书斋打听其中原委，恍然大悟，于是备酒宴宾，专门讲述三个女儿的闺名的音、形、义，遂使三个千金喜配佳偶。

近代有位南方文人，自名“爨䲜麤 cuàn xiān cū”，号“鑿鑿龛 záo záo kān”。名号六字达176画！其实除“爨”字为是笔画复杂的罕见姓氏外，其余三字均为早已被废弃的异体字（鲜、粗、凿）。这无疑失去了取名的实际作用和社会意义，纯属玩弄文字，故弄玄虚！

近年来，使用生僻字或难写难读的字给新生儿取名的倾向有所抬头。据记忆，在给新班初次上课点名时，在学生名册里出现过的难字有：

璆——qiú，美玉或玉饰相互撞击的声响。

璩——qú，美玉，耳环，也是一个姓。

翮——hé，鸟的翅膀。

篪——chí，古代一种乐器。

胤——yìn，子孙相承的意思。

奭——shì，盛大的样子。

卺——jǐn，一个葫芦分成两个瓢，古代婚礼所用酒器。“合卺”就是新郎和新娘在婚礼上喝交杯酒的意思。

黼——fú，古代礼服上绣的黑白相间的斧形花纹。

彧——yù，有文采的意思。

诚然，作为中文系的老师，对这几个字还是可以读出来的。但如果这小哥儿几个是小学生，又凑到一个班上，那就热闹了！班主任首次点名，如事先不查字典，就比学生还紧张。例如：赵璆（qíu）、钱璩（qú）、孙翮（hé）、李篪（chí）、周胤（yìn）、吴奭（shì）、郑卺（jǐn）、王黼（fú）、冯彧（yù）、陈赟（yūn）、楚曌（zhào）、魏鬯（chàng）、姜龑（yàn），等等。

生僻字包括两部分，一部分是现在根本不用的字，另一部分是现在使用频率很低的字，主要是一些专业用字。这样的字绝大多数人不认识，不知道是什么意思，也不会用。例如觯、傂、戠、乿、鹭、寘、鳶、蕺、袠、妷、莋、禵、斦、坧、犻、剬，等等。如果用这样的字起名字，99%以上的人都不会读。这样，只会妨碍交际，徒增麻烦。生僻字是使用频率极低的字。据周有光先生提出的汉字效用递减率，按降频排列，在6600号以后的字，不论有多少，它的总覆盖率不超过0.001%，也就是十万分之一。

用常用字6600个之外的生僻字取名，这覆盖率不到十万分之一的生僻字，却给户籍管理、电信、银行、教育、出版、保险、交通等部门带来诸多麻烦。单是记住这些生僻字的读音，人们就要花费大量的时间和脑力。而且记住了，过不了一年半载，又忘了。为了处理这些生僻字，电脑要多占用许多宝贵的存储空间，增加软件制作的成本，而这一切得到的回报只是不足十万分之一的覆盖率。人们记住了这些生僻字的读音，而使用的机会是少而又少——投入和产出相差太多了。

另外，给孩子起个绝大多数人都不认识的字做名字，当时家长可能美滋滋的，很自豪。但等到孩子长大，从进幼儿园开始，麻烦就会接踵而来，而且将伴随终生！老师、同学、街坊、邻居，都不能准确叫出孩子的大名。上户口，办身份证，电脑里没这字；就医看病，银行开户，购买机票，邮局取款等，都会遇到障碍。这岂不是没事找事，给自己找麻烦吗？

个人起名既要考虑个人使用的方便，也要考虑社会使用的方便。就这个意义来说，一个人叫什么名字、用哪个字，只有相对的自由，没有绝对的自由。为了社会使用的方便，人名用字需要实现规范化。教育部、国家语委为规范人名用字将推出《人名用字表》，从法规上推动人名用字的规范。

扫码获取
☆配套音频
☆名家课程
☆读书笔记
☆交流社群

第六章　侧重于内容的修辞

本章主要内容：一、比喻修辞。二、比拟修辞。三、借代修辞。四、夸张修辞。五、双关修辞。六、反语修辞。七、层递修辞。八、互文修辞。

修辞格又称辞格，它是在言语活动中形成的具有特定内容、特定形式、特定方法、特定功能的模式。我们根据辞格的本质特征及其表现形式，可以把众多的辞格分为两大类：

内容类：包括比喻、比拟、借代、夸张、双关、反语、层递、互文等，这些修辞格的本质特征主要表现在内容上。

形式类：包括对偶、排比、反复、回环、顶真等，这些修辞格的本质特征主要表现在形式上。

本章拟对有关内容类的修辞格，从结构特点、表达作用和运用原则等方面进行阐析。

第一节　比喻修辞

比喻，又称譬喻，是最常见的修辞格之一，就是我们平常所说的“打比方”。比喻是通过联想，抓住本质不同的事物或情境之间的相似点，用某一事物或情境去比况另一事物或情境的一种修辞格。例如：“书本就像降落伞，打开来才能发生作用。”一个完整的比喻应该由四个要素组成。(1)本体，就是被比喻的事物，如上面例句中的“书本”。(2)喻体，就是用来打比方的事物，如上面例句中的“降落伞”。(3)喻词，就是连接本体和喻体的比喻词，如上面例句中的“像”。(4)相似点，就是本体和喻体在某个方面相似的地方，如“书本”和“降落伞”的相似之处——“打开来才能发生作用”。在这四个要素中，喻体是至关重要、不可或缺的，是任何一个比喻赖以存在的基础和前提。在具体的比喻句中，除了喻体必须出现之外，本体、喻词和相似点可以出现，也可以不出现。由此产生了明喻、暗喻、借喻等类型。

一、明喻、暗喻和借喻

以本体、喻词在比喻句式中出现与否为划分的标准，比喻可分为明喻、暗喻和借喻这三种类型。其分类的基本格式和特点如下表：

	本体(A)	喻 词	喻 体(B)	相似点	例 句	基本格式
明 喻	+	+	+	−	海燕就像预言家一样。	A像B
暗 喻	+	−	+	−	海燕是个预言家。	A是B
借 喻	−	−	+	−	胜利的预言家在叫喊。	以B代A

下面各举明喻、暗喻和借喻的一个例句进行剖析：

(1)这急湍的顶上是一座突出的危崖，像一个野兽的头颅，两旁幽邃的松林，像是一颈的长鬣，一阵阵的瀑雷，像是它的吼声。(徐志摩《拜伦》)

(2)一个爱说话的女人，是朵盛开的花，没有什么味道；一个不爱说话的女人，是朵半开的花，没有人知道藏着一个什么样的花心，最吸引人。(於梨华《变》)

(3)头都昏了，眼都涩了，看看那座山，还没有低了多少；好容易辛辛苦苦把它铲平了，立刻又有高高的一座兀立在眼前。(叶圣陶《得失》)

例(1)是明喻——用野兽的"头颅""长鬣"和"吼声"分别比喻"危崖""松林"和"瀑雷"。本体和喻体之间的比喻关系是由喻词"像"(或"如、若、似、犹、似的、好像、好比、一样……")来连接和表明的。例(2)是暗喻——以"盛开的花"和"半开的花"比况"爱说话的女人"和"不爱说话的女人"，对前者的一览无余，暗含讽刺性的微词；以突出对后者具有耐人寻味的神秘感。暗喻的特点是不出现喻词，而本体和喻体之间由"是"(或"就是、成为、变成、等于……")来连接和表明的。例(3)是借喻——用"那座山"(喻体)比喻"摞成堆的作文簿"(本体)，用"铲平"(喻体)比喻"批改完"(本体)；本体和喻词都不出现，而借喻体去代替本体。简言之，明喻的比喻关系很明显，使人一目了然；暗喻以判断的形式出现，隐含着夸张的意味；由于借喻把本体和喻词在字面上隐藏起来，只用出现的喻体去暗示和点拨，所以借喻含蓄精练，启发联想，耐人寻味。

二、比喻的表达作用和运用原则

恰当地运用比喻，可以使语言表达形象化，使情境描绘生动化，使深奥的道理浅显化，可以鲜明地表明作者的立场，表达作者的感情。

运用比喻应该注意：(1)喻体选择的时代性、民族性和思想性。(2)喻体和本体必须是两个本质不同而又在某一点（或几点）相似的事物。(3)力求贴切、生动。(4)注意比喻的感情色彩。

第二节　比拟修辞

比拟是把物拟作人、把人拟作物或把甲物拟作乙物的修辞方法。一个比拟应该由本体、拟体和拟辞这三种要素组成。本体就是作者所要表现的对象，拟体是本体所仿拟的对象，拟辞则是指体现拟体特点的词语或句子。譬如在“隔竹拥珠帘，几个星星窃窃如私语”（清·黄景仁《醉花荫·夏夜》）这个比拟句中，“星星”是本体，“窃窃私语”是拟辞，本体所仿拟的对象（即拟体）显然是“人”；但应强调指出：在比拟句中拟体往往是隐然不出现的。修辞学家通常把比拟分为“拟人”“拟物”和“把甲事物当作乙事物来描写”这三种类型。

一、拟人修辞

拟人就是把人的特征赋予事物，让事物有感情，有思想，能说话，可以像人一样活动。例如：

(1)鸟儿将巢安在繁花嫩叶当中，高兴起来了，呼朋引伴地卖弄清脆的喉咙，唱出婉转的曲子，跟轻风流水应和着。（朱自清《春》）

(2)阳光映耀，藤影摇曳的纸窗在向你微笑，纤尘不染的书桌以及案头摆设的古董在向你点头。（蒋梦麟《故都的回忆》）

以上两例，是把事物当作人来描写。表现出鲜明的物我交融的感情色彩。

二、拟物修辞

拟物就是把人当作物来描写，或把甲事物当作乙事物来描写。例如：

(3)对了，我同你，我们可以飞，飞到一个真真干净、快乐的地方。那里没有争执，没有虚伪，没有不平等……(曹禺《雷雨》)

(4)屈原至于江滨，被发行吟泽畔。颜色憔悴，形容枯槁。(《史记·屈原列传》)

例(3)是周冲对四凤说的话；其中的“……可以飞，飞到……”是把人当作鸟来写，表现出周冲一片天真诚恳的情意。例(4)的“枯槁”是把屈原当作植物来写，以表现屈原遭到贬谪流放时瘦削憔悴的形貌。

三、把甲物当乙物描写

拟物还包括“把甲事物当作乙事物来描写”的类型。例如：

(5)时间长着一副利爪 / 它会抓破娇嫩的脸（艾青《时间》）

(6)他无法统计失败了多少次。他毫不气馁。他总结失败的教训，把失败接起来，焊上去，作为登山用的尼龙绳子和金属梯子。吃一堑，长一智。失败一次，前进一步。失败是成功之母，成功由失败堆垒而成。(徐迟《哥德巴赫猜想》)

例(5)把抽象的“时间”当作“长着一副利爪”的“野兽”来写，形象地阐明了“青春易逝”的道理。例(6)把抽象的“失败”当作可以“接起来”，可以“焊上去”，可以“堆垒”的具体的“物品”来写，使平板的叙述变得形象生动。

四、比拟的表达作用和运用原则

恰当地运用比拟，可以化静为动，化抽象为具体，突显形象的特点，增强叙述的形象性和生动性，有利于渲染气氛，抒发强烈的感情。

运用比拟应该注意：(1)本体事物和拟体事物的共性特征。(2)有真情实感，符合环境气氛和人物心情。(3)行政公文、法律文书等不宜使用比拟。

第三节 借代修辞

借代是不直接说出甲事物,而借与之相关的乙事物来替代的修辞方法。借代的基本结构是:用借体(即乙事物)去替代本体(即甲事物),就是说本体在文中不出现,以乙代甲。

一、常见的借代类型

(一)借特征代本体

(1)红颜弃轩冕,白首卧松云。(李白《赠孟浩然》)

(2)“没有?——我想笑嘻嘻的,原来也不像……”花白胡子便取消了自己的话。(鲁迅《药》)

例(1)“红颜”是年轻人的面容特征,借代青年;“白首”是老年人的发色特征,借代年老;“轩冕”指轿车和官帽,借代高官厚禄;“松云”指松树和白云,借代隐居的山林。例(2)用“花白胡子”借代长着花白胡子的人。

(二)用专指代泛指

(3)中国人民中间,实在有成千上万的“诸葛亮”,每个乡村,每个市镇,都有那里的“诸葛亮”。(毛泽东《组织起来》)

(4)就是我们这些可笑的人推翻了帝国主义、封建主义和官僚资本主义三座大山,改变了中国的历史,揩干了千千万万个喜儿和祥林嫂的眼泪,让千千万万个奴隶站了起来。(王蒙《如歌的行板》)

例(3)借专名“诸葛亮”代聪明能干、有谋略才智的人。例(4)借“喜儿”(歌剧《白毛女》的主角)和“祥林嫂”(鲁迅《祝福》的主角)来代替在旧社会受苦受难的劳动人民。

(三)用具体代抽象

(5)鲁迅的骨头是最硬的,他没有丝毫的奴颜和媚骨,这是殖民地半殖民地人民最可宝贵的性格。(毛泽东《新民主主义论》)

(6)我不排斥应和丝弦低吟杨柳岸晓风残月。我更愿选择手执铁板高歌大江东去。(理由《香港雨霏霏》)

例(5)用“鲁迅的骨头”代鲁迅的刚强意志和倔强的性格。例(6)用“杨柳岸晓风残月”(柳永词句)代咏风花雪月的婉约香软之作;用“大江东去”(苏轼词句)代慷慨激越的豪放作品。都是用具体的事物代抽象的事物。

(四)借部分代整体

(7)孤帆远影碧空尽,惟见长江天际流。(李白《送孟浩然之广陵》)

(8)老麦为避开这些四个轮子,把自己的两个轮子随手一拐,进了一条小马路。(林斤澜《头像》)

例(7)用“帆”代船;例(8)借“四个轮子”代汽车,借“两个轮子”代自行车。都是以事物的某一个部分代指整个事物。

(五)借牌号代本体

(9)到了电影制片厂,歌声飞入重霄九。到了第一汽车厂,“红旗”正逐“东风”流。(郭沫若《长春行》)

(10)外地人到了天津,都得尝尝狗不理。

例(9)用“红旗”“东风”代指这些牌号的汽车。例(10)用“狗不理”代指这种品牌的包子。

(六)借产地代本体

(11)他小子在外面灌什么,甭当我不知道,茅台他够不上,专喝“啤的”,有瓶的不喝零的,有“青岛”不喝“北京”!(张辛欣、桑晔《北京人》)

例(11)用“茅台”代指茅台酒,用“青岛”“北京”代指青岛啤酒、北京啤酒。这类以产地代本体的很多见,如“二两龙井”“两瓶绍兴”等,所指为龙井茶、绍兴黄酒。

(七)借作者代作品

(12)这一幅像八大,那一幅像石涛,幅幅后面都显现着一个面黄肌瘦嗷嗷待哺的人影,我觉得惨。(梁实秋《画展》)

(13)留你留不得,藏你藏不住。/今宵送你进火炉,/永别了,契诃夫!/夹鼻眼镜山羊胡,/你在笑,我在哭。/灰飞烟灭光明尽,/永别了,契诃夫!(流沙河《故园六咏》)

例(12)用“八大”代指“八大山人”(朱耷)的画,“石涛”代指石涛的画。例(13)用“契诃夫”代指契诃夫的作品。

(八)以材料或工具代事物

(14)有些人倒吊起来肚子里滴不出几滴墨水,因为家里有钱,捐了个县丞,县丞虽然是微秩,究竟是朝廷的命官,磨够了资格,就做了县令、知府,也是有的。(秦牧《愤怒的海》)

(15)北京附属医院大夫作手术超过十二点,仅仅补助两个鸡蛋。而他们雇个剃头的,专管给头部手术的人剃头,每剃一个就是三块钱。社会上流行的新型民谚"手术刀不如剃头刀"绝不是无稽之谈。(霍达《国殇》)

例(14)"墨水"是书写的材料,在此是借代知识、学问。"滴不出几滴墨水"即"胸无点墨"之意。(15)以工具"手术刀""剃头刀"分别代指医生和理发师。

(九)以结果代原因

(16)相去日已远,衣带日已缓。(《古诗十九首·行行重行行》)

(17)老太太发誓说:她偏不死,先要媳妇直着出去,她才肯横着出来。(张爱玲《五四遗事》)

例(16)写因为离别相思而日益消瘦,致使衣带渐宽。字面上不言相思离别之情,却只说出相思的结果——"衣带日已缓",是典型的以结果代原因。例(17)不直言"等媳妇离了婚,我再死",而用对方"直着出去",自己才肯"横着出来"代指。所谓"直着出去"是"离婚"的结果,"横着出来"是"死"的结果。也是以结果代原因。

(十)以典故代事物

(18)有的人老虎屁股摸不得,只讲自己"过五关,斩六将",不讲自己"走麦城",吹吹拍拍,假话连篇。(罗瑞卿《党的三大作风的楷模——回忆周总理》)

例(18)"过五关,斩六将""走麦城"都是人们熟知的《三国演义》中关羽的故事。在文章里,用"过五关,斩六将"代指功劳,用"走麦城"代指错误和失败。属于"以典故代事物"。

二、借代的表达作用和运用原则

恰当地使用借代,变换个说法,可以突出事物的特征,使叙述富于变化,委婉曲折，不落俗套，使语言鲜明形象、生动活泼，给人留下深刻的印象。

使用借代应该注意：(1)因为借代的本体隐然不出现，所以就要注意选择的借体与本体之间应有明确的相关性，使听读者一下子就知道借体所借代的事物是什么。(2)注意借体的代表性和通俗性，切忌深奥晦涩。(3)注意借代的褒贬色彩和使用场合。(4)行政公文、法律文书等不宜使用借代。

第四节　夸张修辞

夸张是一种"言过其实"的修辞方式，就是为了表情达意的需要，故意对某些事物的形象、特征、程度、作用、数量、时间等方面加以夸大或缩小。夸张可以分为扩大性夸张、缩小性夸张和超前性夸张这三种类型。

一、扩大性夸张

(1)泪添九曲黄河溢，恨压三峰华岳低。(王实甫《西厢记·长亭送别》)

(2)邻居内一个人道："胡老爹方才这个嘴巴打得亲切，少顷范老爷洗脸，还要洗下半盆猪油来。"(吴敬梓《儒林外史》)

例(1)眼泪使黄河漫溢，愁怨能把华山压低。用极度的夸张形容愁苦之深重。例(2)写范进听到中举的消息痰迷心窍发疯，老丈人胡屠户一记耳光把他打醒，至于"范老爷洗脸，洗下半盆猪油来"，纯属夸大其辞，包孕着辛辣的嘲讽。

二、缩小性夸张

(3)柔嘉虽然比不上法国剧人贝恩哈脱，腰身纤细得一粒奎宁丸吞到肚子里就像怀孕，但瘦削是不能否认的。(钱钟书《围城》)

(4)袁天成说："不行！满喜你也请回去歇歇吧！活儿我不做了！三颗粮食，收不收有什么关系？"(赵树里《三里湾》)

例(3)用"一粒奎宁丸吞到肚子里就像怀孕"描写腰身纤细，例(4)用"三颗粮食"形容田地收成太少，都是缩小性夸张。

三、超前性夸张

所谓超前性夸张，就是从时间提前的角度进行夸饰，把原本发生在后面的事情，提到先出现的事物之前来描述。例如：

(5)吃过了茶，摆张桌子杯箸，……随即每桌摆上八、九个碗。……叫一声："请！"一齐举箸，却如风卷残云一般，早去了一半。(吴敬梓《儒林外史》)

(6)宝玉道："这条路是往哪去的？"焙茗道："这是出北门的大道，出去了冷清清没有什么玩的。"宝玉听说，点头道："正要冷清清的地方。"说着，越发加了两鞭，那马早已转了两个弯子，出了城门。(曹雪芹《红楼梦》)

例(5)主人叫一声："请！"餐桌上的菜肴"早去了一半"。妙用超前夸张，活画出所谓"名流雅士"迫不及待、狼吞虎咽的聚餐场面，借以撕下他们假斯文的伪装。例(6)宝玉话刚说完，"那马"就"早已转了两个弯子，出了城门"。突出宝玉动作的麻利迅捷，以烘托他急于到郊外凭吊金钏儿的迫切心情。

四、夸张的表达作用和运用原则

恰当地使用夸张，便于揭示客观事物的本质特征；有利于淋漓尽致地抒发内在的思想感情，增加语言的力度，给人留下深刻的印象。

使用夸张应该注意：(1)夸张应以客观实际为基础，以真情实感的前提，要合乎情理，有分寸感；切忌浮夸，就是避免古人所批评的"夸过其理，则名实两乖"(刘勰《文心雕龙·夸饰》)。(2)夸张要明确、显著，不要使人误以为是事实。(3)要适应语体的要求，例如政论语体、公文语体、司法语体、科技语体就不能使用夸张。

第五节　双关修辞

双关是说写者为了适应交际环境的需要，利用语言材料在语音或语义上所具备的某种相关性，使语句同时兼有双重意义。这种同时具有的双重意义并不是等量齐观的，其中一表一里，一宾一主。字面上的表层语义处于次要的地位，而需要重点表达的真意却隐含在内里，让听读者自己去理解领悟。它体现出说写者的机智,显示语言的魅力,可以收到“一箭双雕”或“指桑骂槐”的表达效果。双关可以分为谐音双关、词义双关和句义双关三类。

一、谐音双关

所谓谐音双关,就是利用汉语中的同音或音近现象,使某些词语或句子的语义达到一语双关的效果。兹举南北朝乐府诗为例:

(1)三更书石阙,忆子夜啼碑。(《读曲歌》,“啼碑”双关“啼悲”。)

(2)朝看莫牛迹,知是宿蹄痕。(《读曲歌》,“蹄痕”双关“啼痕”。)

(3)乘月采芙蓉,夜夜得莲子。(《子夜夏歌》,“芙蓉”双关“夫容”,“莲子”双关“怜子”。)

(4)桑蚕不作茧,昼夜长悬丝。(《七日夜女歌》,“丝”双关“思”。)

唐朝文人张鷟在小说《游仙窟》中写了一段谐音双关的人物对话:

于是五嫂遂向果子上作机警曰:“但问意如何,相知不在枣。”十娘曰:“儿今正意蜜,不忍即分梨。”下官说:“忽遇深恩,一生有杏。”五嫂曰:“当此之时,谁能忍柰?”

其中的水果名“枣”“梨”“杏”“柰(苹果)”分别双关“早”“离”“幸”“耐”。这是在特殊的交际环境里,三个人心照不宣的对话。

唐诗中也有一些仿拟乐府诗运用双关的佳作,如:

金针刺菡萏,夜夜得见莲。(晁采《子夜歌》)

——“见莲”双关“见怜”。

颦眉腊月露,愁杀未成霜。(晁采《子夜歌》)

——“成霜”双关“成双”。

一尺深红胜曲尘,天生旧物不如新。

合欢核桃终堪恨,里许元来别有仁。(温庭筠《南歌子词》)

——“别有仁”的“仁”双关“人”。

井底点灯深烛伊,共郎长行莫围棋。

玲珑骰子安红豆,入骨相思知不知?(温庭筠《新添声杨柳枝词》)

——“深烛伊”的“烛”双关“嘱咐”,“围棋”双关“违期”失约。

诗歌谐音双关手法的运用在明代民歌中又掀起一个高潮,如:

井面开花井底下红，篾丝篮吊水一场空。
梭子里无丝空来往，有针无线枉相缝。（《干思》）
——"无丝"双关"无思"，"相缝"双关"相逢"。
滔滔风急浪潮天，情歌郎扳桩要开船。
挟绢做裙郎无幅，屋檐种菜姐无园。（《别》）
——"无幅""无园"双关"无福""无缘"。
不写情词不写诗，一方素帕寄心知。
心知接了颠倒看，横也丝来竖也丝，
这般心事有谁知？（《素帕》）
——"丝"双关"思"。
情郎一去两三春，昨日书来约道今日上我门。
将刀劈破陈核桃，霎时间要见旧时仁。（《旧人》）
——"旧时仁"双关"旧时人"。
郎做天平姐做针，一头法马一头银。
情哥你也不必闲敲打，我也知得重和轻，
只要针心对针心。（《天平》）
——"针心"双关"真心"。

明代民歌主要收录在冯梦龙辑录的《山歌》里，共辑有380首，使用双关的40首以上[①]，约占总数的十分之一。

再看以下两首情歌：

（5）新做屋基四方方，细细石子来砌墙。
　　哥哥会盖大瓦房，问妹要廊不要廊？
（6）泥鳅有须有无鳞，小妹有口又无心。
　　花言巧语来哄我，云遮日头是假晴。

例（5）"廊"谐音双关"郎"。例（6）"假晴"谐音双关"假情"。

总之，谐音双关这种巧妙运用语言的艺术手段具有悠久的历史性与广泛的群众性，恰当地运用它可以增强诗歌的艺术表现力，很值得进一步加以

① 参见缪咏禾：《双关种种》，《修辞文荟》，江苏教育出版社1988年。

探研与总结。

谐音双关还用在文艺作品中人物命名上。例如《红楼梦》中贾府的四位千金：元春、迎春、探春、惜春（原应叹息），甄士隐（真事隐）、贾雨村（假语村），甄英莲（真应怜）、霍启（祸起）、冯渊（逢冤）、封肃（风俗）、娇杏（侥幸），詹光（沾光）、单聘仁（善骗人）、卜世仁（不是人），等等。另如《金瓶梅》中的好事之徒车淡（扯淡）、游守（游手）、郝贤（好闲），《儒林外史》中的冒牌"名士"权勿用（全无用），歌剧《白毛女》中的黄世仁（枉是人），电影《永不消失的电波》中的叛徒姚伟（摇尾），电视连续剧《宰相刘罗锅》中的安徽巡抚桂怀泰（鬼怀胎），等等。[①]

谐音双关常作为历代民众讥讽时弊，宣泄怨愤的武器，例如宋朝民谣"打破筒（谐"童贯"的姓），泼了菜（谐"蔡京"的姓），便是人间好世界。"又如20世纪40年代山西民谣有"打破盐（谐"阎锡山"的姓）钵子，捣烂酱（谐"蒋介石"的姓）罐子，百姓才有好日子。"再如某单位新上台的一把手乃"小国之君"也。他任用干部的原则是"顺我者昌，逆我者亡"加"武大郎开店"，形成了一朝天子一朝臣、人事大调动的不安局面。于是人们互相问答："他的政策是什么呀？""是韩国前总统——全斗焕（全都换）。""可别换成卢泰愚（鲁太愚）。""为什么那个老牌'不倒翁'仍旧吃香？""人家有见面礼——好马快刀。""马是什么马？""溜须拍马。""刀是什么刀？""两面三刀。"[②]显示了政治讽刺的机锋妙趣。

二、词义双关

所谓词义双关，就是利用汉语词语多义性的特点，在特定的语境下使某个词具有两种不同的词义，从而构成言在彼而意在此的修辞效果。例如：

（7）齐人蒯通知天下权在韩信，欲以奇策而感动之。以相人说韩信曰："仆尝受相人之术。"韩信曰："先生相人何如？"对曰："贵贱在于骨法，忧喜在

① 详见谭汝为：《古典诗歌的修辞和语言问题》，天津古籍出版社1994年，第138~141页。

② 舒展：《双关语拾萃》，《今晚报》1999年10月5日。

于容色,成败在于决断。以此参之,万不一失。”韩信曰:“善。先生相寡人何如?”对曰:“愿少闲。”信曰:“左右去矣。”通曰:“相君之面,不过封侯,又危不安;相君之背,贵乃不可言。”(《史记·淮阴侯列传》)

(8)数行文字,哪个汉书;一簇人烟,谁家庄子?(《龙眠联话》)

例(7)蒯通煽动韩信造反的话是不能赤裸裸地直言的,所以用双关来点拨暗示——“背”这个词既可解释成“脊背”,又可理解为“背叛”。例(8)《汉书》《庄子》是书名,但是在这里却表示“男子书写”和“村庄”的意思。

爱新觉罗·溥仪在《我的前半生》中记载,他三岁登基时,大哭大喊,其父摄政王在旁劝慰:“别哭,别哭。快完了,快完了!”典礼完毕,文武百官窃窃私议,认为这是大清王朝的不祥之兆,怎能说“快完了”呢?摄政王说的“快完了”当然是指典礼仪式,但在皇帝登基大典上,其词义所指必然令人与大清的气数相连。又如袁世凯窃国坐上了龙椅,怕头上的大吊灯掉下来砸着他,将座位往后退挪了一步。于是有人认为此举预兆着——退位。[①]

三、句义双关

句义双关是整句话,甚至是整段话都说的是此人或此事,而实际上指的却是彼人或彼事,就是“指桑骂槐”,“借题发挥”。例如:

(9)这里宝玉又说:“不必烫暖了,我只爱喝冷的。”薛姨妈道:“这可使不得,吃了冷酒,写字手打颤儿。”宝钗笑道:“宝兄弟,亏你每日杂学旁搜的,难道就不知道酒性最热?要热吃下去,发散的就快;要冷吃下去,便凝结在内,——拿五脏去暖他,岂不受害?从此还不改了呢?快别吃那凉的了。”宝玉听这话有理,便放下冷的,令人烫来方饮。黛玉磕着瓜子儿,只管抿着嘴儿笑。可巧黛玉的丫鬟雪雁走来,给黛玉送小手炉儿。黛玉因含笑问他说:“谁叫你送来的?难为他费心——哪里就冷死我了呢!”雪雁道:“紫鹃姐姐怕姑娘冷,叫我送来的。”黛玉接了抱在怀中,笑道:“也亏你倒听他的话!我平日和你说的,全当耳旁风;怎么他说了,你就依的比圣旨还快呢!”(曹雪芹《红楼梦》第八回)

① 舒展:《双关语拾萃》,《今晚报》1999年10月5日。

这一段话是黛玉借题发挥奚落宝玉，所借的是当时吃酒和送暖炉两件与“冷”相关的事。“难为他费心，哪里就冷死了我？”表面说的是紫鹃让雪雁送手炉，骨子里说的却是宝钗劝宝玉不要吃冷酒。“也亏你倒听他的话！我平日和你说的，全当耳旁风；怎么他说了，你就依的比圣旨还快呢！”表面说的是雪雁听从紫鹃的话，送来手炉，骨子里说的却是嘲笑宝玉听从宝钗的话，不敢再吃冷酒。这就是言语交际中的“指桑骂槐”。

(10)觉慧(恳求地)：不，我真有事啊！鸣凤，你好好地回去吧，走吧！

鸣凤(含泪)：那么我去了。

觉慧(安慰地)：睡吧，不要再来了。

鸣凤(冤痛)：不来了，这次走了，真走了。(曹禺《家》)

在这场戏里，鸣凤得知自己即将被送给冯老太爷做妾，决心一死，但舍不得内心深爱的觉慧，所以在生死诀别之前再来看望他，作最后的告别。可是觉慧正在连夜赶写文章，根本不了解鸣凤此时此刻贸然造访的真意，只顾赶她走。而鸣凤满怀愁怨所说的“那么我去了”，“不来了，这次走了，真走了”骨子里说的并不是暂时离开书房，而是永远离开人世。尽管觉慧当时没能正确解读鸣凤话中的真实意义，但并不由此就取消了这话语的双关性质。

(11)振保笑道：“你喜欢忙人？”娇蕊把一只手按在眼睛上，笑道：“其实也无所谓，我的心是一所公寓房子。”“那可有空的房子招租呢？”娇蕊却不答应了。振保道：“可是我住不惯公寓房子。我要住单幢的。”娇蕊哼了一声道：“看你有本事拆了重盖！”(张爱玲《红玫瑰与白玫瑰》)

这段对话表面上谈的是住房，实际上谈的是两人的感情问题。双关的对话是由娇蕊“我的心是一所公寓房子”的暗喻引发的。这个比喻暗示她的“心里还没有确定唯一的男朋友”。振保表示“我要住单幢的”，就是希望她的心里只容纳自己。面对振保以排他为前提的明确求爱，娇蕊的表态是“看你有本事拆了重盖！”就是说：“就看你有没有本事来彻底地改造我了！”

(12)时令不好风雪来得骤， 妈要把冷暖时刻记心头。 小铁梅出门卖货看气候， 来往账目要记熟。	形势异常严峻，敌寇十分嚣张， 妈要把革命的重任担当起来。 小铁梅外出联络要注意观察敌情， 传送密电码的任务要牢记清楚。

困倦时留神门户防野狗， 烦闷时等候喜鹊唱枝头。 家中的事儿你奔走， 要与奶奶分忧愁。	时刻提防，要识破特务的暗算， 等待胜利喜讯的传来。 今后革命工作要靠你来操持， 帮助奶奶完成革命任务。

（京剧《红灯记》）

李玉和被日本宪兵队逮捕，在与母亲和女儿告别时，用双关语的方式巧妙地暗中叮咛和交代有关地下联络站的工作，嘱咐女儿协助奶奶完成自己未尽之职，把密电码送给党组织。引文右边就是这段话的真正含义。

四、双关的表达作用和运用原则

在言语交际或写作中，恰当地运用双关修辞手法，可以托物抒情（如“莲”“藕”“丝”“碑”等常作为双关修辞的抒情媒介物），也可指物借意，还可以声东击西，指桑骂槐。一方面可以使语言或幽默，或辛辣，饶有风趣；另一方面能够适应某种特殊环境的需要，使语言表达含蓄曲折、生动活泼、耐人寻味，增强了语言的表现力。

使用双关应该注意：(1)双关语的表层义和深层义之间，必须具有某种相关性；否则听读者根本无法解读。这就要努力做到含而不露，又不流于晦涩。应从表层义中启发、点拨对方（包括读者）在经过短暂的寻味和揣摩之后，领悟并把握其深层义。力求语言表达含蓄、生动、明确，切忌晦涩、呆板、含糊，避免产生费解、歧解和误解。(2)必须十分注意内容表达的需要、交际场合（语境）的适切、情境对象的协调和文体的要求。双关适合诗歌、小说和戏剧等文体的使用，而在议论文、说明文和科学论文中则不宜使用。

第六节　反语修辞

反语就是说反话，是用与本意相反的词语或句子去表达本意的一种修辞方法。使用“反语”的言辞，表面意思和作者内心真正所要表达的真意恰恰相反。就是表面赞扬，其实责骂；表面责骂，其实赞赏。反语可分为两种类型，即“正话反说”和“反话正说”。

一、正话反说

所谓正话反说，就是对于明明应当褒扬肯定的人或事，偏偏说反话进行贬损。例如"冤家""可憎""死鬼""缺德的""挨千刀的"等多为女性对热恋中的情人或丈夫的昵称。口头虽笑骂，心里却疼爱。《红楼梦》中王夫人称宝玉为"孽根祸胎""混世魔王"，黛玉称宝玉为"我命中的魔星"，贾母称凤姐为"促狭鬼"等都是表示亲昵的正话反说。再如：

(1)不才明主弃，多病故人疏。(孟浩然《岁暮归南山》)

(2)名岂文章著，官应老病休！(杜甫《旅夜抒怀》)

这两联诗句说的都是反话，例(1)诗人把自己宦途渺茫、功名未就的遭遇，归结为本人缺少才干，所以被明主弃置不用。至于遭到故人的疏远，则是自身多病引起的。其真意却是抒发对贤才难遇明主和世态炎凉的无奈和感慨。例(2)表面说：有点名气，哪里是因为自己文章写得好呢？进入仕途，年老多病就该致仕退休。其实说的是反话，诗人的真意是：由于长期受到压抑，致使远大政治抱负不能实现，仅以诗文名世；加之遭受排挤，休官离职，孤身漂泊。

(3)齐景公出弋昭华之池，颜邓聚主鸟而亡之。景公怒，而欲杀之。晏子曰："夫邓聚有死罪四，请数而诛之。"景公曰："诺。"晏子曰："邓聚为吾君主鸟而亡之，是罪一也；使吾君以鸟之故而杀人，是罪二也；使四国诸侯闻之，以吾君重鸟而轻士，是罪三也；天子闻之，必将贬绌吾君，危其社稷，绝其宗庙，是罪四也。此四罪者，故当杀无赦，臣请加诛焉。"景公曰："止！此亦吾过矣，愿夫子为寡人敬谢焉。"(《韩诗外传》卷九)

面对盛怒之中的齐景公，晏子表面上顺从景公，历数颜邓聚放跑了鸟的四大罪状，实际上却严肃地指出景公滥杀无罪的严重后果——将贻笑诸侯，激怒天子，危及社稷，隳绝宗庙。这种利用反语对君王进行讽谏，是我国古代智士贤臣的惯用手法。其特点是表面上顺着被谏者本来的意向，但弦外之音却导向一个假设的荒谬后果，促使被谏者幡然觉悟，自动中止倒行逆施。这种用反语修辞主文谲谏的表达效果，远远胜过了以生命为代价的抗颜死谏，很值得我们深思。

二、反话正说

所谓反话正说，就是对于明明应当贬损否定的人或事，偏偏说反话加以褒扬肯定。例如：

(4)公子道："孙友名富，新安盐商，少年风流之士也。夜间闻子清歌，因而问及。仆告以来历，并谈及难归之故，渠欲以千金聘汝。为得千金，可借口以见吾父母；而恩卿亦得所天。但情不能舍，是以悲泣。"说罢，泪如雨下。十娘放开两手，冷笑一声道："为郎君画此计者，此人乃大英雄也！郎君千金之资，既得恢复，而妾归他姓，又不至于为行李之累，发乎情，止乎礼，诚两便之策也。……"(冯梦龙《杜十娘怒沉百宝箱》)

(5)战争禁得起主持的人预定着打败仗的计划么？好像戏台上的花脸和白脸打仗，谁输谁赢是早就在后台约定了的。呜呼，我们的"民族英雄"！(鲁迅《对于战争的祈祷》)

(6)智识高超而眼光远大的先生开导我们：生下来的倘不是圣贤，豪杰，天才，就不要生；写出来的倘不是不朽之作，就不要写；改革的事倘不是一下子就变成极乐世界，或者，至少能给为自己(！)有更多的好处，就万万不要动！(鲁迅《这个与那个》)

这三个例句都用了正话反说的讽刺反语。例(4)称孙富为筹划妙计的"大英雄"，并把李甲、孙富以千金转卖自己的可耻行径，赞美为高明无比的"两便之策"，表现出杜十娘极端的悲愤心情。例(5)所谓"民族英雄"，实指那些采取不抵抗主义，出卖民族利益，面对日寇进犯，不战就退的败类。例(6)所谓"智识高超而眼光远大的先生"，实际是对市侩哲学预言家们的辛辣嘲讽。

三、反语的表达作用和运用原则

在言语交际或写作中，反语大抵出于睿智之思，发诸诙谐之口。恰当的反语，可以用于揭露、批判、讽刺消极的方面，增强语言的战斗性。鲁迅说他自己"好用反语，每遇辩论，辄不管三七二十一就迎头一击"。另外，使用反语褒贬事物，不仅可以增强语言的鲜明性，还可以利用反语变换语气，增加语言的生动性。

使用反语应该注意：(1)运用反语进行讽刺，一定要注意立场，认清对象，区别对待。另外，还要注意语言环境，在遣词造句时掌握分寸。(2)运用反语应当表意明朗，要让听读者理解，切忌含混，避免误解。有时要在关键的词语上加引号，或用“所谓”之类表明反语的词语加以暗示：如“有几个‘慈祥’的老板”“就是偏要使所谓正人君子也者之流多不舒服几天”等。(3)有些语体，例如说明文、公文、科技论文等就不宜运用反语。

第七节 层递修辞

层递就是把结构相近、语意相关的三个或三个以上的短语或句子，按照事物自身的逻辑关系井然有序地逐次排列，加以表达的一种辞格。层递可以分为递升或递降两类。

一、递升

表达的内容，按顺序逐渐升级。

(1)天下之佳人，莫若楚国，楚国之丽者，莫若臣里，臣里之美者，莫若臣东家之子。(宋玉《登徒子好色赋》)

(2)听说四川有一只民谣，大略是“贼来如梳，兵来如篦，官来如剃”的意思。(鲁迅《说金圣叹》)

(3)保卫黄河！保卫华北！保卫全中国！(冼星海《保卫黄河》)

例(1)从表面上看，“天下→楚国→臣里→臣东家”，似乎是地域范围的递降；但是从铺陈描绘的选美对照来看，“天下之佳人→楚国之丽者→臣里之美者→臣东家之子”，却拾级增高，将“臣东家之子”的美貌推向极致。例(2)“梳”→“篦”→“剃”，程度逐层加重，用三者的差别来比喻“贼”“兵”“官”对人民剥削掠夺程度的不同，突出了民众对封建官府的仇恨。例(3)从“保卫黄河”到“保卫华北”，直至“保卫全中国”，范围逐步扩大。

二、递降

表达的内容，按顺序逐渐下降。

(4)帝者与师处，王者与友处，霸者与臣处，亡国与役处。(《战国策·燕昭王求士》)

(5)曹元朗料想方鸿渐认识的德文跟自己差不多，并且是中国文学系学生，更不会高明——因为在大学里，理科学生瞧不起文科学生，外国语文系学生瞧不起中国文学系学生，中国文学系学生瞧不起哲学系学生，哲学系学生瞧不起社会系学生，社会系学生瞧不起教育系学生，教育系学生没有谁可以给他们瞧不起了，只能瞧不起本系的先生。(钱钟书《围城》)

(6)我爱我的国家，我爱我的石头城，我爱我的家。(聂华苓《千山外，水长流》)

例(4)"帝者"→"王者"→"霸者"→"亡国(者)"，"与师处"→"与友处"→"与臣处"→"与役处"，呈现出每况愈下的递降。例(5)描述旧时大学里热门科系和冷门科系的情况，从理科、文科、外文系、中文系、哲学系、社会系、教育系的学生，乃至教育系的先生，依序层层递降地瞧不起别人。例(6)"国家"→"石头城"→"家"，范围逐步减小。

三、层递的表达作用和运用原则

层递用于抒情，可以使感情步步加深，增强了感染力；用于描述，可以使繁复的事物特征次第显现，更富于形象感；用于说理，可以使思想认识层层深入，加强了说服力。

使用层递修辞法应注重各个语句在语意上的层级安排，就是按照事物范围的大小、数量的多少、程度的高低、时间的先后、语气的轻重等顺序依次排列。

第八节　互文修辞

互文是汉语传统修辞格之一，又称为“互言”“互辞”“互见”，一般称为“互文见义”。就是在上下文中各省去一部分有关词语，而上下文的语意却可以相互包含、映衬、呼应或补充，体现出“参互成文，合而见义”的特点。《礼记·坊记》：“君子约言，小人先言。”郑玄注曰：“‘约’与‘先’互言耳，君子‘约’则小人‘多’矣；小人‘先’则君子‘后’矣。”这句话的意思就是说：“君子讲话很简约，而且不抢先发言；小人不仅抢着说话，而且一说起来就没完没了。”互文可分为“本句互文”“对句互文”和“三句互文”这三种类型。[①]

一、本句互文

本句互文是为了适应诗歌音节和字数的要求，把在一句诗（或韵文）里需要表述的两个事物（或两个词语），上下文中各出现一个而省去另一个。例如：

（1）秦时明月汉时关，万里长征人未还。（王昌龄《出塞》）

（2）主人下马客在船，举酒欲饮无管弦。（白居易《琵琶行》）

（3）烟笼寒水月笼沙，夜泊秦淮近酒家。（杜牧《泊秦淮》）

例（1）应理解为“秦汉时的明月，秦汉时的关”；上半句省去“汉”，下半句省去“秦”，前后互为补充，语意才可相备相足。例（2）应理解为“主人客人都下马，客人主人同在船”；不然，一人下马在岸，一人独处舟中，主客二人又如何“举酒欲饮”呢？例（3）应理解为“烟霭月光笼罩着一河寒水，也笼罩着沙岸”；如各执一边刻板地解说就与事理相悖了。

由本句互文修辞规律进行分析，如现代京剧《智取威虎山》小常宝的唱词“到夜晚，爹想祖母我想娘”，就应理解为“到夜晚，爹和我都想念祖母和娘”。“本句互文”修辞法在汉语并联结构的四字格固定语中也多有体

---

① 参见谭汝为：《“互文”例谈》，《语文园地》1985年第5期。另收入谭汝为：《古典诗歌的修辞和语言问题》，天津古籍出版社1994年，第1~10页。

现，例如：

打爹骂娘　山重水复　唇焦口燥　烹羊宰牛　烟消云散　拈花惹草

冰肌玉骨　降龙伏虎　鬼使神差　龙飞凤舞　慈眉善目　披荆斩棘

名缰利锁　丝恩发怨

如“打爹骂娘”并不是指“打爹而不骂，骂娘却不打”，而是指“打骂爹娘”；再如“烹羊宰牛”并不指“烹煮羊，宰杀牛”，而是指“宰杀牛羊，烹煮牛羊”等。

二、对句互文

所谓对句互文多指在对偶或大致对应的上下两个诗句中的互文见义。例如：

(4)红颜弃轩冕，白首卧松云。(李白《赠孟浩然》)

(5)花径不曾缘客扫，蓬门今始为君开。(杜甫《客至》)

(6)惜秦皇汉武，略输文采；唐宗宋祖，稍逊风骚。(毛泽东《沁园春·雪》)

例(4)应理解为“从红颜(年轻时)到白首(年老时)，都是弃轩冕(鄙弃功名富贵)而卧松云(隐居山林)的”。例(5)应理解为“花径不曾缘客扫，今始为君扫；蓬门不曾缘客开，今始为君开。”例(6)应理解为“惜秦皇汉武与唐宗宋祖，皆略输文采而稍逊风骚。”

对句互文在文赋中也偶有所见，例如：

(7)悍吏之来吾乡，叫嚣乎东西，隳突乎南北，哗然而骇者，虽鸡狗不得宁焉。(柳宗元《捕蛇者说》)

(8)况吾与子渔樵于江渚之上，侣鱼虾而友麋鹿。(苏轼《前赤壁赋》)

例(7)上句的“东西”和下句的“南北”应合为“到处(或‘处处’‘四处’)”，全句应理解为“凶暴的差吏来到我的家乡，到处大喊大叫，到处骚扰百姓”。例(8)的“侣鱼虾而友麋鹿”应理解为“与鱼虾、麋鹿结成朋友、成为伴侣”。由对句互文修辞规律进行分析，如当代歌词《常回家看看》“生活的烦恼，跟妈妈说说；工作的事情，向爸爸谈谈。”就应该理解为“生活的烦恼和工作的事情，跟爸爸妈妈说说谈谈”。

三、三句互文

三句互文较为少见，例如：

(9)绿野风烟，平泉草木，东山歌酒。(辛弃疾《水龙吟·甲辰岁寿韩南涧尚书》)

句中的“绿野(堂)”“平泉(山庄)”“东山”分别指唐朝名相裴度、李德裕和东晋宰相谢安退隐时的栖身之所。这三句应理解为：“绿野堂、平泉山庄和东山的风烟、草木和歌酒”。这里蕴含着作者辛弃疾的两层深意：一是用历史名相隐栖之地的风光称颂友人韩南涧隐居信州、寄情山水的高洁志趣；二是用历史英雄“东山再起”的故事激励韩南涧振作精神，以“平戎万里”“整顿乾坤”为己任，作“风云奔走”的“平戎手”。①

(10)辇下风光，山中岁月，海上心情。(刘辰翁《柳梢青·春感》)

这是南宋覆亡后遗民节士的哀痛之作。三个四字句是典型的三句互文，理应把内容合在一起理解，就是“辇下、山中、海上的风光、岁月、心情”。在时间上，是“过去”(对“辇下”故国的回忆和思念)、“现在”(对自己隐居“山中”现实生活的描写)和“未来”(对“海上”抗元复国斗争的向往)三幅画面的交叉映现；在空间上，是“故都辇下”“山中故里”和“南海海上”三处平列对照。这样，时空的距离、沧桑的巨变、复杂的情思都凝聚在这十二个字中——“眷恋故都风光，回顾那繁华的岁月，心情无比凄怆；隐居不仕，面对故乡风光，百无聊赖地虚掷岁月，心情何等愤懑；惦念着在南海坚持抗元的志士，那里的海上风光，他们的战斗岁月，使我心向往之。”②

(11)燕赵之收藏，韩魏之经营，齐楚之精英，几世几年，取掠其人，倚叠如山。(杜牧《阿房宫赋》)

前三句也是互文见义应理解为“燕、赵、韩、魏、齐、楚等诸侯国多年收藏、经营的各种金玉重器”。

---

① 参见谭汝为：《超群寿词，激昂浩歌——辛弃疾〈水龙吟〉赏析》，《语文月刊》1999年第5期。

② 参见谭汝为：《古典诗歌的互文见义》，《中国语文月刊》1997年8月，总第482期。

四、互文的表达作用和运用原则

首先，运用互文辞格可以言简意丰，使语言简洁明快而容量大。其次，使语意含蓄凝练，耐人寻味。最后，对句互文和三句互文都要求在语言结构上的整齐对应，这就使互文句式在结构上具有整体均衡对应的美感。

使用互文应该注意：(1)构成互文句式，应注意达到结构形式的对称性和语意表达的互补性的结合。(2)互文应在音律需要、含义丰富时使用，切忌生拼硬凑。

扫码获取
☆配套音频
☆名家课程
☆读书笔记
☆交流社群

第七章　侧重于形式的修辞

本章主要内容：一、对偶修辞。二、排比修辞。三、反复修辞。四、回环修辞。五、顶真修辞。

上一节主要讨论了有关内容类的修辞格，本节则对有关形式类的修辞格，诸如对偶、排比、反复、回环、顶真等，从结构特点、表达作用和运用原则等方面进行阐析。

第一节　对偶修辞

对偶，又称对仗，就是把一对结构相同或相似、字数相等的句子或短语连接在一起，表达相关或相对的意思的一种辞格。对偶句在先秦古籍中是大量存在的，例如“水流湿，火就燥”(《易经》)、“满招损，谦受益”(《书经》)、“诲我谆谆，听我藐藐”(《诗经》)、“君子坦荡荡，小人常戚戚”(《论语》)，等等。对偶有“严式”和“宽式”之分。所谓严式对偶要求形成对偶的两个句子字数相等、句式相同、词性相对、平仄相谐、语意相关。例如：

无边落木萧萧下，不尽长江滚滚来。(杜甫《登高》)

这一联的上句(又称“出句”)是“平平仄仄平平仄”，下句(又称“对句”)是“仄仄平平仄仄平”，属于严式对偶。现代诗文运用对偶就放宽了尺度，尤其是对于词性和平仄不作严格的规定，甚至字数相等这一条都可以通融，例如：

东山的糜子西山的谷，肩膀上的红旗手中的书。(贺敬之《回延安》)

两句字数不等，平仄也不相谐，但语意大体上相对应，应视为宽式对偶。

从上句和下句在语意联系的角度，我们把对偶分为正对、反对和串对。[①]

一、正对

所谓“正对”，就是对偶的两句在语意上是相近或相似的。例如：

（1）三顾频烦天下计，两朝开济老臣心。（杜甫《蜀相》）

（2）楼船夜雪瓜州渡，铁马秋风大散关。（陆游《书愤》）

（3）四海翻腾云水怒，五洲震荡风雷激。（毛泽东《满江红·和郭沫若同志》）

（4）樱桃沟花园清静幽深，以“天然”二字取胜。一进园门，石阶层层变幻，小径曲曲迂回；数间精舍，半隐于树荫之中，几座土台，微露于石峰之侧；翠竹临风，野花匝地；早春便有燕来，盛夏可闻蝉鸣；无时无处不给人以清新的感受。（寄水《樱桃沟》）

例（1）（2）（3）所形成的对偶句在各自的语意上是相近似的。例（4）运用了四组对偶句描写北京西郊樱桃沟花园清新迷人的景致，对仗十分工稳。

二、反对

所谓“反对”，就是由语意彼此对立或彼此相反的句子构成的对偶。例如：

（5）得道者多助，失道者寡助。（《孟子·公孙丑下》）

（6）青山有幸埋忠骨，白铁无辜铸佞臣。（杭州西湖岳墓联）

（7）旧社会把人逼成鬼，新社会把鬼变成人。（歌剧《白毛女》）

（8）我们是旭日东升，霞光万丈；他们是日落西山，气息奄奄。（于敏《第一个回合》）

---

① 对偶存在着名目繁多的特殊形式，参见谭汝为：《古典诗歌特殊的对仗形式举隅》，《争鸣》1988年第2期。另收入谭汝为：《古典诗歌的修辞和语言问题》，天津古籍出版社1994年，第22~33页。

三、串对

所谓“串对”，又称“流水对”“跑马对”，其特点是出句与对句字字相对，铢两悉称，文意却如一水奔流，似骏马驰骋，串联而下，有些流水对的一联就是一个单句，例如：

(9)请看石上藤萝月，已映洲前芦荻花。(杜甫《秋兴八首》之二)

(10)岂意青州六从事，化作乌有一先生。(苏轼《章质夫送酒六壶，书至而酒不达，戏作小诗问之》)

更为多见的是一联流水对相当于一个复句，表现为多种类型：

	例　句	作者及篇名
承接关系	即从巴峡穿巫峡，便下襄阳向洛阳。	杜甫《闻官军收河南河北》
因果关系	岂有文章惊海内，漫劳车马驻江干。	杜甫《宾至》
递进关系	万里悲秋长作客，百年多病独登台。	杜甫《登高》
假设关系	玉玺不缘归日角，锦帆应是到天涯。	李商隐《隋宫》
转折关系	身无彩凤双飞翼，心有灵犀一点通。	李商隐《无题》
条件关系	但得暑光如寇退，不辞老景似潮来。	范成大《秋前风雨顿凉》
取舍关系	宁为宇宙闲吟客，怕作乾坤窃禄人。	杜荀鹤《自叙》

串对既要求语意的连贯畅达，又须恪守严整工切的对仗规则。它变传统对仗的双峰对峙为一水奔流，以单行之神，运排偶之体。文意贯注，对仗工稳，语言活泼，富于变化。①

四、对偶的表达作用和运用原则

对偶的形式和内容都体现出中华文化丰厚的美学意蕴。字数相同，具有整齐美；两句相对，具有均衡美；音节铿锵，具有节律美；语言活泼，具有变化美。因而，对偶这种富于中国气派的传统修辞格，千百年来为广大民众喜

① 参见谭汝为：《“流水对”辨误》，《古汉语研究》1999年第1期。另收入谭汝为：《词语修辞与文化》，天津古籍出版社1998年，第112~117页。

闻乐见。对偶的表达作用主要有二：一是对比强烈，逻辑严密，语感鲜明，言简意赅，有利于反映事物矛盾的对立统一关系，揭示事物的内在联系。二是看着醒目，读着顺口，听着悦耳，往往能给人留下深刻的印象，便于记忆，便于传诵。

运用对偶应该注意：(1)依据内容的需要构成对偶，形式要为内容服务。《文心雕龙》的作者刘勰在当时崇尚骈偶的时代就提出了“自然成对”“奇偶适变”的主张。这对于我们今天运用对偶仍有借鉴作用。因而切忌一味追求对偶形式而生硬地拼凑。(2)上下句语意不要重复，注意力求使对偶句达到内容对称，结构均衡，语音谐调。

第二节　排比修辞

排比是把三个或更多的结构相似、语意相近、语气相同的短语或句子成串地排连在一起，来表达比较复杂意思的一种修辞格。按照排比的语言结构可把排比分为“短语排比”和“句子排比”。

一、短语排比

(1)月景尤不可言：花态、柳情、山容、水意，别是一种趣味。(袁宏道《西湖杂记·晚游六桥待月记》)

(2)假僧将那些心，血淋淋的，一个个捡开与众观看，却都是些红心、白心、黄心、贪心、名利心、嫉妒心、计较心、好胜心、望高心、侮慢心、杀害心、狠毒心、恐怖心、谨慎心、邪妄心、无名隐暗之心，种种不善之心，更无一个黑心。(吴承恩《西游记》)

(3)台风的中心是安静的，而旋卷在台风中央的人却焦灼着、奔忙着、谋划着、叫嚷着、战斗着、不吃不睡，狂热地保护自己的派性，疯狂地攻击对方的派性。(徐迟《哥德巴赫猜想》)

(4)在昨天、今天和明天之间，在父与子与孙之间，在山村二郎神担过的巨石与十七层的部长楼之间，在海云的在天之灵与拴福大嫂新买的瓷碗之间，在李谷一的《洁白的羽毛》和民国十八年的咸菜汤之间……(王蒙

《蝴蝶》)

以上四例所排连的是一系列结构相同、语意相关的短语，属于短语排比。

二、句子排比

(5)臣闻地广者粟多，国大者人众，兵强者士勇。是以泰山不让土壤，故能成其大；河海不择细流，故能就其深；王者不却众庶，故能明其德。(李斯《谏逐客书》)

(6)下一局不死棋，论一着长生计，服一丸延寿丹，养一口元阳气，看一片岭云飞，听一会野猿啼，化一钵千家饭，穿一领百家衣，枕一块顽石，落一觉安然睡，对一派清溪，悟一生玄妙理。(刘庭信《〔双调〕雁儿落过得胜令》)

(7)读经宜冬，其神专也；读史宜夏，其时久也；读子宜秋，其致别也；读诸集宜春，其机畅也。(张潮《幽梦影》)

(8)这几天，我准备写篇文章，题目就叫《忌"一"随感录》。抓文艺工作我想有十个"切忌"：在指导思想上切忌"一刀切"，领导作风切忌"一言堂"，在管理手段上切忌"一边倒"，对人对事切忌"一偏之见"，对文艺尖子人才切忌"一味求全"，观察现实切忌"一叶障目"，在创作和评论上切忌"一窝蜂"，对有争议的作品切忌"一锤定音"，对待创作中的失误者切忌"一棍打闷"，文艺团体切忌"一盘散沙"。(《文化部常务副部长高占祥答本报记者问——如何创造和谐融洽的良好气氛》，《文学报》1986年5月22日)

以上四例所排连的是一连串结构相同、语意相关的句子，属于句子排比。

三、排比的表达作用和运用原则

排比句语意强烈，一气呵成，气势贯通，可以增强语势，便于抒发强烈的感情或申说深邃的哲理。排比句形式整齐，富有节律感，可以增加语言的节奏美和韵律美。

运用排比应该注意：(1)应从表达的需要出发，不要为了追求形式而生拼硬凑。(2)注意内部各语言单位的排列顺序，做到有条不紊。

第三节　反复修辞

反复就是为了强调某种感情或为了突出某个意思,而有意地重复某些词语或句子的修辞格。反复可以分为“连续反复”和“间隔反复”两类。

一、连续反复

连续反复,就是某些词语或句子连续重复出现,中间没有别的词语隔开。例如:

(1)伯牛有疾。孔子问之,自牖执其手,曰:“亡之!斯人也,而有斯疾也!斯人也,而有斯疾也!”(《论语·雍也》)

(2)少年不识愁滋味,爱上层楼,爱上层楼,为赋新词强说愁。(辛弃疾《丑奴儿》)

(3)起来!起来!起来!我们万众一心,冒着敌人的炮火前进!冒着敌人的炮火前进!前进!前进!进!(田汉《义勇军进行曲》)

(4)我现在不知道应当感谢哪一路神灵:佛祖、上帝、安拉;由于一个万分偶然的机缘,我没有走上绝路,活下来了,活下来了,我不但没有感到特别高兴,反而时有悔愧之感在咬我的心。活下来了,活下来了,也许还是有点好处的。这一生写作翻译的高潮,恰恰出现在这个期间。(季羡林《八十述怀》)

以上四例都是连续反复。

二、间隔反复

(5)岂曰无衣?与子同袍。王兴于师,修我戈矛,与子同仇。
岂曰无衣?与子同泽。王兴于师,修我矛戟,与子偕作。
岂曰无衣?与子同裳。王兴于师,修我甲兵,与子同行。

(《诗经·秦风·无衣》)

(6)世人都晓神仙好,唯有功名忘不了;古今将相在何方,荒冢一堆草没了。

世人都晓神仙好，只有金银忘不了；终朝只恨聚无多，及到多时眼闭了。
世人都说神仙好，只有姣妻忘不了；君生日日说恩情，君死又随人去了。
世人都说神仙好，惟有儿孙忘不了；痴心父母古来多，孝顺儿孙谁见了。

（《红楼梦·好了歌》）

（7）好一个“友邦人士”！日本帝国主义的兵队占了辽吉，炮轰机关，他们不惊诧；阻断铁路，追炸客车，捕禁官吏，枪毙人民，他们不惊诧；中国国民党统治下的连年内战，空前水灾，卖儿救穷，砍头示众，秘密杀戮，电刑逼供，他们不惊诧。在学生请愿中有一点纷扰，他们就惊诧了。（鲁迅《“友邦惊诧”论》）

（8）满足读者的好奇心，作者需要幻想；把事物集中概括起来，作者需要幻想；使“神龙见首不见尾”的事物纤毫毕现，作者需要幻想；表现自己强烈的愿望和想象，作者尤其需要幻想。（秦牧《幻想的彩翼》）

以上例句，反复出现的同样词句中间被其他语句隔开了，是为间隔反复。

三、反复的表达作用和运用原则

恰当地运用反复，可以抒发强烈的感情，增强叙事的条理性，强调和突出重点，还可以起到增强节奏感的作用。

运用反复应该注意：（1）注意具体的语言环境，反复应为情之所致，用于抒发强烈的感情。如果矫揉造作，滥用反复，就成了重复啰唆，叫人望而生厌。（2）反复多用于文艺语体，尤在诗歌、杂文、抒情散文中宜于使用；但是在公文语体和科技语体中较少使用。

第四节　回环修辞

回环是指运用词序安排的回环往复,表现事物或事理之间相互关系的一种修辞格。在《老子》一书中就有“知者不言,言者不知”;“知者不博,博者不知”;“信言不美,美言不信”;“善者不辩,辩者不善”等充满着辩证法的回环句。“天然居”是一家酒楼的名字,传说清朝乾隆皇帝在这家酒楼上出了上联:“客上天然居”,纪晓岚对的下联是:“居然天上客”。这就是对回环辞格的妙用。回环在现代的运用,多表现在富有哲理色彩的散文句式中,例如:

人人为我,我为人人。

疑人不用,用人不疑。

来者不善,善者不来。

总理爱人民,人民爱总理。

物质变精神,精神变物质。

科学需要社会主义,社会主义需要科学。

回环在中国古典诗歌的运用产生了“回文诗”。回文诗歌可分为两种类型:第一种是“整首诗歌的回环倒读”,例如南朝梁简文帝萧纲的《和湘东王后园回文诗》:

枝云间石峰,脉水浸山岸。

池清戏鹄聚,树秋飞叶散。

如果把这首诗颠倒过来,从最后一个字倒着往前读,又形成了一首诗:

散叶飞秋树,聚鹄戏清池。

岸山浸水脉,峰石间云枝。

第二种是“以两句为单位的回环倒读”,例如:苏轼的回文词《菩萨蛮·回文冬闺怨》:

雪花飞暖融香颊,颊香融暖飞花雪。

欺雪任单衣,衣单任雪欺。

别时梅子结,结子梅时别。

归不恨开迟,迟开恨不归。

这首词第一句倒读为第二句，第三句倒读为第四句，余者类推。这种回环是以两句为一个回环单位，音节回环交错，流畅上口。①

还有一种特殊的旋绕式回环，就是写在茶壶、酒盘、印章、笔筒等圆形器皿上简单的几个字，可以从任何一个字读起，不管是顺读还是逆读，都可以形成有意义的句子。例如"可以清心也"五个字，除了原句之外，可以读成以下四个句子：

以清心也可/清心也可以/心也可以清/也可以清心

回环在楹联创作中的运用成果就是形成了"回文对"，例如：

(1)一年春长 长春发，
五月夏半 半夏生。

(2)秀山青水 青山秀，
香柏古风 古柏香。

(3)雪映梅花 梅映雪，
莺宜柳絮 柳宜莺。

(4)碧天连水 水连天，水天一色；
明月伴星 星伴月，星月交辉。

运用回环，可以在叙事、摹景、议论、抒情时，巧妙地表述事物之间的辩证关系，可使话语新颖奇妙，充溢着机智和雅趣。但假如运用不当，只着眼于追求形式而忽略了内容的表达，就会变成纯粹的文字游戏。

第五节 顶真修辞

顶真是指用前一个语句的末尾，作为下一个语句的开头，使邻近的句子上递下接，首尾相衔的一种修辞格。顶真修辞在古代典籍中出现得很早：

(1)诚则形，形则著，著则明，明则动，动则变，变则化。(《礼记·中庸》)

(2)慎徽五典，五典克从；纳于百揆，百揆时叙；宾于四门，四门穆穆。

---

① 关于诗歌的回环，参见谭汝为：《回文诗词漫说》，《文学知识》1985年第6期。另收入谭汝为：《古典诗歌的修辞和语言问题》，天津古籍出版社1994年，第176~179页。

(《尚书·舜典》)

(3)乃立皋门,皋门有伉;乃立应门,应门将将。(《诗经·大雅·绵》)

(4)味以行气,气以实志,志以定言,言以出令。(《左传·昭公九年》)

运用顶真的文句蝉联紧凑,读来琅琅上口。顶真可以分为"句中顶真""联珠顶真""联环顶真""双承顶真"四类。

一、句中顶真

所谓"句中顶真"是古代诗句所独有的一种顶真方式,例如:

(5)抽刀断水/水更流,举杯销愁/愁更愁。(李白《宣州谢朓楼别校书叔云》)

(6)细雨弄烟/烟弄日,断云黏水/水黏空。(韩元吉《浣溪沙》)

(7)无夕不谈/谈不睡,看薪成火/火成灾。(杨万里《送周仲觉访来又别》)

(8)看山/山已峻,望水/水仍清;听蝉/蝉响急,思乡/乡别情。(遍照金刚《文镜秘府论》)

(9)东望/望春/春可怜,更逢春日柳含烟。(苏颋《奉和春日幸望春宫应制》)

例(9)"望望春春"从字面上看似乎是两组叠字,但它和"寻寻觅觅""冷冷清清"这样的叠字完全不同。"望春"是唐朝宫苑名。读时应如此断句——"东望,望春,春可怜"。[①]

二、联珠顶真

所谓"联珠顶真"就是句子与句子之间的顶真,又称为"顶针续麻"。相邻句与句之间相互蝉联的是词语。例如:

(一)句与句间蝉联一字者

(10)断肠人写断肠词,词写心中事。事到头来不由自。

自寻思,思量往日真诚意。

志诚是有,有情谁似?似俺那人儿。(元代无名氏《小桃红》)

---

①参见谭汝为:《论古诗词的"句中顶真"》,《修辞学习》1992年第5期。另收入谭汝为:《古典诗歌的修辞和语言问题》,天津古籍出版社1994年,第69~72页。

(11)召之即来，来之能战，战之能胜。

(二)句与句间蝉联两字者

(12)江上柳能长，行人恋尊酒。尊酒意何深，为郎歌玉簪。
玉簪声断续，钿轴鸣双毂。双毂去何方？隔江春树绿。
树绿酒旗高，泪痕沾绣袍。绣袍紫鹅湿，重持金错刀。
错刀何灿烂，…… （韦庄《杂体联锦》）

(13)茵茵牧草绿山坡，山坡畜群似云朵。
云朵游动起笛声，笛声悠扬卷浪波。
浪波翻腾涌激情，激情滚滚似江河。
江河流水深又长，长笛伴我唱新歌。(古月《草原春早》)

(三)句与句间蝉联三字者

(14)他部从，入穷荒；我銮舆，返咸阳。返咸阳，过宫墙；过宫墙，绕回廊；绕回廊，近椒房；近椒房，月昏黄；月昏黄，夜生凉；夜生凉，泣寒螀；泣寒螀，绿纱窗；绿纱窗，不思量；啊！不思量，除是铁心肠；铁心肠，也愁泪滴千行。(马致远《汉宫秋》)

(四)句与句间蝉联四字者

(15)曲栏杆，深庭宇，依旧春来，依旧春来去。
一片残红无著处，绿遍天涯，绿遍天涯树。
柳花飞，萍叶聚，梅子黄时，梅子黄时雨。
小令翻香词太絮，句句愁人，句句愁人语。(吴藻《苏幕遮》)

(五)句与句间蝉联五字者

(16)指挥员的正确部署来源于正确的决心，正确的决心来源于正确的判断，正确的判断来源于周到的和必要的侦察，和对于各种侦察材料的联贯起来的思索。(毛泽东《中国革命战争的战略问题》)

(六)句与句间蝉联字数不等者

(17)一见面是寒暄，寒暄之后说我“胖了”，说我“胖了”之后即大骂其新党。(鲁迅《祝福》)

(18)为了绞死一个苍蝇，连苍蝇脚下的黑发，黑发覆盖着的脸，脸上的笑，笑的酒窝，也给绞死了——绞死了聪明，绞死了天真。（杨献瑶《迷途的

年代1957年》)

三、联环顶真

所谓"联环顶真",是指在篇幅较长而且分章节的诗歌作品中,前一章的末句与后一章的首句蝉联相应,回环往复。例如:

(19)覆舟山下龙光寺,玄武湖畔五龙堂。
想见旧时游历处,烟云渺缈水茫茫。

烟云渺缈水茫茫,缭绕芜城一带长。
蒿目黄尘忧世事,追思尘迹故难忘。

追思尘迹故难忘,翠木苍藤水一方。
闻说精庐今更好,好随残汴理归艎。

(王安石《忆金陵三首》)

(20)山岗伏下身躯,村庄已经沉睡。
战士站在山头,雨点滴着钢盔。

雨点滴着钢盔,仿佛把心儿敲叩;
眼光穿过云雾,望见熟悉的窗口。

望见熟悉的窗口,闪着灯火的光辉。
爱人正凝眸沉思,数着檐头的滴水。

数着檐头的滴水,想着闪亮的钢盔。
在这风雨的深夜,战士在边疆守卫。

(丁芒《边疆夜雨》)

运用联环式顶真,一方面使全诗章与章之间的语意联系更加紧密,在结构上形成一个整体;另一方面使全诗的韵律连贯呼应,便于记忆,增强了读者诵读的兴趣。

四、双承顶真

所谓“双承顶真”，就是上一句末尾的词语，在下文中进行两次承接。例如林语堂的《生活的艺术》在谈到“房屋和内部布置”时，引用某作家对“最合于中国理想的屋子”的设计：

门内有径，径欲曲；径转有屏，屏欲小；屏进有阶，阶欲平；阶畔有花，花欲鲜；花外有墙，墙欲低；墙内有松，松欲古；松底有石，石欲怪；石面有亭，亭欲朴；亭后有竹，竹欲疏；竹尽有室，室欲幽；室旁有路，路欲分；路合有桥，桥欲危；桥边有树，树欲高；树阴有草，草欲青；草上有渠，渠欲细；渠引有泉，泉欲瀑；泉去有山，山欲深；山下有屋，屋欲方；屋角有圃，圃欲宽；圃中有鹤，鹤欲舞；鹤报有客，客不俗；客至有酒，酒欲不却；酒行有醉，醉欲不归。

第一句“门前有径”，和后面两句“径欲曲”“径转有屏”形成两次承接的“双承顶真”，更为难得的是：从“屏”到“阶”“花”“墙”“松”“石”“亭”“竹”“室”“路”“桥”“树”“草”“渠”“泉”“山”“屋”“圃”“鹤”“客”“酒”……都由这类特殊的顶真句组成，叙事井然，结构严密，别具一格，读来令人接应不暇。[①]

五、顶真在形式上的发展

用上句末尾的词语作为下句的开头，这是传统顶真的要求。但是语言运用的实践往往会冲破旧的规矩，显示出新的发展和变化。例如：

（21）生活已不能仅用故事来概括，故事已不能仅靠人物来推动，人物已不能仅用行动来说明，行动已不能仅靠理性来解释。（《新民晚报》，1985年9月30日）

（22）理想是石，敲出星星之火；
理想是火，点燃熄灭的灯；
理想是灯，照亮夜行的路；
理想是路，引你走向黎明。

① 关于顶真的分类，参见谭汝为：《诗词曲中的“顶真”格》，《学语文》1985年第3期。另收入谭汝为：《古典诗歌的修辞和语言问题》，天津古籍出版社1994年，第65~68页。

（流沙河《理想》）

（23）死者的脸是无人一见的沼泽
荒原中的沼泽是部分天空的逃亡
遁走的天空是满溢的玫瑰
溢出的玫瑰是不曾降落的雪
未降的雪是脉管中的眼泪
升起来的泪是被拨弄的琴弦
拨弄中的琴弦是燃烧着的心
焚化了的心是沼泽的荒原

（商禽《逃亡的天空》）

例（21）后一句开头所蝉联的词语“故事”“人物”“行动”，并不处于上一句的末尾，而位于句子中间。例（22）后一句蝉联上一句末尾的词语“火”“灯”“路”，并不处于句首，而位于句中。例（22）下一句与上一句蝉联的词语，除了所处位置比较灵活之外，还有更奇妙的特点，就是蝉联的词语之间形成了周而复始的连接形式：“沼泽”→“天空”→“玫瑰”→“雪”→“泪”→“琴弦”→“心”→“沼泽”。以上三例就是顶真辞格新的发展和变化。

六、顶真的表达作用和运用原则

恰当地运用顶真，使相邻句子首尾蝉联，环环紧扣，使语句结构严密，气势贯通，充分显示词语蝉联递接的情趣。既可以井然有序地叙事，又可以细腻入微地抒情，还可以严密透彻地说理。尤其是在诗歌作品中，顶真的妙用可以增强语意的联系和音律节奏。

顶真修辞格适用的文体、语体范围比较广，但是在运用时应注意事物间的联系，不可片面追求形式，避免弄巧成拙。

第八章　修辞与语言文化

本章主要内容：一、修辞在汉文化中的地位。二、汉文化对修辞的影响。三、人名用典修辞。四、虚指的地名。五、崇“玉”文化。六、崇“龙”辱“狗”的两极文化。

语言体现民族文化精神和文化心理，充溢着民族文化思维和文化价值的创造。语言蕴藏着民族文化的内涵，是民族文化精神的表征。语言的变化和文化的变化呈现出互为因果的共变关系。正如戴昭铭先生所言：“分析和研究语言就要分析和研究语言作为文化符号的功能，分析和研究特定的语言结构的独特的表达思想的功能，分析和研究语言中所体现的特定民族的文化哲学、文化思维、文化心理和文化史实。即使是分析一般的所谓纯语言现象，也并不是进行孤立静止的纯语言分析，而是把语言现象同文化现象结合起来考察，或者把语言现象作为文化现象来考察。”[①]

汉语修辞是汉文化的重要组成部分之一。我们探讨汉语修辞与汉文化的关系，着重分析两个方面：一是汉语修辞在汉文化中的地位和作用，二是汉文化对汉语修辞的影响和制约作用。

第一节　修辞在汉文化中的地位

文化是人类独创的，是人类生存所特有的。一定的文化总是在一定民族的机体上生长起来的。我们分析某一个民族的特征，除了描写其体质特征之外，更为主要的就是阐析其文化特征。所谓民族性主要是指文化上的

---

① 戴昭铭：《文化语言学导论》，语文出版社1996年。

特性。

“民以食为天”，论述汉语修辞与汉文化的关系，我们先从饮食谈起。经过修辞的艺术化处理，为普通菜肴精心地取一个化俗为雅的名字，是中华饮食文化的一个特点。例如广式菜品——竹笋炒猪肋排取名“步步高升”；发菜炖猪手取名“发财到手”；冬菇烧青菜取名“金钱满地”；苦瓜炒鸡肝鸭肉取名“苦凤怜鸾”；鱿鱼炒鸡片取名“游龙戏凤”；蛇肉和狸猫肉烩制的菜，取名“龙虎斗”；鼋鱼（俗称“王八”）和嫩鸡烧制的菜，取名“霸王别姬”等。在汉民俗饮食文化里把鸡蛋清称为“芙蓉”，把鸡爪称为“凤爪”，把豆腐称为“白玉”，把豆芽称为“龙须”，把小鸡称为“雏凤”，把鳝鱼称为“蛟龙”等都是允许的，这和假冒欺诈是性质完全不同的两码事。普通实在的菜品，其菜名一经修辞艺术化处理，就启人联想、令人神往了。例如：

翠柳啼红——菠菜炒西红柿　　金钩玉牌——黄豆芽炖豆腐

金镶玉板——油煎豆腐　　金声玉振——海蜇皮拌萝卜丝

红嘴绿鹦哥——清炒菠菜　　碧血黄沙——炖鸭血黄豆

金头玉如意——炒绿豆菜　　母子会——炖鸽子配焖鸽蛋

广州某酒家的菜肴纯用广东音乐曲牌命名，例如：花雕焖鸡，取名“贵妃醉酒”；笋尖炒田鸡，取名“春到田间”；海虾炒鸡片，取名“龙飞凤舞”；油焖对虾镶鲜鱿，取名“赛龙夺锦”；清炖双鸽，取名“戏水鸳鸯”；冷荤拼盘，取名“双飞蝴蝶”，等等。

西安饭庄在20世纪80年代推出了“长安八景宴”，赢得海内外宾客的喜爱。菜肴以古长安八景——骊山晚照、灞柳风雪、草堂烟雾、雁塔晨钟、曲江流饮、华岳仙掌、咸阳古渡、太白积雪为题材，精选原料，融各式菜品的色、香、味、形为一体，或仿胜迹形象，或寓掌故传说，使整个筵宴充溢着浓郁的古都风情和诗情画意。例如“灞柳雪花”，选用鲜墨鱼为主料加工后制成“白雪”铺地，几条清绿悦目的“飞柳”洒落其上，形成一幅“阳春柳絮飘似雪”的景观。再如“骊山晚照”，以西兰花为原料制成青翠的“骊山”矗立盘中，红色的“晚霞”以茄汁虾仁制成，层次分明，色泽艳丽，呈现出夕阳余霞映照山崖的景色。“曲江龙舟”是一菜两吃，“龙舟”由一条硕大的活鱼烹制，酸甜鲜嫩；“船桨”用虾仁穿串烤制而成，鲜香酥嫩……此宴将饮食文化、人文景观、地方风情和修辞美学融为一炉，可谓匠心独运，别有风味。

我国台湾省著名的修辞学家沈谦教授有一句名言："中华文化有两样绝活儿——美食和美辞。"这里的"美辞"就是指汉语修辞艺术。所以我们在品尝华夏美食的同时，还要品味欣赏这些菜品命名的美辞，从物质和精神两个方面享受中华文化的赐予，岂不快哉！[①]下面，谈汉语数字文化的一个小例子。"七"和"八"这两个相邻数词连用组成汉语词语，都表贬义。例如：

七零八落、七拼八凑、七嘴八舌、七扭八歪、七颠八倒、
七上八下、七上八落、七喊八叫、七死八活、横七竖八、
杂七杂八、乱七八糟、乌七八糟、零七八碎、乌七八黑、
七大姑八大姨、杀七个宰八个、七个打滚儿八个号丧、
七个不依八个不饶、七个不含糊八个不在乎等。

以上这些语汇，都表示"不好""不美""不整齐""粗俗颟顸""多而杂乱"等贬义。而数词"八"，与"四"连用组成汉语词语，却大多表褒义。例如：

四通八达、四平八稳、四面八方、四时八节、四停八当、四梁八柱等。

以上这些四字格习用语，大多表示"全面""完美""安稳"等褒义。这种语言现象只能从中国传统文化中去寻求答案，究其原因，系汉民族以对称、平衡为美，以不对称、不平衡为不美的审美情趣之使然。

以对称、平衡为美的汉民族文化，使对偶修辞千百年来兴盛不衰，在此基础上产生了举世无双的文学形式——对联。对联雅称楹联，俗称对子，只言片语着墨不多，却可以叙事写意，言志抒情，信手拈来，随处可用。既可题于园林亭榭、寺庙宫观，又可用于门宅店铺、婚丧寿挽，可以说是"浅深皆成趣，雅俗均可赏"。关于趣联妙对的古今逸闻故事简直多不可数，仅举一例：

1912年冬天，梁启超在北京拜访老友夏曾佑，看到书案上堆积着木版线装的《春秋左氏传》，触景生情，吟成上联："冬蛰庵中，夏穗卿研究春秋传。"可惜梁夏二公当时都未能想出与之相匹配的下联。后来，夏曾佑向好友黄炎培等人广征下联，结果无人能够应对。1952年一天下午，郭沫若邀请好友在寓所相聚，周扬、夏衍、黄炎培、沈钧儒、楚图南等陆续按时赴约。

① 谭汝为：《中华菜肴命名艺术谈》，《修辞学习》2002年第2期。

快到五点了，又有几位朋友推门而入，原来是田汉、南汉宸、白杨、张瑞芳四人。南汉宸解释说："田老大拉我们到东华门外去看梅兰芳彩排《红娘》，因精彩绝伦，所以迟到了。"忽然，坐在一旁的黄炎培一跃而起，高声说："我得之矣，我得之矣！"随即朗诵道："东华门外，南汉宸欣赏北西厢。"经过四十年，终于对出了下联。郭沫若笑着说："此联如此浑成，真是天造地设，无意中得以巧合啊！"

这副联语成为传诵一时的文坛佳话。可见中国历代文人对于对偶修辞效果的追求，已经达到了苦心孤诣的程度。1998年，笔者应邀到我国澳门出席学术会议，发现在此地，举凡庙宇、祠堂、名胜、古迹、园林、庭台，乃至商家、社团、住宅，无不有楹联点缀其中。1998年出版的《澳门名胜楹联辑注》一书，广搜博采、潜心考证的名胜楹联有546联——全澳门平均每平方千米有楹联27副，可见覆盖之广。令人瞩目的是，楹联这种中华文化的艺术形式，竟在澳门许多天主教堂、基督教堂的门楣上赫然出现。圣安多尼教堂的门联："万物逢春更旧象，群生敬主换新心。"路环天主教堂的门联："上主慈爱满大地，春光明耀照路环。"更令人称奇的是，这里还有中文和葡文合二而一的"中葡双语对联"。氹仔市政坟场（即公墓）门旁有两块高约10米的巨型石碑，上面镌刻着澳门诗人张卓夫先生撰写的联语："大潭招客至，北澳引龙归。"石碑上方是竖排的两行十个巨大的楷书凸字，下面是横排四列的葡语译文，中西合璧，显得格外别致。澳门楹联已成为昭示中华文化的一道靓丽风景线。[①]

汉文化是汉民族乃至居住在异国他乡的海外华人，世代保持着民族认同感和亲和力的重要因素。而汉语言文字，包括汉语修辞在这方面发挥着突出的作用。无论在世界哪一个角落，只要来到华人聚居的地方，在廊院、牌坊、门楼上，能够看到在对偶修辞基础上产生的特殊文体——对联；在酒宴和闲话谈中，有机会接触到使用析字、顶真、回文、叠字等修辞手法的文字游戏；在日常生活里，常能感受到在谐音修辞基础上形成的各种习俗；在对话和聊天时，可以发现，海外华人在打比方时选用的带有汉文化原汁原味的词语（如"菩萨心

① 谭汝为：《澳门楹联：中华文化的标志》，《语文建设》2000年第4期。

肠”“落汤鸡”“望子成龙”“牛郎织女”等)，和我们何其相似乃尔！这体现出汉语修辞在华人的民族文化认同感和凝聚力上发挥的作用。

第二节 汉文化对修辞的影响

在汉文化基础上形成的汉语修辞，反过来成为传播和弘扬汉文化的得心应手的最佳方式。例如在把英语商标、品名词语译为汉语时，随音附义的修辞手段是经常使用的。国门一开，外国商品蜂拥而来，商品精美，当然还得有个美妙的中文名字。日本照相机canon，汉译“佳能”——性能佳美；名车BMW，汉译为“宝马”，取B与M之音，用宝马良驹命名今日的“坐骑”可谓中西合璧。当年，世界驰名的饮料CocaCola要打入中国市场，特请在伦敦任教的蒋彝先生为之译名。蒋先生苦思冥想后，写下了“可口可乐”四个字，确实是神来之笔！再如：

汉 语	英 语	汉 语	英 语
奔驰(汽车)	Benz	雪碧(饮料)	Sprite
乐口福(麦乳精)	Lacovo	高露洁(牙膏)	Colgate
力士(香皂)	Lux	必扑(杀虫剂)	Pit Pat
潘婷(洗发液)	Pantene	飘柔(洗发液)	Rejoice
护舒宝(卫生巾)	Whisper	金利来(领带)	Goldlion

在不违背音译原则的前提下，尽量遴选出既与原来的读音相近，又与汉语某种表意相关联的汉字来构成词语，使听者读者都能“望字生义”，引起美好的想象。就是说使人们顺应这些具有表意性汉字的脉络，去揣测进而把握这个外来词语的大概意义。巧妙运用汉语修辞手段，在翻译过程中对外来词语进行汉化改造。例如“检定非英语为母语者的英语能力考试”(The Test of English as a Foreign Language缩略为TOEFL)，汉语简称为“托福”。多数中国人自然而然地接受“托福”这个音译外来词，因为它带有祈求吉祥的文化含义，且读音顺畅。电子信箱(E-mail)汉译为“伊妹儿”，含有秋水伊

人的中华文化情韵，给人以温馨之感。至于广告词“中意中意，人人中意”；“可耐可耐，人见人爱”等，可以从中窥见汉语利用谐音手段形成的文化背景和修辞功能，体现出浓厚的趋吉避凶的文化心理。

汉语的同音现象十分严重，例如gongshi这个音，就有这么多同音词语：“公使—公事—公式—共时—共识—共事—工时—工事—攻势—宫室”等。中国人同音联想能力很丰富，喜欢以某个语音为基础，把语义上毫不相干的同音词语进行非逻辑性的联系，进行审视品评，加以褒贬取舍。尤其在人名、地名、商标、品牌的命名上，一定要注意避免可能产生负面效应的谐音联想。例如当代小学生的姓名——纪丹（鸡蛋）、茅崇（毛虫）、尤炳（油饼）、侯炎（喉炎）、魏腾（胃疼）、史钢（屎缸）、谭彤（痰桶）、毕耘（避孕）、温毅（瘟疫）、贾效（假笑）、施昌济（是娼妓）、孙奇概（孙乞丐）、胡丽清（狐狸精）、朱怡佳（猪一家），等等，这些因对谐音因素考虑不周而形成的姓名，必然会成为淘气的小伙伴开玩笑的口实，给人带来不尽的烦恼。[①] 地名亦如此。在某市地名办公室组织的市区新建街区道路楼盘命名专家论证会上，遭到否定的命名设想，多数由于这个地名的读音容易引起某种贬义的谐音联想。例如“辉光大厦”（回光返照）、“蓝山别墅”（破衣烂衫、春意阑珊）、“银汇小区”（隐晦、淫秽）、“培光街区”（赔得精光）等在审议论证中被质疑，遭淘汰。

对于旧时代遗留下来的粗俗地名，利用谐音修辞手段加以改造，可以获得理想的表达效果。例如老北京原有许多粗俗不堪的胡同名，都是从历史日常生活中取材的。在20世纪20年代，经过谐音修辞对其进行改造，结果变俗为雅，点石成金，为人称道。语言学家张清常教授的社会语言学专著《胡同及其他》中就援引了大量的例子，如：

---

① 谭汝为：《起名要注意谐音》，《语文建设》2000年第6期。

原粗俗地名	改造后地名	原粗俗地名	改造后地名
羊尾巴胡同	扬威胡同	猪尾巴胡同	寿逾百胡同
狗尾巴胡同	高义伯胡同	猴尾巴胡同	侯位胡同
母猪胡同	梅竹胡同	鸡爪胡同	吉兆胡同
粪场胡同	奋章胡同	干鱼胡同	甘雨胡同
驴市胡同	礼士胡同	打劫胡同	大吉胡同
屎壳郎胡同	时刻亮胡同	臭皮胡同	寿比胡同
鸡鸭胡同	集雅胡同	蝎虎胡同	协和胡同
灌肠胡同	官场胡同	闷葫芦胡同	蒙福禄胡同

这种对旧地名的谐音改造,由于充分发挥了汉语谐音造词的优势,所以简便易行。不仅在北京,就是在我国台湾也有这类典型的例证。其中,三个地名“基隆市”“御使里”“蟠桃里”,寓意何其古雅,但谁又会想到它们的原名却是“鸡笼”“牛屎崎”“番婆里”这样鄙俗的地名呢?对旧地名的谐音改造有三个优点:(1)在内容上,化陈俗为文雅。(2)在读音上,新旧地名相差不大,便于通讯联络等方面工作的延续。(3)在实际效果上,改造后的地名,容易被当地居民接受并迅速掌握。①

姓名是个人的标志,主要起称呼和区别的作用。一部分姓名具有修辞价值,在言语中可以发挥修辞作用,产生修辞效果。例如“阿斗”是三国蜀汉后主刘禅的小名,这个名字在言语修辞活动中已经成为某种类型人物的代称:(1)喻指懦弱无能、任人摆布的人。(2)喻指庸碌无为的凡夫俗子。(3)喻指不思进取、难以扶持的人。(4)喻指辜负先辈的不肖子孙。(5)喻指沉湎声色、乐而忘返的人。这些代称的情况都含贬义。对于这种使用人名进行修辞的言语现象进行语义分析,都不能脱离修辞与文化方面的阐释。例如:《每日新报》2002年5月24日第15版刊载了新华社播发的一则新闻,其双行标题是:

---

① 谭汝为:《地名的谐音改造》,《今晚报》1995年5月16日。

上午是"包公" 中午是"关公" 晚上是"济公"

浙江两干部结伴嫖娼

引题里的"包公""关公",特别是"济公",究竟指什么呢? 乍一看来,捉摸不透。但是读完导语和正文,您才会搞明白——"原台州市委常委、宣传部长苏建国和原天台县县委副书记、县长梁峻在担任相关领导职务期间,分别拥有14个和6个情妇,同时还多次进行嫖娼、接受色情性异性按摩。尤为令人震惊的是,其中多次还是两人共同结伴嫖娼。他们的行径正是'三公'的完全版写照:'上午是包公(道貌岸然),中午是关公(酒酣面红),晚上是济公(丑态百出)。'"对于这种采用特殊修辞手法而形成的语义内涵,如果仅从语言学角度入手,恐怕无法进行透彻的分析,但如果从民族文化的角度进行阐释,原来的疑惑就有可能迎刃而解。不过,这个引题在用比喻手段所形成的语义内涵上并非无懈可击,黑脸包公是铁面无私,执法如山的清官典型;关公"面如重枣",喻指红脸的人。这两个比喻,读者比较容易理解把握;问题在于用"晚上是济公"来比喻当代腐败分子的丑态百出,并不合适。据传说,"济公"是宋代高僧,他神通广大,法力无边;专治奸邪,造福民众;人们尊之为"济公活佛"。他不图名利,不循世俗;行为任意,举止超脱;衣着破旧,嗜酒常醉;天性乐观,无忧无虑。[①] 如果用"济公"比喻喝得烂醉如泥的人,则恰切得体。例如贾鲁生的《黑话》就有类似的比喻:"除了早餐,中午和晚上都好酒好菜伺候。这些尊贵的客人,早晨是包公,铁面无私,滴酒不沾;中午是关公,喝得满面通红;晚上是济公,喝得酩酊大醉。"[②]对于这个以"喝得酩酊大醉"为相似点的喻体——"济公",读者自然欣然接受;而对于那个以"丑态百出"为相似点的喻体——"济公",读者就觉得有点别扭,不容易接受。究其所以,只能从修辞与文化的角度去寻求原因了。

在汉语习用语里,有相当多的俗语,只有结合民俗文化的有关因素进行阐发,才能使人比较真切地理解并把握这个词语的语源和意义。从事对外汉语教学工作的教师最怵头的,就是外国留学生总是以他们的独特视角,

① 参见王德春主编:《人名妙用趣味词典》,语言出版社1995年。

② 见贾鲁生:《黑话》,《报告文学》1989年第1期。

"问个不休"。譬如在教学中遇到像"炒鱿鱼""吃豆腐""跑龙套""气管炎""吹牛皮""背黑锅""敲竹杠""二百五"之类的惯用语,教师仅从字面意义上是说不清、讲不透的;只有对这些惯用语具体的民俗文化语源及修辞构词方式,进行层层剥笋式的剖析,才能有可能让他们真正了解和把握。

一位外国留学生曾向笔者请教说:"在看电视剧时,剧中一个女人说:'你想吃我的豆腐。'我不明白这个'吃豆腐'究竟是什么意思?"面对擅长刨根问底的欧洲学生的提问,只简单地解答"其然"是不行的,还必须阐释"其所以然"。当时,我是这样解释的:

"吃豆腐"是一个带有江南方言色彩的惯用语,也是一个具有汉民俗口语色彩的典型的文化词语。这个惯用语的含义,和我们平时说的"我喜欢吃豆腐"的意思完全不同;它是指"调戏年轻的女子",带有开玩笑的意味。这个熟语是用比喻的方法形成的;具体说,就是用"豆腐"来借喻"年轻的女子"——"豆腐"本身具有"色白""面细""质嫩""性软"的特点,恰与"年轻女子"肌肤白皙细嫩而性情软弱的特点相契合;这就形成了喻体"豆腐"和本体"女子"之间的相似点。"吃豆腐"这个惯用语原来只是在上海、江浙一带以及港澳台地区流行,后来由于茅盾的《子夜》、周而复的《上海的早晨》等名作对这个惯用语的使用,以及"吃豆腐"这个俗语本身所具有的形象性、幽默感和委婉生动的表意功能,使它的使用范围逐渐扩大到北方地区,乃至全国。①

这种结合民俗文化背景对具体词语的解释,使那位留学生满意地颔首微笑。

再如某些表器物名称的汉语口语词,如"狗气杀"(瓷制器皿)、"佛跳墙"(菜肴名)、"老头乐"(棉鞋)、"不求人"(痒痒挠)、"踢死牛"(厚皮靴)、"礼拜鞋"(劣质皮鞋)等。这些在构词手法上,不直接指向具体事物,而是拐了弯儿的词语,如果不从具体的民俗文化因素上进行点拨、阐释,一般人可能迷惑难解;但是一旦理解了,就会发出会心的微笑。这表明:汉语民俗词语在修辞构词手法上独具形象化和幽默化的特点,它挠直为曲,舍露求婉,很值得研究总结。

① 谭汝为:《有关"豆腐"的熟语与民俗文化》,《语文月刊》2000年第8期。

第三节　人名用典修辞

中国诗文典籍浩如烟海，博大精深的中华文化产生了难以胜数的历史典故。这些典故犹如古代文化宝库中璀璨的明珠。人名不过就是一两个字，但须要承载着人生的希望、愿景、追求、志趣、抱负、吉祥等多方面的信息。如何把如此丰厚的信息纳入这样简短的篇幅里，用典则是常用手法之一。

文史典故为人名命名提供了足以取精用弘的宝库，历代文人雅士也乐于从这座语言文化宝库里择取精粹。使用典故命名的人名，首先，高尚典雅，拔出流俗，独具个性；其次，概括性强，寥寥二字却具含蓄隽永之美；最后，因传统典故出自经典名作，寓意和语音自然精工流畅，朗朗上口，令人难忘。

有些人的"名"与"字"同出于古书的一个成句。如《茶经》作者、唐人陆羽，字鸿渐。其名、字都出于《周易》"鸿渐于陆，其羽可用为仪"，名与字搭配，比喻仕进。南宋词人刘过，字改之，其名与字出于《左传》"人谁无过？过而能改，善莫大焉"。元末戏曲家高明，字则诚，其名与字出于《礼记》"诚则明"。清代文人、研究李商隐的专家冯浩，字养吾，其名与字出于《孟子》"我善养吾浩然之气"。现代著名政治家邵力子，字天富，其名与字出于《后汉书·樊晔传》"游子常苦贫，力子天所富"，意为："上天要酬报勤勉的人。"国民党要员陈诚，字辞修，其名与字出于《周易》的名句"修辞立其诚"。诚如《白虎通·德论》所云："闻名即知其字，闻字则知其名。"可见使用典故词语的"名"与"字"在意义上的密切关联。

一、源于《诗经》的名字

《诗经》是中国诗歌的源头，其严整的四言句式和雅丽的双音节词，为历代取名提供了丰富语料。北宋词人周邦彦，其名源自《诗经·郑风·羔裘》："彼其之子，邦之彦矣。""邦彦"意为"国家的人才"。清朝考据家王引之，其名源自《诗经·小雅·楚茨》："子子孙孙，勿替引之。"诗句意为"子孙后代当不废而引长也"。词学专家唐圭璋之名源自《诗经·大雅·卷阿》"颙颙卬卬，如圭如璋”。“圭璋”是珍贵的玉器，比喻人品高尚，为世所重。外国文学研究专家杨周翰之名源自《诗经·大雅·崧高》“维申及甫，维周之翰”。“周翰”意为“周朝首都的垣墙”，比喻国家的栋梁之材。哲学家邢贲思之名源自《诗经·小雅·白驹》“皎皎白驹，贲然之思”。“贲思”意为“疾驰而来。”美学家蒋孔阳之名源自《诗经·豳风·七月》“载玄载黄，我朱孔阳”。“孔阳”意为“十分鲜明耀眼。”文艺理论家郑朝宗之名源自《诗经·小雅·沔水》“沔波流水，朝宗于海”。“朝宗”意为“百川归海。”古文字学家裘锡圭之名源自《诗经·大雅·崧高》“锡而介圭，以作尔宝”。“锡圭”意为“赐给大块宝玉”，比喻难得的人才。著名药学家、2015年诺贝尔生理学或医学奖得主之一的屠呦呦，其名源自《诗经·小雅》“呦呦鹿鸣，食野之苹”，以鹿鸣和苹草起兴，寄托了父母的美好希望。

有些人名直接取自《诗经》的类名或篇名。例如：外交家周南、美学家宗白华、作家黎烈文、诗人公刘、诗人贺敬之，他们的名字分别是《诗经》的篇名。直接取自“三百篇”篇名的人名还有：汉广、燕燕、凯风、鹿鸣、天保、鹤鸣、小宛、谷风、思齐、云汉、维清、思文等。

二、源于《楚辞》的名字

源自《楚辞》的名字突出了对行洁志芳的道德境界的追求，浸染着浓郁的理想主义色彩。文献目录学家余嘉锡之名源自《离骚》：“皇览揆余初度兮，肇锡余以嘉名。”“余嘉锡”这个名字的含义是“我这美好的名字是父亲赐给的”。此名既表达了对屈原的景仰，又与父为子取名的情境相契合，且以姓连名成意，堪为以典故词语取名的佳作。诗人翻译家戴望舒，其名出自《离骚》“前望舒使先驱兮”。“望舒”是神话传说中为月神驾车的人，含有“光明的前驱”或“迎取光明”之寓义。京剧表演艺术家周信芳之名源自《离骚》：“苟余情其信芳。”“信芳”意为“情志纯正芳洁”。中国现代著名散文家、诗人、学者朱自清，其名出自《卜居》“宁廉洁正直以自清”。“自清”意为“保持自身的廉正清白”。1952年曾任中共广西省委第一书记的陈漫远，其名源自《离骚》：“路漫漫其修远兮。”“漫远”意为“人生征程遥远”之意。现代诗人王独清之名源自《渔父》：“举世皆浊而我独清。”“独清”昭示其“在尘世中保持清白，不同流合污”的心志，等等。源于《楚辞》的名字还有：滋兰、九畹、琳琅、以嘉、灵均、灵修、佩琼、兰畹、树蕙、杜衡、慕之、宜修、芳馨，等等。

三、源于孔孟老庄的名字

（一）源于《论语》的名字

宋元之际的历史学家胡三省、现代古文字学家于省吾、当代数学家陈省身、《古今词语通俗例解》的作者吾三省，这四个人名都源自《论语·学而》中的同一句话——“吾日三省吾身”。四个名字都蕴涵着“严于律己”的意思。当代美学家王朝闻，其名源于《论语·里仁》“朝闻道，夕死可矣！”表达出对真理的无限尊崇与不懈追求。古代文学研究专家陆侃如，其名源于《论语·乡党》：“与下大夫言，侃侃如也”。“侃侃如”，温和快乐的样子。文史研究专家王利器，其名源于《论语·卫灵公》“工欲善其事，必先利其器”。“利器”意为“精良的工具”，比喻杰出的才能。《论语》中的至理名言，已成为古今人们在取名构思时，从中任意选取的一座语料库，例如：“君子欲讷于言而敏于行。”——林敏君、刘讷言、于敏行。“老者安之，朋友信之，少者怀之。”——杜安信、郑有信、钟怀之。“居敬而行简，以临其民。”——沈居敬、白行简。“文质彬彬，然后君子。”——文彬彬、周文彬、邢质彬。“知者动，仁者静；知者乐，仁者寿。”——刘仁静、刘仁寿。“益者三友，损者三友。友直、友谅、友多闻，益矣。”——连三益、石友三、刘友益、董友直、陈友谅。“君子有九思：视思明，听思聪，色思温，貌思恭，言思忠，事思敬，疑思问，忿思难，见得思义。”——王九思、蔡尚思、钟思明、马思聪、许思忠、李思敬、韩思义。

（二）源于《孟子》的名字

唐代诗人孟浩然，其名源于《孟子·公孙丑》“我善养吾浩然之气”。“浩然”即纯正博大，形容凛然正气。清代史学家戴名世，其名源于《孟子·公孙丑》“五百年必有王者兴，期间必有名世者”。“名世”即辅佐王者而闻名于世。源于《孟子》的名字还有：定一、乐天、继之、明伦、振德、揆一、慕之、沛然、志仁、居仁、明善、得志、泽民、有为、自得、尚友、成章、执中、尚志、中道、修平等。

（三）源于《老子》的名字

“五四”时期文字改革家钱玄同，其名出自《老子》“和其光，同其尘，是谓玄同”。“玄同”即“与天地万物混同为一”之意。哲学家王若水其名出自《老子》“上善若水，水善利万物”。“若水”意为“像水一样有益于万物。”经济学家厉以宁，其名也出于《老子》“天得一以清，地得一以宁”。源于《老子》的名字还有：守中、希夷、抱朴、盛德、见素、若海、希然、超然、自任、以清、以灵、广德、建德、若愚、大方、大器、希声、至柔、至坚、无闻、弥远、自然、知常、自正、张弓等。

（四）源于《庄子》的名字

著名翻译家楚图南，其名出自《庄子·逍遥游》“背负青天而莫夭阏者，而后乃今将图南”。“图南”之名意为“飞往南方”，这与南宋文天祥诗句“臣心一片磁针石，不指南方誓不休”的爱国精神是一致的。哲学家严北溟，其名也出自《庄子·逍遥游》“北溟有鱼，其名为鲲”。“北溟”是鲲鹏“图南”的起点，此名亦寓含“展翼远翥”的志向。源于《庄子》的名字还有：止水、散木、旦宅、应物、德机、彭年、天随、大同、大年、葆光、达生、陶铸、无功、梦蝶、无己、语冰、天翼等。

四、源于史书典籍的名字

（一）源于《尚书》的名字

汉语研究学者林柷敔，“柷敔 zhùyǔ”是古代乐器名，见于《尚书·益稷》：“下管鼗鼓，合止柷敔。”音乐开始时奏“柷”，结束时奏“敔”。以名含古雅、有序、尚美的寓意。再如《艺概》作者、清代文史专家刘熙载，其名出于《尚书·舜典》：“咨四岳，有能奋庸熙帝之载。”“熙载”意为发扬功业。出于《尚书》的典故词语用作人名的还有：玄德、嘉言、弘厚、厚生、崇德、崇信、丕显、彝宪、立教、启佑、德馨、俊彦、达德、重光、惠迪、朔方、树滋、洪范、无逸，等等。

（二）源于史书的名字

唐代诗人羊士谔，其名出于《史记·商君列传》“千人之诺诺，不如一士之谔谔”。“士谔”指不畏强暴、敢于直言的忠贞之士。史学家郑天挺，其名出于《后汉书·黄琼传》“光武以圣武天挺，继统兴业”。“天挺”意为天资卓越。语言学家胡明扬，其名出于《三国志·魏武帝纪》“二三子佐我明扬仄陋，唯才是举”。“明扬”意为举用、选拔。作家、翻译家徐懋庸，其名出于《隋书·李安传》“懋庸册赏，宜不逾时”。“懋庸”意为奖励功绩。训诂学家郝懿行，其名出于《新唐书·柳公绰传》“实艺懿行，人未必信”。“懿行”即善行。另如：怀远、居正、世济、鼎铭、济美等名出自《左传》，宁一、守正等名出自《史记》，嘉祥、高才、致祥、显祖等名出自《汉书》，逸群、守文、灵芬、自力等名出自《后汉书》，“拔群”之名出自《晋书》，“独秀”之名出自《宋书》，“文房”之名出自《北史》，“夷白”之名出自《南史》，等等。

（三）源于其他典籍的名字

文学史家郑振铎，其名源自《淮南子》“振铎以令于兆民”。“振铎”原意是宣布政令时摇铃以警众，后引申为从事教育，教化百姓。语文出版社前社长李行健，其名源自《易经·乾》“天行健，君子以自强不息”。此名寓意为“努力上进，永不停息。”国学大师章炳麟，其名源自扬雄《剧秦美新》“帝典阙者已补，王纲驰者已张，炳炳麟麟，岂不懿哉”。“炳麟”即光明显赫的样子。古汉语专家裴学海，其名源自扬雄《法言·学行》“百川学海而至于海”。“学海”含有勤奋学习，志向高远之寓意。现代文学研究专家孙席珍，其名源自《礼记·儒行》“儒有席上之珍以待聘”。此名比喻至美的人才。

五、源于诗词的名字

著名女作家冰心，原名谢婉莹，其笔名出自唐人王昌龄《芙蓉楼送辛渐》“洛阳亲友如相问，一片冰心在玉壶”，表现出对冰清玉洁、澄澈纯真的精神世界的追求。著名小说作家张恨水之名出自五代李煜词《相见欢》“自是人生长恨水长东”，抒发了人生苦短的遗憾之情。我国台湾诗人郑愁予之名出于南宋辛弃疾词《菩萨蛮》“江晚正愁予，山深闻鹧鸪”，昭示对社会人生的忧虑。古典文学研究专家程千帆之名取自温庭筠词“过尽千帆皆不是”和刘禹锡诗“沈舟侧畔千帆过”，含有在求学、治学上不断质疑，不断超越这两层意思。文字改革专家倪海曙，其名出于唐人杜审言《和晋陵陆丞早春游望》诗“云霞出海曙，梅柳渡江春”。“海曙”描写旭日升临大海，曙光映照云霞，很有气魄。文史专家何满子，其名为古代舞曲名。唐人张祜《宫词》“故国三千里，深宫二十年；一声何满子，双泪落君前。”“何满子”之名充溢着悲剧色彩。国画家关山月，其名为汉乐府旧题。我国台湾著名歌词作者庄奴，其名出自宋代诗人晁补之《视田五首赠八弟无斁(yì)》诗“庄奴不入租，报我田久荒”。“庄奴”即田庄的佃户，始终为别人耕作。庄奴从事歌词创作，怀抱着“为人作嫁”的精神。邓丽君演唱的歌曲，百分之八十是庄奴作词的。“庄奴”之名昭示出其志趣与追求。另如杜若飞、安如山、马蹄疾、蓝田玉、万夫雄、楚天舒等名，是从诗词名句中精心选取三个字，以姓连名成意，寓意深远，别有情趣。

六、源于成语的名字

直接从成语中择取语料取字命名的情况非常多见，如：国画大师张大千(大千世界)、古典文学专家刘叶秋(一叶知秋)、编辑出版家叶至善(至善至美)、语言学家魏建功(建功立业)、训诂学家朱起凤(腾蛟起凤)等。

有的“四字格”固定语可以产生两个人名，如：

居安思危→韦居安/成思危，嘉言懿行→李嘉言/钟懿行，
龟年鹤寿→李龟年/王鹤寿，鹏程万里→杜鹏程/杨万里，
任重致远→王任重/马致远，玉树琼枝→陈玉树/沈琼枝，
安邦定国→戴安邦/于定国，济世爱民→孙济世/张爱民，
超然自逸→梁超然/谢自逸，金梁玉柱→赵金梁/宋玉柱，
怀真抱素→陶怀真/韦抱素，祥麟瑞凤→许祥麟/张瑞凤，
敬业乐群→许敬业/刘乐群。

至于乃文/乃武、佩韦/佩弦、立人/达人、至善/至美、克勤/克俭、美轮/美奂等成语，往往成为兄弟或姐妹以典取名择取的语料。

通过对人名用典的文化阐释，可以帮助我们考察并体验在人文心理、文化趋向、社会风俗、价值取向等方面，历史与现实的异同，从而把握取名者的生活理想、道德准则和哲学追求，对科学总结在社会历史发展中人名与文化因素演变规律颇有裨益。人名用典，就是修辞与汉语言文化应用的典型体现。

第四节　虚指的地名

唐代王昌龄的《出塞》是千古传颂的佳作。诗云:“秦时明月汉时关,万里长征人未还;但使龙城飞将在,不教胡马度阴山。”这首诗的“龙城飞将”指威震边陲的西汉名将李广,“龙”与“飞”相配合,显现出遒劲飞腾的动态美;“飞将”与“胡马”相映衬,隐含着居高临下的威慑力。“龙城飞将”已成为历史典故而深入人心。但是“龙城”这个地名却一再受到考据家的挑战,他们认为王昌龄搞错了地名,而应把“龙城飞将”改为“卢城飞将”或“刚城飞将”,搞得人们有些无所适从了。

主张把“龙城”改为“卢城”的是清人阎若璩。他在《潜邱札记》里对此作了长篇考证,主要观点是:“卢城”是汉时右北平郡治所“卢龙城”的简称,李广曾任右北平太守;而“龙城”却是匈奴祭天之处。因此,应把“龙城飞将”改为“卢城飞将”。另外,涂宗涛先生的论文《作“龙城”、“卢城”皆误——小学语文课本纠谬一则》,该文地主要观点是:汉代右北平郡的治所是“平刚”,在今河北省平泉市北数十里;而“卢龙”却是唐代天宝年间所设北平郡的治所,在今河北省卢龙县。“平刚”与“卢龙”两地相距200千米,因而涂先生认为:“作‘龙城’‘卢城’皆误”,“正确的表述应当是‘但使刚城飞将在’或‘但使平刚飞将在’。”

阎若璩和涂宗涛都是饱学之士,其考据当然不是无根之谈,但他们对于诗歌中虚指的地名理解得过于坐实了。“龙城”这个地名在《汉书》中出现过两次。《匈奴传》载:“五月,大会龙城,祭其天、天地、鬼神。”《武帝记》载:“卫青至龙城,获首虏七百。”前者“龙城”是汉朝时匈奴地名,在今蒙古人民共和国鄂尔浑河境;后者“龙城”在漠南,即在今内蒙古锡林郭勒盟境。在隋唐诗歌中,“龙城”泛指北方边塞,至于属敌方要塞还是指我方边塞,可依作品内容和语境进行具体分析判断。例如:杨炯的《从军行》:“牙璋辞凤阙,铁骑绕龙城。”沈佺期的《杂诗》:“谁能将旗鼓,一为取龙城。”这两个“龙城”,泛指敌方要塞。再如:虞世南的《从军行》:“涂山烽候惊,弭节度龙城。”王维的《塞下曲》:“不知马骨伤寒水,惟见龙城起暮云。”常建的《塞下》:“铁马胡裘出汉营,分麾百道救龙城。”这三个“龙城”皆虚指、泛指我方边塞地区。

王昌龄《出塞》诗句中的“龙城”，是虚指的地名、泛指我方边塞；“龙城飞将”就是镇守北方边塞的“飞将军”李广。后世的一些学者把“龙城”这种虚指、泛指的地名，非要锱铢必较地考据、限定、指实为某省某县某地，恐有抱柱守株之弊，因为这种做法与诗意文心相异相悖。再说，仅凭自家的“考据”，就断然批评古人把地名搞错了，进而改动古人诗作，这种做法并不恰当。这种仅据某一版本擅改名作的做法已属欠妥，至于主张把“龙城”或“卢城”再改为“刚城”或“平刚”，就更为不当了！

传统抒情诗词的地名多为虚指、泛指，尤其是边塞军旅地名更是如此。譬如南宋爱国诗人陆游诗作的地名：“尚思为国戍轮台”“明年万里驻安西”“万里击胡青海岸”“梦绕祁连古战场”“何时夜出五原塞”“三更雪压飞狐城”“月中鼓吹渡桑干”“梦中夺得松亭关”“王师一日临渝关”“君王何日伐辽东”等。这些地名从今天的新疆、青海、内蒙古、河北，直至辽宁，从西北经华北到东北地区，简直可用一线贯穿。尽管这十个地名都有其实指之处，但在陆游诗中却是泛指北方沦陷区的大片国土，借以抒发诗人北定中原、还我河山的壮志。如果后人硬性地把这些地名就指实为某省某县，反倒作茧自缚了。

将虚指的地名坐实分析并进行所谓的“考证”，在学术史上屡见不鲜。如前些年，有位学者详尽考证北朝民歌《木兰诗》中“黑山”的确切地理位置——某省某县某处地某山就是《木兰诗》中的“黑山”，因为此山距离黄河渡口恰好是一天的行程，这与“朝辞黄河去，暮宿黑山头”的诗句完全吻合云云——这种考据究竟有没有必要？“木兰”这个人物在历史上是否确有其人？因为对于“木兰”这个带有传奇色彩的文学人物，她所属时代、民族、籍贯、姓氏等，在文学史上众说纷纭，难以确论。退一步说，即使“木兰代父从军”在历史上确有其人其事，那么在中国北方有多少座名叫“黑山”的山？黄河上中下游有多少个渡口？木兰一行是从哪个渡口过的黄河？谁能说得清楚？这种对“黑山”的考据和某些学者津津有味地考据“花果山之所在”“董永在哪儿卖身为奴”“牛郎的籍贯”“武大郎的炊饼作坊的遗址”之类一样，都是多此一举。多年前，有人力主《满江红》不是岳飞写的，其中一条重要的理由是：“驾长车踏破贺兰山缺”不符合岳元帅的进军路线，岳飞身为军事家绝不会犯这种常识性的错误云云。《满江红》的著作权归属问题已超出本文所谈的内容范围，姑置不论，但应指出，考据家这种说法明显地谬误在于把虚指的地名坐实理解了。

运用汉语诗学和修辞学的辩证眼光去分析判断，抒情诗的地名多为虚指或泛指，例如：

(1)斜月沉沉藏海雾，碣石潇湘无限路。(张若虚)

(2)少妇城南欲断肠，征人蓟北空回首。(高适)

(3)羽书昨夜过渠黎，单于已在金山西。(岑参)

(4)贺兰山下阵如云，羽檄交驰日夕闻。(王维)

(5)黄沙百战穿金甲，不破楼兰终不还。(王昌龄)

(6)不恨归来迟，莫向临邛去！(孟郊)

(7)浊酒一杯家万里，燕然未勒归无计。(范仲淹)

(8)更南浦，送君去！(张元干)

——上引诗句中的“碣石”“潇湘”“城南”“蓟北”“渠黎”“金山”“贺兰山”“楼兰”“临邛”“燕然”“南浦”等地名，都是虚指或泛指。对这些虚指的地名进行指实的理解和分析，已属胶柱鼓瑟，如果再加以坐实考据，并对诗人进行“搞错方向”之类的批评，更是煮鹤焚琴。因为纯以地理学家的眼光去审视文艺作品(尤其是抒情诗歌)，就会形成“对于诗人往往有谬误的判断和隔膜的揶揄”(鲁迅《诗歌之敌》语)。[①]

第五节　崇“玉”文化

“玉”是一种质地温润细腻，色泽莹洁秀丽的美石。古人非常珍视玉，玉器广泛应用于祭祀、外交、社交、服饰等许多方面。自古迄今，中国人崇玉与爱玉的情怀是根深蒂固的。玉文化现象折射到汉语里，表现为大量的“玉”族词语。由于人们对玉的道德化推崇，在汉语词汇的组合中，寻常事物之名一经冠以“玉”来形容，立刻变俗为雅，身价倍增了。如“玉井”“玉户”“玉几”“玉竹”“玉池”“玉杯”“玉床”“玉枕”“玉帛”“玉屏”“玉案”“玉箫”“玉窗”“玉

① 谭汝为《虚指的地名》，《文史知识》1997年第10期。

泉”“玉酒”“玉石”“玉霜”“玉露”等。“雪”被“玉化”为“玉雪”“玉屑”“玉絮”“玉龙”等。而“玉龙”还可分别喻指宝剑、笛箫、飘雪、泉瀑、长桥等。“玉勒”借代骏马；“玉桴”代指鼓声；“玉蚁”“玉液”可代酒；“玉兔”“玉蜍”“玉蟾蜍”可代月亮；“玉琮”“玉簪”“玉搔头”等女性饰物，可借代美女。

在汉语成语里——“芝兰玉树”是对别人子弟的美称；“守身如玉”指保持高尚的节操；“握瑜怀玉”比喻富有文学才能；“擎天玉柱”比喻担当天下大任的人才；“昆山片玉”比喻人才难得而可贵；“冰清玉洁”形容操行清白，品格高洁；“侯服玉食”“象箸玉杯”形容奢华的生活；“化干戈为玉帛”比喻变战争为和平；“兰摧玉折”比喻贤人早逝；“蓝田生玉”比喻贤父贤子；“被褐怀玉”比喻人怀抱美才却不在人前显示；“玉不琢，不成器”比喻不学习就不能成材；“亭亭玉立”比喻年轻女子身材细长秀美或花木等形体挺拔；“他山之石，可以攻玉”一般用来比喻借外力来改正自己的缺点错误，或吸收外界先进经验，改进自身的不足。

“玉”常与“金”“珠”“琼”“香”“花”“冰”等组成成语。其中和“金”的组合为数最多：“不吝金玉”是请人指教的客气话；“堆金积玉”“炊金馔玉”极言财富与奢华；“精金良玉”比喻人品纯美；“敲金击玉”形容声音清脆或诗文音节铿锵；“金玉良言”“金口玉言”“金科玉律”“金枝玉叶”“金童玉女”“金梁玉柱”“璞玉浑金”“金镶玉质”“金玉满堂”等词语里的“金”“玉”皆为极言高贵华美之辞。但比较而言，“金”价虽贵，“拜金”“贴金”“金字招牌”等却皆带明显的贬义，而“玉”则清一色为褒义。

“玉”和“珠”的组合是对真善美的赞颂，例如“珠玉之论”“字字珠玉”是比喻文笔精粹，议论卓荦；“珠玉在侧”比喻俊秀超凡的人在身旁；“珠辉玉润”比喻歌声圆润，文辞婉转。“琼”是美玉，“玉”和“琼”的组合，侧重于褒称美质雅色——“琼堆玉砌”比喻美好的事物聚集在一处；“琼林玉树”比喻人相貌洁白或资质纯美；“琼楼玉宇”“琼浆玉液”“碎琼乱玉”分别比喻仙境楼阁、美酒、飞雪的洁净美丽。“玉”和“香”的组合，其语义专指美女，如：“香娇玉嫩”“香温玉软”“香肌玉体”是形容女子容貌体态的；“香消玉减”形容女子憔悴消瘦；“香销玉殒”指女子夭亡；“怜香惜玉”“偷香窃玉”则喻写男性对美女的爱恋和追求。“玉”和“花”的组合类似于“香玉”的组合，如“花容玉貌”

“玉软花柔”。“玉”和“冰”的组合突出了道德品格，如：“冰清玉洁”“冰壶玉尺”比喻人格的高尚纯美；“冰肌玉骨”品貌清丽高洁；“冰清玉润”称颂岳父和女婿皆人品卓异。“琼”与“瑶”都是美玉，常作称誉之辞，如称美好的诗文为“琼章”；称珍美的筵席为“琼筵”；称美酒为“琼浆玉液”；称秀美园林为“瑶圃琼苑”。“璧”是一种扁平的圆形玉器，中间有小孔，“璧还”“璧谢”皆为典雅的敬辞，“和璧隋珠”比喻极其名贵的珍宝。

“玉”与“石”“砖”“瓦”等反义词构成的成语，皆突出优劣美丑之对比：“玉石不分”比喻不辨好坏；“玉石俱焚”比喻美善与丑恶同归于尽；“抛砖引玉”比喻自己先发表不成熟的意见，以引出别人的佳作或高见；“宁为玉碎，不为瓦全”比喻宁愿为正义牺牲，也不愿苟全性命。“璞”是含玉的石头，也指没有打磨加工的玉石——“璞玉浑金”指没经琢磨的玉和没经提炼的金，指天然美质，不假修饰，比喻品质纯朴。“瑕”指玉上斑点，比喻缺点；“瑜”指玉的光彩，比喻优点。“瑕瑜”连用，常用以比喻恶与善、短与长、优与劣，如成语“瑕不掩瑜”“瑕疵互见”等。“瑕”字单用的成语，如“白璧微瑕”，比喻美中不足；词语“瑕疵”指微小的缺点。“玷”指白玉上的斑点，常比喻人的过失或缺点。“玷污”意为使蒙受污辱；成语则有“白硅之玷”。

第六节　崇“龙”辱“狗”的两极文化

一、尊崇至上“龙文化”

中国人尊崇的动物首推“四灵”，就是“龙、凤、麟、龟”。其中只有“龟”是自然界确实存在的动物，而其他如皇帝的象征“龙”，皇后的象征“凤”，宰相的象征“麒麟”，都是幻想的产物。中国人喜欢马、羊、狗、鸡、兔、猴、鹿，属于实体喜爱；喜欢关在笼子里或画面上的老虎、狮子、熊猫，喜欢剪纸上的蝙蝠、肥猪，都属于精神喜爱。

中国人对于“龙”，完全是精神层面上的喜爱，更准确地说是文化层面的尊崇。“龙”是中华民族发祥和文化肇始的象征，中国人自称“龙的传人”。这属于历史和民俗话题，相当复杂。

"龙"是一种特殊的神话动物。《说文》:"龙,鳞虫之长,能幽能明,能大能小,能短能长,春分而登天,秋分而入渊。"中国"龙"是一种理想化的灵异神物,它善走、能飞、善游泳,千变万化能隐身,腾云雾而驾江海,叱咤风雷降甘霖。相传龙是多种动物集于一身的综合体,《尔雅》:"(龙)头似牛,角似鹿,眼似虾,耳似象,项似蛇,腹似蛇,鳞似鱼,爪似凤,掌似虎,是也。其背有八十一鳞,具九九阳数。"相传龙春分登天,秋潜渊薮,呼风唤雨,无所不能,无坚不摧,不可战胜。

"龙"是中国原始社会形成的图腾崇拜标志。按形体姿态分:身上长鳞的称蛟龙,生有翅膀的叫应龙,头上长角的名虬龙,头上无角的曰螭龙,伏于地作盘绕状的叫蟠龙,沉潜深水的为潜龙。至于"龙生九子"之说,过于庞杂,在此就不细说了。

我们说龙文化的精神,古人称为"龙道"。所谓"龙道",就是君子之道。具体说,即由隐到显,由静到动,由下居到上达,由一龙独处到群龙协和,由阴阳进取到刚柔相济等等。从文化角度分析,"龙"蕴涵着中国文化特有的四个基本观念:第一,天人合一的宇宙观;第二,仁者爱人的仁政观;第三,阴阳交合的发展观;第四,兼容并包的文化观。

对"龙"的尊崇,可分四个层面来分析。第一,在封建社会,"龙"是帝王化身,皇权象征。皇帝是真龙天子,其身叫龙体,其脸叫龙颜,皇宫叫龙廷、座椅叫龙椅,睡床叫龙床,穿衣叫龙袍,乘车叫龙车,坐船叫龙舟、后代叫龙子龙孙。第二,在神话世界,龙是海底世界主宰——龙王。《西游记》写四海龙王:东海敖广、西海敖钦、南海敖润、北海敖顺。第三,在人文社会,"龙"还象征出将入相的英雄人物。《三国演义》"煮酒论英雄",曹操曰:"龙能大能小,能升能隐;大则兴云吐雾,小则隐介藏形;升则飞腾于宇宙之间,隐则潜伏于波涛之内。方今春深,龙乘时变化,犹人得志而纵横四海。龙之为物,可比世之英雄……"人称未出茅庐的诸葛亮为"卧龙",称英雄豪杰为"人中之龙"。成语"望子成龙",就是企盼子女成才,用龙比喻出类拔萃的人物。第四,在民间社会,百姓不喜欢富贵皇权的龙,却钟爱吉瑞欢乐的龙。每逢喜庆,人们舞龙灯,跳龙舞,赛龙舟。十二生肖,龙最受拥戴,北方风俗,生肖属蛇称小龙,属龙叫大龙。

最后谈“龙”与文学的关系。正统文学和学术称“雕龙”，民间文学和草根学术称“雕虫”。在民间文学里，“龙”“凤”相提并论，人们把孪生兄妹称为龙凤胎；饺子面条同煮共食，称为龙凤汤。汉语成语，“龙”“凤”联袂，形容珍贵美好，如龙凤呈祥、龙飞凤舞、龙肝凤髓、龙雏凤种、龙跃凤鸣、龙章凤姿等。“龙”“虎”结合，比喻轩昂气概，如生龙活虎、卧虎藏龙、龙吟虎啸、龙蟠虎踞、龙骧虎步、云龙风虎、虎略龙韬、人中龙虎等。

二、褒贬逆悖“狗文化”

狗，是人类最早驯化的动物，也是饲养率最高的宠物，与马、牛、羊、猪、鸡并称“六畜”。《说文稽古篇》载：“游牧时代，惟犬独多，穴居则畜犬守御，狩猎则携犬自随，因而人必畜犬。”就是说，在人类穴居并以狩猎和采集为生时起，狗就开始与人类朝夕为伍了。《周礼》设“犬人”官职，专司相犬、牵犬以供祭祀。掌管皇帝猎犬的官署，汉代设狗监，唐代设狗坊。到了近现代，经培育改良，狗的品种不断增加，可谓繁盛兴旺。

狗文化的形成有两个基础：第一是吉祥，在古代狗被视为神兽、金畜、玉犬，被视为看家、镇宅、辟邪、护主的神灵。第二是忠诚，“子不嫌母丑，狗不嫌家贫”即为典型写照。狗文化发展的主线，就是围绕狗所具有的特殊能力与忠于职守的护主本性。狗颇具灵性，勇猛善奔，人们根据特殊需要，将某些优质狗驯化成特种犬，在军事、消防、刑侦、防暴、救灾、缉毒、狩猎、牧羊、导盲、运输、医疗等方面发挥着无可替代的作用。在生活条件极其恶劣的古代，狗作为人类忠诚的卫士，大有作为。而在人类当前无须再与野兽肉搏的今天，狗的勇猛豪气无法展现且逐渐退化，大个的猛犬反不如小巧玲珑的哈巴狗拥有人气，驯顺乖巧多于忠烈勇武，致使“狗”的文化形象与功能逐渐发生变化。

唐代贾公彦在《周礼疏》中提道：“犬有三种：一者田犬，二者吠犬，三者食犬。若田犬、吠犬，观其善恶；若食犬，观其肥瘦。”即在当时，狗具有狩猎、守门和充当食材这三种功能。从食材角度看，在商周时期，狗肉属于贵族食物，曾列入周天子宴客御席珍馐之一。从春秋到两汉，食狗人群从贵族扩展至平民，屠狗已成一种专门的职业。到秦汉时，狗肉已成重要的肉食来源。

魏晋南北朝时，北方食狗之风始在南方流行。隋唐之后，狗肉地位急剧下降。俗语“挂羊头卖狗肉”就表明：狗肉地位远不及羊肉，且有滥竽充数之嫌。到了宋朝，仍有食狗习俗，至明朝才逐渐衰落。清人段玉裁《玉篇·犬部》称：“狗，家畜，以吠守。”就只突出其门卫功能，不提它的食用功能了。

狗的观赏功能，大约始于唐代。唐人王涯《宫词》：“白雪猧儿拂地行，惯眠红毯不曾惊。”这里的“白雪猧儿”指白色小狗。唐人《醉公子》词：“门外猧儿吠，知是萧郎至。”此处的“猧子”就是狗。到了宋朝，宠物狗不仅流行于宫廷，在民间也极常见。宋人洪迈《夷坚志》：“养狗黑身而白足，名为银蹄，随呼拜跪，甚可爱。忽失之，揭榜募赎。”为狗命名，并在其走失后招贴寻狗告示。

民间认为狗有“八德”，即忠、义、勇、猛、勤、善、美、劳。只要被收养，狗就成为家中一员，不管主人或贫或富，或得势或落魄，它始终忠心耿耿，不离不弃——是为“忠”。《搜神记》载：“三国时，襄阳纪南人李信纯醉卧城外草中，适猎者纵火，火顺风且至，其爱犬曰黑龙者，于溪中湿身，周回洒李卧处，遂免大难，而犬以往返困乏致毙。李醒乃悟，为之恸哭。太守闻而悯之，具棺椁衣衾以葬。今纪南有义犬冢。”——赞其“义”。在帮助主人狩猎时，不管前面是什么猛兽，都奋不顾身，一往无前——称其“勇”。在执行抢险、救灾、防暴任务时，不管有什么危险，都义无反顾地履行职责——颂其“猛”。看家护院，日夜警觉；照看羊群，奔波效力；将失明的主人安全带回家中——誉其“勤”。《晋书·陆机传》有黄耳传书的记载：从洛阳至南方，关山阻隔，往返数千里，涉水越险——体现“善”的本性。聪明通人心，能听懂人们的语言，根据指令表演游戏节目，逗人开心，给人带来欢乐——是为“美”。全天候执勤守卫，日夜不休，无怨无悔；拉起雪橇，冒着严寒奔跑——谓之“劳”。狗将众美德集于一身，为了主人，从不计较个人得失，绝不会“大难临头各自飞”。遇主人有难，狗诚心援救，赴汤蹈火，生死相依。因而，“愿效犬马之劳”，乃古代忠臣直士之心声。

作为家生动物的狗，其缺点也很明显。一是只看主人脸色，常在主人面前谄媚讨好，故有“摇尾乞怜”之讥。二是不讲卫生，喜食秽物，交配不避人，难免遭人厌恶。三是大呼小叫、仗势欺人，极易激发人们产生“狗腿子”的联想。到了现代社会，人心不古，物欲横流，人情虚伪，世事浇薄，人们把对缺少骨气、奴颜谄媚的鄙夷和“狗”联系起来——于是,“狗”就成为指摘时弊的替代物,鲁迅先生“丧家的资本家的乏走狗”“痛打落水狗”等即为典型例证。

在民间俗语中,有关“狗”的词语绝大多数属贬义,如:“走狗、疯狗、哈巴狗、丧家狗、看家狗、落水狗、癞皮狗、狗奴才、狗汉奸、狗特务、狗腿子、狗头军师”等。狗与另一种动物并称而形成的成语,从数量上看,排在前三名的分别是鸡(如偷鸡摸狗、鸡零狗碎、指鸡骂狗等)、猪(如猪朋狗友、猪狗不如、行同狗彘等)、鼠(如狗拿耗子、鼠窃狗盗、狗头鼠脑等)几乎全是贬义。带“狗”字的俗语,如:“狗眼看人低、狗改不了吃屎、狗行千里吃屎、狗嘴里吐不出象牙、狗肉上不了大席、死狗扶不上墙”等。与“狗”有关的歇后语有“狗咬吕洞宾——不识好人心”,“狗拿耗子——多管闲事”等。这些语汇几乎都是贬义的。

狗忠诚于主人,纯属天性,但在看家护院,维护主人利益时,难免对陌生人构成恫吓、伤害或威胁。主人正直良善,狗则做好事;主人阴邪残暴,狗则做坏事。因而,汉语词汇中对狗多为贬斥也可能并非无的放矢。但应指出:上述词语或詈语,都已超越了动物学范畴,而属于社会学或语言修辞学的评价。这些借题发挥,借狗讽人的言辞,对“狗”而言,多属代“人”受过,不免有些冤枉。

三、“扬神灵”而“抑实用”的文化倾向

对“龙”的无上尊崇,对“狗”的无情贬损,这种文化观,反映出汉语动物文化“扬神灵”(崇尚龙、凤、麒麟)而“抑实用”(贬斥猪、狗)的倾向。下面简要谈一下“四灵”中的“凤凰”和“麒麟”。

《礼记·礼运》中所言“麟、凤、龙、龟,谓之四灵”。《说文·龙部》云:“龙,鳞虫之长,能幽能明,能细能巨,能短能长。”在中国传统文化中,龙是一种神异瑞兽,人们常视龙为身份尊贵的象征。

《说文解字》中鸟类动物名共151个,云:“鸟,长尾禽总名也。”传说中的神鸟共6个。如凤,初为象形字,殷墟甲骨文的“凤”字就像高冠、丰羽之孔雀类鸟形。《说文》云:“凤,神鸟也。天老曰:‘凤之像也,麐前鹿后,蛇颈鱼尾,龙文龟背,燕颔鸡喙,五色备举。出于东方君子之国,翱翔四海之外,过昆

仑，饮砥柱，濯羽弱水，莫宿风穴。见则天下大安宁。'”凤集众多动物特征于一身，是一种吉祥鸟。

《说文》中与兽类动物有关的部首达14个，兽类动物名共76个。其中的“鹿”，《说文·鹿部》云：“兽也。象头角四足之形。”鹿分公母，公鹿俗称“马鹿”，母鹿俗称“麀鹿”。在许慎看来，鹿特指头上有角的马鹿。《诗经·小雅·鹿鸣》曰：“呦呦鹿鸣，食野之苹；我有嘉宾，鼓瑟吹笙。”古人把鹿与以礼待客联系在一起，赋予鹿求贤若渴的文化内涵。

鹿部动物名25个，如“麒麟，仁兽也。麇身牛尾一角”。传说麒是主太平的瑞兽，在汉画像中，麒的样子是独角，拖着长尾巴。古人把雄性称麒，雌性称麟，《宋书·符瑞志中》云：“麒麟者，仁兽也。牡曰麒，牝曰麟。……麕身而牛尾，狼项而一角，黄色而马足。含仁而戴义……明王动静有仪则见。”麒的外部形状集狮头、鹿角、虎眼、麋身、龙鳞、牛尾于一体。古人认为，麒麟出没，必有祥瑞。有时，“麒麟”又用来比喻才能杰出、德才兼备的人。

这种数千年传说中的动物，到了明朝竟然变成了事实。明成祖永乐年间，郑和第三、第四次下西洋时，竟分别带回了榜葛剌国（今孟加拉国）和麻林国（一说今肯尼亚的马林地）进贡的麒麟，举国为之喧腾。从明代画家沈度的《瑞应麒麟图》所画麒麟形状看，此“麒麟”实为长颈鹿。实际上，在郑和船队曾经到达过的今索马里的语汇里，长颈鹿Giri的发音与汉语“麒麟”相近。时至今日，日语及韩语中，仍将长颈鹿称作“麒麟”。

第九章　汉语语汇的修辞特质

本章主要内容：一、词语比喻性。二、词语具象性。三、词语骈偶化。四、词语象征义。五、词语夸饰感。六、词语韵律美。七、比喻型成语的修辞阐释。八、“虎”字成语的文化阐释。

汉语是汉民族长期使用的交际工具和思维工具。汉语这个符号系统包括语音（物质外壳）、词汇（建筑材料）、语法（结构规则）、文字（书写符号）这几个要素。其中，最为活跃、最能体现语言文化特征的就是词汇。汉语具有极其丰富的语汇，它的形成、发展、搭配、组合乃至应用，都牢牢扎根于特定的汉文化环境之中，在结构方式上具有鲜明的民族文化特征，在语义表达上具有独特的修辞文化特质。本文拟从修辞角度入手，从比喻、具象、骈偶、象征、夸饰、韵律六个方面，对汉语语汇的特点进行描写和阐释，并对比喻型成语和“虎”成语进行修辞文化剖析。

第一节　词语比喻性

自然现象是人类共同的认知对象，不同的民族在面对某种事物而产生的联想，有时是大体相同的。例如：“雷鸣般的掌声”“迅雷不及掩耳”“顺水推舟”“水中捞月”等，在英语和其他语言中可能有类似的比喻说法。但这种具有大致相同性质的比喻，在语言中所占的比例并不大。由于民俗文化的差异，不同民族运用的比喻往往呈现出明显的差异。对于同一个事物，不同的民族会用不同的比喻材料来比方。例如比喻事物大量涌现，汉语用“雨后春笋”，而俄语则用“雨后的蘑菇”；比喻事出有因，汉语用“无风不起浪”，而俄语则用“无风不生烟”；比喻一个人失势或遭难时，许多人趁势欺侮他，汉语俗语用“墙倒众人推，破鼓乱人捶”，而阿拉伯俗语则用“牛倒众人宰”；汉语俗语用“死猪不怕开水烫”，而阿拉伯俗语则用“死羊不怕剥皮痛”，等等。

汉语用来打比方的喻体，其事物本身往往不是物理世界的客观存在物，而是出于崇拜或想象出来的神话动物、人物或事物，例如：“龙”“凤凰”“麒麟”“鲲鹏”“雷公”“夜叉”“狐狸精”“龙王爷”“阎王爷”“照妖镜”“金箍棒”等。许多比喻性的汉语成语，其字面的表层义往往是夸张的，甚至带有荒诞的意味，例如“握蛇骑虎”“煮鹤焚琴”“削足适履”“以珠弹雀”“掩耳盗铃”“掘室求鼠”“膝痒搔背”“剜肉补疮”等，在正常人的现实生活中是根本不可能发生的，但是这些成语却形象地表现出深层的含义，闪烁着睿智和哲理的光辉，因而人们乐于接受并使用，体现出鲜明的民俗特色。

汉民俗在叙事、描写、形容、说理时喜欢借用比喻来增强形象性、生动性和趣味性。例如形容做起来不费力的事情，多用比喻的方法，如：“易如反掌”“如运诸掌”“举手之劳”“如汤泼雪”“如拾地芥”“探囊取物”“垂手而得”“唾手而得”“不费吹灰之力”，等等。形容很熟悉的、很容易办的事情，用“轻车熟路”“驾轻就熟”；形容条件具备、时机成熟，事情很容易办成，用“瓜熟蒂落”“水到渠成”。反之，由于违反了客观规律，方法不对头，就会导致徒劳无功，人们就会用“隔靴搔痒”“挑雪填井”“炊沙做饭”“画蛇添足”“刻舟求剑”“守株待兔”等成语来形容，也是用比喻来说的。

汉语有一种比喻性的谚语，形成前后并列的两个句式。用来比喻的喻体句式和显示本意的本体句式前后对照呼应，达到形象化和哲理性的统一，通俗易懂，富有表现力。喻体居前，本体在后的谚语比较多见，例如：

岁寒知松柏，危难见人心

煮饭要放米，说话要讲理

蚂蟥怕烟屎，坏人怕揭底

灯不拨不亮，理不辩不明

真金不怕火炼，英雄不怕考验

一个篱笆三个桩，一个好汉三个帮

长江后浪推前浪，世上新人继旧人

良药苦口利于病，忠言逆耳利于行

本体居前，喻体在后的谚语比较少见，例如：

人挪活，树挪死

人闲就得病，石闲就生苔

人无头不走，鸟无头不飞

同人不同命，同伞不同柄

在汉语口语里，人们在褒贬评价某个人物的某种状况或言行时，一般说来，不乐意做道德或功利的直接评价，而习惯于使用比喻的方法，用人们熟悉的歇后语省略形式来进行曲折而生动的表示。例如：

竹篮打水（省略了本意“一场空”）

狗拿耗子（省略了本意“多管闲事”）

兔子尾巴（省略了本意“长不了”）

小葱拌豆腐（省略了本意“一青二白”）

泥菩萨过江（省略了本意“自身难保”）

肉包子打狗（省略了本意“一去不回头”）

王八吃秤砣（省略了本意“铁了心了”）

夜猫子进宅（省略了本意“没事儿不来”）

茶壶里煮饺子（省略了本意“心里有数”）

黄鼠狼给鸡拜年（省略了本意“没安好心”）

或者直接用比喻型的俗语，去进行生动的表达，例如：

杀鸡给猴看	活鱼摔死了卖
官盐当私盐卖	脱了裤子放屁
生米煮成熟饭	鸡蛋里挑骨头
放着河水不洗船	拉不出屎赖茅房
眼睛里不揉沙子	落水鸳鸯不如鸡
饿死的骆驼比马大	癞蛤蟆想吃天鹅肉
吃着碗里，看着锅里	牵着不走，打着倒退
煮熟了的鸭子飞了	是骡子是马，拉出来遛遛

这些比喻型的歇后语或俗语，具有口语性、幽默感和形象化的特点，广泛地运用于口头交谈之中，使用频率极高。

第二节 词语具象性

汉民俗思维方式具有形象思维的特点，人们对视觉性强、富于形象色彩的事物情有独钟。这就形成了汉语造词的另一个突出特点——乐于以具体实在、表象丰满的客观事物，作为蕴含着丰富内涵的词义的外形。例如，称极度吝啬的人为“铁公鸡”，甚至给这种类型的性格凑成了合辙押韵一组词语，形成了“一毛不拔”者荟萃的词族——“瓷公鸡”“铁仙鹤”“玻璃老鼠”“琉璃猫”。称心地善良、待人宽和的人，为“菩萨心肠”，而居心险恶、为人歹毒的人，则被称为“毒蝎心肠”“狼子野心”。“行云流水”是比喻自然不拘束，含褒义；“落花流水”则是比喻惨败，含贬义。在这两个成语里，同样一个“流水”，却表达迥然不同的意思，褒贬色彩也截然相反。“八字没一撇”指事情还没有开始；“照猫画虎”“照方吃药”“照葫芦画瓢”是比喻亦步亦趋，照抄照搬；“墙头草”“脚踩两只船”“一面儿两吃着”“坐山观虎斗”这四个词语都形象化地刻画出面对针锋相对的双方而采取的圆滑态度，呈现出层递的贬义，但有程度上的区别。

具有形象色彩的词语，多数是由构造词语中的形象成分产生的，例如：

垂柳、飞天、流萤、闪电、碧空、墨菊、白鹭、黄鹂、翠湖、
彩虹、塔松、火鸡、柳腰、鹅卵石、象鼻山、摩天岭、一线天、
金字塔、美人鱼、西子湖、凤凰台、望夫石、蝙蝠衫、鸡冠花、
金钱豹、水蛇腰、蝴蝶结、山羊胡、蘑菇云、笑面虎、攀枝花等。

在现代汉语中，凡是广泛流行的，大多是形象感强的词语，我们可以从感觉体验方面对具象性词语进行具体的分析，例如：

种 类	特 点	例 证
视觉形象感	以视觉认识为基础，由词语所反映的巩固在词语形式中的，具有某种看得见的形象性的特征。就是俗语说的“如见其人”“有浮雕感”等	向日葵、猫头鹰、凤尾竹、美人蕉、鸡冠花、滚雪球、捧腹大笑、拍案而起、穿连裆裤、九牛一毛、胡子拉碴、胁肩谄笑、豆腐渣工程、一个鼻孔出气、一瓶子不满，半瓶子逛荡

续表

种 类	特 点	例 证
听觉形象感	以听觉体验为基础，由象声词、感叹词等词语诱发听觉形象感，就是俗语说的“如闻其声”	嗡嗡响、嘻嘻哈哈、稀里哗啦、呱呱坠地、穷得叮当响、响当当的左派、肚子饿得咕咕叫、狗撵鸭子呱呱叫
嗅觉形象感	以嗅觉体验为基础，由相应词语加以形象表达，再现嗅觉感官的感觉	香喷喷、香饽饽、臭烘烘、腥乎乎、臭名昭著、臭名远扬、墙里开花墙外香、顶风臭八百里
味觉形象感	以味觉体验为基础，由相应词语加以形象再现的作用于人的味觉感官感觉	甘甜、苦涩、甜丝丝、酸溜溜、辣乎乎、嘴甜心苦、甜言蜜语、酸甜苦辣、苦不堪言、吃香的喝辣的
触觉形象感	以触觉体验为基础，由相应词语加以形象表达，而又形象地诱发出作用于人的触觉感官感觉	软绵绵、硬邦邦、凉丝丝、冷飕飕、滑溜溜、热气腾腾、冰凉梆硬、软磨硬泡、冷水浇头、话糙里不糙、吃软不吃硬

中国人在对人物、事物进行叙述描写或褒贬评价时，往往在对它们认知表述的言语过程中，选用生动的具象性语汇，并融进了自己丰富而强烈的情感因素。例如当我们用鄙夷的目光射向那些欺上瞒下的奸佞之徒，描绘其丑恶嘴脸时，一些贬义的习用语会联翩而至，例如：“吹喇叭”“抬轿子”“拍马屁”“捧臭脚”“灌米汤”“戴高帽”“穿小鞋”“揪辫子”“打闷棍”“打棍子”“扣帽子”，等等。

第三节　词语骈偶化

汉民俗崇尚对称和谐，喜欢成双配对，在建筑格局、家什摆设、工艺结构、礼俗仪式等方面，都乐于选取偶骊对称、两两相对的形式。天安门前的华表、宫殿庙宇的格局、大门口的石狮子、陵墓甬道站立的石头翁仲、老式家居厅堂条案上的摆设等，都是崇尚对称和谐的典型例证。这种民俗心理在汉语词汇中当然也有典型的反映。汉语词汇就经历了从单音词向双音词过渡演变的历史过程。另外，几乎每一个汉语四字格成语的形成定型，也都经历了把原始词语进行或缩略或扩展，使之成为四字格的过程。例如：

虽鞭之长，不及马腹→鞭长莫及

仁者见仁，智者见智→见仁见智

世尊拈花,迦叶微笑→拈花微笑

亲厚者所痛,见仇者所快→亲痛仇快

我们在日常说话遣词造句时,习惯性地喜欢采用骈偶的词语,例如:

人高—马大	兵多—将广	东张—西望
张家长—李家短	走东家—串西家	上刀山—下火海
神不知—鬼不觉	不显山—不露水	人挪活—树挪死
前怕狼—后怕虎	千不该—万不该	鸡一嘴—鸭一嘴
早也盼—晚也盼	哭不得—笑不得	天不怕—地不怕
吃一堑—长一智	上天无路—入地无门	比上不足—比下有余

前不着村—后不着店　远日无冤—近日无愁

叫天天不应—叫地地不灵

在以对偶为美的民俗审美观念的影响下,人们说话写作乐于讲求骈偶。《文心雕龙·丽辞》云:"造化赋形,支体必双,神理为用,事不孤立。夫心生文辞,运裁百虑,高下相须,自然成对。唐虞之世,辞未极文,而皋陶赞云:'罪疑惟轻,功疑惟重。'益陈谟云:'满招损,谦受益。'岂营丽辞,率然对尔。"这就是说,汉民族自古以来就喜欢采用骈偶的语言形式表现思想感情。因而对偶格式的成语、俗语和谚语都为数不少。先说对偶格式的成语,例如表示并列关系的对偶式成语:

流水不腐,户枢不蠹	四体不勤,五谷不分
同声相应,同气相求	以眼还眼,以牙还牙
不塞不流,不止不行	十年树木,百年树人
日月经天,江河行地	无源之水,无本之木
取之不尽,用之不竭	言者无罪,闻者足戒
千部一腔,千人一面	为渊驱鱼,为丛驱雀

另外,还有表示转折关系的对偶式固定语,例如:

成事不足,败事有余	落花有意,流水无情
道高一尺,魔高一丈	树高千丈,落叶归根
兼听则明,偏听则暗	江山易改,秉性难移
旁观者清,当事者迷	以其昏昏,使人昭昭

金玉其外，败絮其中　　人为刀俎，我为鱼肉

窃钩者诛，窃国者侯　　下笔千言，离题万里

对偶式的俗语和对偶式的谚语，也数量很多，例如：

刀子嘴，豆腐心　　　　眼中钉，肉中刺

旗开得胜，马到成功　　男大当婚，女大当嫁

旧的不去，新的不来　　兵来将挡，水来土屯

靠山吃山，靠水吃水　　逢山开路，遇水搭桥

眼见为实，耳听为虚　　打人别打脸，骂人莫揭短

先下手为强，后下手遭殃　　由俭入奢易，由奢入俭难

若要人不知，除非己莫为　　不受苦中苦，难得甜上甜

种牡丹得花，种蒺藜得刺　　人往高处走，水往低处流

路遥知马力，日久见人心　　少壮不努力，老大徒伤悲

病来如山倒，病去如抽丝

天有不测风云，人有旦夕祸福

宁吃鲜桃一口，不吃烂杏半筐

良言一句三春暖，恶语伤人六月寒

车到山前必有路，船到桥头自然直

害人之心不可有，防人之心不可无

对偶的运用使俗语的句式整齐，对照鲜明，意义深刻。总之，在日常生活中，比如在我们阅读报刊、收听广播、欣赏影视、翻阅广告或说话写作时，都可以感受到对偶词语的存在。

第四节　词语象征义

汉语一些词语，因文化传统和民俗文化心理引发的联想而产生了象征意义。比如：

喜鹊→喜讯　乌鸦→不吉利　猪→肮脏、愚蠢、笨拙　桃花→美女

狐狸→狡黠、妖媚　莲花→洁净　清风→廉洁　菊花→高洁等。

在中国人眼里，“松树”长生不老，具有坚贞的品格，而俄语的“松树”则

没有这种伴随的寓意。俄语的“桦树”可以象征“故土”和“祖国”，比喻俄罗斯少女的苗条和美丽，可是对中国人来说，桦树只是普普通通的树，没有其他寓意。在中国人看来，猎头鹰是一种不祥之鸟，可是俄罗斯人对猫头鹰的看法则截然不同，认为它是智慧的象征。中国人最尊崇最喜爱的动物——龙、凤、麒麟，恰恰是生物界从来就没有过的源于想象的产物。中国人对“龙”的尊崇到了无以复加的程度，被看作是华夏祖先，是吉祥、威武、神圣、飘逸的象征。可是西方人却普遍把龙(dragon)看成长着翅膀会喷火的妖魔。

在汉民俗中，“长寿”是人们十分重视的，譬如流传最广的吉祥语中“福寿双全”“福禄寿三星高照”“福禄寿财喜”等都无一不包含着“长寿”。中国人除了用“高寿”“永年”“长命百岁”“长生不老”“延年益寿”“千秋万岁”“健康长寿”“人寿年丰”“万寿无疆”等词语表达祝愿之外，还喜欢用带有民俗文化象征义的词语来表示“长寿”的语义。例如庆吉祝寿的楹联“福如东海长流水，寿比南山不老松”和挂在中堂的“松鹤延年图”都是人们熟知的。其中巍峨坚固的“南山”和生命力顽强的“松”，都是“长寿”的象征。

除了“松”之外，“桃”“椿”“菊花”“茱萸”“寿木”等植物，也都是“长寿”的象征。把“桃”和“长寿”连在一起，源于西王母的瑶池蟠桃寿筵，还有麻姑献寿的神话。因为吃了西王母的蟠桃就可以长生不老，所以中国民俗以桃献寿，称为“寿桃”。如祝寿时没有鲜桃，民俗则以面桃代替。《庄子·逍遥游》说：“上古有大椿者，以八千岁为春，八千岁为秋。”因而人们就用“椿年”“椿龄”“椿岁”为祝福长寿之词。例如民间贺寿春联有“椿树千寻碧，蟠桃几度红”。屈原的《离骚》有“夕餐秋菊之落英”的句子，因为古代民俗认为常吃菊花可以长寿。菊花在古代被称为“寿客”，民俗称之为“长寿花”。中国人夏天喝菊花茶，秋天饮菊花酒，都是取延年益寿之意。“茱萸”这种野生植物之所以名扬四海，是因为它和九九重阳紧密地联系在一起。古时民俗每逢重阳佳节，挚友亲朋三五成群，佩戴茱萸，登高饮菊酒，赏菊花。佩戴茱萸是为了驱邪益寿。近年，重阳节被命名为“老年节”，菊花与茱萸所蕴含的“长寿”象征义就更为明显了。

含有“长寿”象征义的还有“龟”“鹤”等动物。“龟”是寿命很长的一种动物，民俗有“千年王八万年龟”的说法。三国曹操有名诗《龟虽寿》；晋代郭璞的《游仙诗》也有“借问蜉蝣辈，宁知龟鹤年”的诗句。李善在《文选》为这句诗作注曰：“龟鹤寿有千百之数，性寿之物也。”在表达长寿之意时，可用“龟年”“龟龄”“龟寿”等词语。鹤能生活数十年，是一种比较长寿的鸟类，再加上它翩翩云汉、远翥高翔的飞行特征，以及道教故事的影响，诸如“仙人驾鹤飞行”“成仙的人可以化为鹤”“仙鹤也可以化为人”等民俗传说便广为流传。“鹤仙”“鹤龄”“鹤寿”“鹤算”等词语已成为“长寿”的别称。表长寿的象征性词语还可以排列组合成平列式的词语，例如：

“松”＋“鹤”——松鹤延年、松鹤遐龄、松鹤同长

“龟”＋“鹤”——龟年鹤寿、龟龄鹤算、龟鹤遐龄、龟鹤延年

“松”＋“椿”——寿比松椿、松椿长寿

“彭祖”“松乔”等传说中的人物，也是长寿的代名词。传说彭祖活到800岁，是中国古代令人艳羡的老寿星。“松乔”是传说中的仙人赤松子和王子乔的合称。因二人修炼成仙，寿命遐长，所以可代指“长寿”，如“松乔之寿”“松乔遐龄”“寿同松乔”，等等。

我们所说的词语的民俗文化象征义，有两个特点，一是用生动具体、可以感知的事物象征抽象的意义；二是用客观事物象征主观心理和情绪。例如上文所说的以“松椿”“龟鹤”象征长寿，另以“松菊”“红梅”象征高洁，以“美人香草”象征理想，等等。一些词语由于古今人们反复使用，已经有了公认的固定的民俗文化象征义，如：

东篱——象征远离尘俗，高洁的品格。

蓬山——象征令人神往的仙境。

新亭——象征忧国伤时的悲愤之情。

桃源——象征脱离尘世的虚幻理想。

南浦、长亭、灞桥、阳关——象征送别。

莼鲈——象征思乡之情。

长门——象征遭冷遇嫔妃的不尽愁怨。

青楼——象征舞榭歌台寻欢作乐的生活。

杜鹃——象征深切的悲哀。

青鸟——象征爱情的使者。

鱼雁——象征远方来信等。

豆蔻——象征青春年华。

红豆——象征纯真的爱情等。

吴钩——象征杀敌报国的豪迈志向。

秋扇——象征被遗弃妇女的悲愁。

萤雪——象征刻苦读书的经历。

当代著名诗人艾青说:“象征是事物影射,是事物相互间的借喻,是真理的暗示与譬比。”词语的民俗文化象征义是深深植根于民族的传统文化中的,尽管它引而不发,却蕴含着极大的诱发力。有一定文化修养和人生阅历的人,当看到某一个特殊的词语时,就犹如条件反射般地展开由此及彼的联想,几乎毫不费力地可以把握隐藏在表层义之内的深层象征义。譬如屈原笔下的“丹橘”,陶潜笔下的“采菊”,李白笔下的“大鹏”,杜甫笔下的“骏马”,白居易笔下的“宝剑”,李商隐笔下的“鸣蝉”,陆游笔下的“驿梅”,郭沫若笔下的“雷电”,茅盾笔下的“白杨”,陶铸笔下的“松树”,巴金笔下的“灯光”,等等。这些带有强烈的个人色彩的象征词语,因得到广大读者的普遍理解和使用,它们基本上已经转化为公认的象征义了。

第五节 词语夸饰感

汉语民俗在描摹或评价人物或事物时,为了抒发强烈的情感,或者进行刻意的强调,往往喜欢使用夸饰的手段来达到其特定的修辞效果。例如以下描写性的成语:

一日千里(极言进展神速)

柔肠寸断(极言伤心)

一泻千里(极言直线下降,势头很猛)

七窍生烟(极言气愤)

一目十行(极言看书看得快)

体无完肤(极言周身布满创伤)

一手遮天(极言仗势独裁,霸道无忌)

炙手可热(极言权势极盛,气焰炽烈)

一身是胆(极言胆量大)

翻江倒海(极言声势浩大)

垂涎三尺(极言非常贪婪的样子)

撼地摇天(极言力量壮大)

怒发冲冠(极言愤怒到了顶点)

擢发难数(极言难以数清某人的罪行)

气吞山河(极言气魄很大)

擢发抽肠(极言自引罪责,表示悔恨)

气冲斗牛(极言气魄很大)

目眦尽裂(极言气愤到了极点)

响遏行云(极言声音高亢响亮)

目不交睫(极言长夜不眠)

天花乱坠(极言假话说得极其动听)

万箭攒心(极言内心痛苦)

穿云裂石(极言声音高亢嘹亮)

汗牛充栋(极言藏书多)

流血漂卤(极言战争中死人很多)

扪参历井(极言道路高峻险阻)

众口铄金(极言舆论力量大)

敲骨吸髓(极言残酷的压榨盘剥)

日诵五车(极言每天看书很多)

这些成语都带有夸张的色彩,只是夸张手法潜伏在成语的既定意义之中,常常被人习焉不察罢了。运用夸张修辞的谚语也不少见,例如:

浑身是嘴也说不清(极言难以自我辩解)

一锥子扎不出血来(极言反应迟钝笨拙)

三人一条心,黄土变成金(极言团结一致的收效)

笑一笑,十年少;愁一愁,白了头(极言乐观使人年轻,愁苦令人衰老)

这些夸张的言辞强调了或褒或贬的意义内涵,给人留下深刻的印象。

第六节　词语韵律美

许多四字格固定语读起来，抑扬顿挫，朗朗上口，具有语音上的美感。从语音修辞上分析是平仄相调之使然，如：

(1)平平仄仄式 例如：

风调雨顺　深谋远虑　神出鬼没　千丝万缕　文从字顺
轻而易举　离乡背井　杀鸡取卵　如雷贯耳　石沉大海
急风暴雨　蒸蒸日上　泥牛入海　行尸走肉

(2)仄仄平平式 例如：

火树银花　顺手牵羊　吐故纳新　藕断丝连　口是心非
病入膏肓　鹬蚌相争　水火无情　似是而非　博古通今
万紫千红　耀武扬威　卷土重来　放浪形骸

(3)平仄平仄式 例如：

惟妙惟肖　汹涌澎湃　不见经传　门户之见　秦晋之好
孤注一掷　重见天日　兵贵神速　肝胆相照　亲痛仇快
肝脑涂地　隔岸观火　积毁销骨　临渴掘井

(4)仄平仄平式 例如：

蔚为大观　闭门造车　驾轻就熟　眼高手低　步人后尘
聚精会神　品头论足　滚瓜烂熟　眼高手低　改弦易辙
举一反三　叶公好龙　玉石俱焚　嗤之以鼻

另外，有一些成语通过音素的结合而形成声韵的复沓，如：

(1)双声式 例如：

踌躇满志　利令智昏　参差不齐　淋漓尽致　高歌猛进
秣马厉兵　生灵涂炭　斑驳陆离　雄心壮志　牛鬼蛇神
感恩戴德　八面玲珑　逆来顺受　琳琅满目

(2)叠韵式 例如：

蹉跎岁月　风声鹤唳　鹏程万里　触目惊心　延年益寿
虚无飘渺　含辛茹苦　欢天喜地　户枢不蠹　惨淡经营

销声匿迹　道貌岸然　孤苦伶仃　冠冕堂皇

(3)重言式 例如：

栩栩如生　娓娓动听　喋喋不休　靡靡之音　跃跃欲试

丝丝入扣　津津乐道　众目睽睽　忧心忡忡　衣冠楚楚

大名鼎鼎　小心翼翼　信誓旦旦　不过尔尔　轰轰烈烈

卿卿我我　唯唯诺诺　熙熙攘攘　兢兢业业　期期艾艾

另外，句末押韵的俗语和谚语也很多见，例如：

嘴上没毛，办事不牢

当断不断，反受其乱

上有天堂，下有苏杭

小洞不补，大洞吃苦

一物降一物，卤水点豆腐

生土变熟土，一亩变两亩

庄稼一枝花，全靠肥当家

种田不上粪，等于瞎胡混

刀不磨就生锈，水不流要发臭

要想人前显贵，就得人后受罪

衙门口朝南开，有理没钱别进来

早穿皮袄午穿纱，怀抱火炉吃西瓜

天上下雨地下滑，自己跌倒自己爬

天上下雨地下流，小两口儿打架不记仇

这些俗语或谚语读来顺口，易读易记，便于人们传诵。

在这里，引用外国学者的两段话——英国学者默帕尔说："开始时我们认为语言只不过是由人类的喉头发出的声音组成的系统，现在证明语言是打开人们心灵深处奥秘的钥匙。它是人们表达思想的至高无上的工具，是维系民族的纽带，是历史的宝库。"一位外国汉学家说："汉语的语法没有斯拉夫族语言那么复杂，但是在另一方面，汉语的词汇，因为它是汉语和汉族文学三千年来发展的产物，具有一个几乎是取之不尽用之不竭的表现方式的宝库，可以描绘任何最细致的感情色彩。……"在汉语语汇的宝库中，确实有无数光华璀璨的珍宝，等待着我们去寻觅、探研和开发。

第七节　比喻型成语的修辞阐释

所谓比喻型成语，就是以比喻的方式构成的成语。按照修辞学理论关于比喻类型的结构特点，我们把比喻型成语分为明喻类、暗喻类和借喻类三大类别，并从修辞角度对其进行研究阐发。

一、明喻类成语

明喻类成语的结构特点是比喻的本体、喻体与喻词这三要素都在字面上出现，本体与喻体之间用“如、若、同、似”一类喻词连接，这类成语又可分为以下两小类：

（1）AB如C式。例如：

骨瘦如柴　囊空如洗　忧心如焚　门庭若市　巧舌如簧　守口如瓶
虚怀若谷　趋之若鹜　归心似箭　从谏如流　用兵如神　目光如豆

（2）A如BC式。例如：

口若悬河　势如破竹　心如刀绞　味同嚼蜡　安如泰山　情同手足
固若金汤　噤若寒蝉　坚如磐石　呆若木鸡　杳如黄鹤　冷若冰霜
浩如烟海　危如累卵　易如反掌

以上两小类是典型的明喻类成语，其比喻的本体在成语中出现，直陈其事，多具有描写性，虽用比喻手法构成，但整个成语一般没有比喻义。

再请看以下两小类成语，与前者相异之处是比喻的本体不出现，但因其喻词和喻体在字面上明确的昭示出比喻性，所以把它们也列入明喻类成语中。

（3）如ABC式

喻体呈现出一幅形象化的图景，例如：

如汤沃雪　如虎添翼　如狼牧羊　如影随形　如数家珍　如弃敝屣
如鸟兽散　如坐针毡　如运诸掌　如雷灌耳　如鱼得水　如临深渊
如蝇附膻　如拾草芥　如履平地　如蚕作茧　如坠云雾　如火燎原

如获至宝　如临大敌　如梦初醒　如牛负重　如丧考妣　如释重负
如数家珍　如水赴壑　如蚁负山　如蚁慕膻　如坐春风

(4)如A如B式

两个喻体是一组近义词,例如;

如火如荼　如花似玉　如花似锦　如胶似漆　如狼似虎　如切如磋
如饥似渴　如埙如篪　如醉如痴　如泣如诉　如履如临　如鱼似水

以上两小类成语都省略了本体,但却突出了喻体的属性,比喻色彩很浓。

二、暗喻类成语

暗喻类成语的结构特点是本体和喻体都在字面上显示,但喻词却不出现,因此容易使人忽略了它的比喻性。暗喻类成语又可分为以下五小类:

(1)AB(如)CD式

本体在前,喻体在后,两者之间起关联作用的喻词却被省略。如"生灵涂炭"是说"人民如陷于泥沼,堕于火坑,痛苦万分,形容百姓处于极端困苦的境地"。属于此类的,再如:

人老珠黄　民怨沸腾　功薄蝉翼　事轻葭莩　志怀霜雪　大步流星
欢声雷动　事危累卵　富贵浮云　声名鹊起　字字珠玑　双瞳剪水

也有少数成语喻体位于前面,本体却移至后面的,例如:

露水夫妻　龙马精神　风烛残年　霁月襟怀　蜂拥而上　针锋相对

这类成语虽含有比喻成分,但从整个成语上分析,还是描写性的,不具有比喻义。

(2)A(如)B,C(如)D式

这类成语由四个单音节名词组成。第一,三字分别为本体。第二,四字分别为喻体,如"米珠薪桂:米像珍珠,柴像桂木,形容物价昂贵,生活困难"。又如"车水马龙:车辆像流水,马队犹游龙,形容车马往来繁忙热闹的场面"。属于此类的,再如:

心猿意马　口蜜腹剑　枪林弹雨　人山人海　衣鹑马狗　义山恩海
风刀霜剑　河带山砺　唇枪舌剑　名缰利锁　刀山火海

(3)(如)A(之)B,(如)C(之)D式

这类成语第一字和第三字是比喻的喻体,处在定语的位置,第二字和第四字是本体,处于中心词的位置,形成并列的两个修饰结构。例如“金城汤池:像钢铁铸造的城,像灌入开水的护城河,形容城池坚固。”又如“鹤发鸡皮:头发像白鹤羽毛那样苍白,脸上的皮肤像鸡皮那样起皱纹和疙瘩,形容老年人头发变白,脸上布满皱纹。”属于此类的,再如:

鸠形鹄面 龙眉凤目 月貌花容 丝恩发怨 燕颔虎颈 杏脸桃腮

冰肌玉骨 蕙心兰质 金相玉质 钢筋铁骨 燕侣莺俦 龙章凤姿

(4)(如)AB之C式

这类成语前半部分是比喻的喻体,处在定语的位置,最后一个字是本体,二者用结构助词“之”来连接。如“霄壤之别:像天和地那样,形容两个事物差别极大。”又如“屠龙之技:如同具有宰杀蛟龙的技能,形容造诣虽高,但不切实用。”属于此类的,再如:

鸿鹄之志 鼎足之势 覆盆之冤 黔驴之技 雕虫之技

井蛙之见 池鱼之殃 斗筲之材 乌合之众 涓埃之微

吹灰之力 燃眉之急 灭顶之灾 手足之情 投鼠之忌

弹丸之地 瓜葛之亲 舐犊之爱 切肤之痛 犬马之劳

(5)(如)A(那样)B,(如)C(那样)D式

这类成语第一、三字为喻体,处于状语位置,分别修饰第二、四字。根据中心词(即第二字与第四字)词性的不同,又可分为两类:

一是中心词是动词的。例如“星罗棋布:像群星在夜空罗列,像棋子在棋盘上分布,形容事物数量很多,分布很广。”又如“虎踞龙盘:像老虎那样踞坐,像蛟龙那样盘曲,形容地势雄壮险要。”属于此类的,再如:

灰飞烟灭 蚕食鲸吞 风驰电掣 云集响应 龙飞凤舞 蜗行牛步

云合雾集 狼吞虎咽 翠绕珠围 香消玉殒 鳞次栉比 凫趋雀跃

二是中心词是形容词的。例如“云谲波诡:像云彩和波浪一样怪异变化无常,形容事态变化莫测。”属于此类的,再如:

天高日远 冰清玉洁 水深火热 珠圆玉润 羊狠狼贪

以上五类都属于暗喻类成语。这种类型的成语都不同程度地含有比

喻成分，但其总体意义是侧重于对事物性状的描写，多数成语的整体内容不是比喻义的。对这类成语进行解释的释文，其提示语应用“形容”而不应用“比喻”。

三、借喻类成语

这种类型的成语数量很多，其特点是字面上只出现喻体，而本体和喻词都不出现。例如“鸡飞蛋打”，字面意义是“鸡飞走了，蛋打破了”，但这不过是喻体，而这个成语的深层义“两头落空，一无所得”，才是成语的本义，也就是这个比喻的本体。再如“鹤立鸡群”，以“鸡群中耸立着高高的鹤”的喻体，显示“某人的仪表或才干在众人中显得很突出”这个本体。借喻成语的特点是言在表而意在里，它往往透过字面的表层义启发人们去领悟其内在的深层义。它又可分为以下七小类。

（一）并列式

这种形式的成语由结构相同、意义相近的两部分并列组成，可理解为“（如）AB，（似）CD”的形式。可分为“偏正／偏正”“动宾／动宾”“主谓／主谓”三种形式。

（1）“偏正／偏正”式。例如：

和风细雨　泰山北斗　釜鱼幕燕　金枝玉叶　孤云野鹤

凤毛麟角　枯木朽株　行云流水　浪蝶狂蜂　污泥浊水

夏炉冬扇　水月镜花　泥塑木雕　蛛丝马迹　洪水猛兽

（2）“动宾／动宾”式。例如：

煮鹤焚琴　握蛇骑虎　披荆斩棘　更弦易辙　祸枣灾梨

降龙伏虎　藏污纳垢　拈花惹草　犁庭扫穴　偃旗息鼓

拖泥带水　决痈溃疽　烹犬藏弓　怀瑾握瑜　附骥攀龙

（3）“主谓／主谓”式。例如：

剑拔弩张　根深蒂固　桃羞杏让　瓶坠簪折　河清海晏

菊老荷枯　兔走乌飞　巢倾卵覆　辙乱旗靡　蛙鸣蝉噪

莺翔凤翥　鸿稀鳞绝　兔起鹘落　驴鸣犬吠　柳暗花明

（二）陈说式

前面部分是陈说的对象，相当于主语；后面部分是对前面部分的陈说，和谓语相当。例如：

黄钟毁弃　万马齐喑　笨鸟先飞　鱼龙混杂　老蚌生珠

金蝉脱壳　众星捧月　萍水相逢　蜻蜓点水　飞蛾扑火

死灰复燃　牝鸡司晨　细水长流　鸾凤和鸣　石沉大海

（三）偏正式

修饰部分在前，被修饰的中心词语在后。又可分为“定语+中心词”和“状语+中心词”两小类。

（1）“定语+中心词”，例如：

雨后春笋　近水楼台　绣花枕头　掌上明珠　满城风雨

晴天霹雳　口中蚤虱　冢中枯骨　害群之马　瓮中之鳖

丧家之犬　一丘之貉　象牙之塔　一盘散沙　涸辙之鲋

（2）“状语+中心词”，例如：

雪中送炭　隔岸观火　隔靴搔痒　以珠弹雀　抱头鼠窜

朽索驭马　锦上添花　以莛撞钟　以汤沃雪　悬崖勒马

以管窥天　顺手牵羊　囫囵吞枣　以毒攻毒　以卵击石

（四）支配式

动词在前，受动词支配的对象在后，例如：

另起炉灶　重蹈覆辙　平步青云　力挽狂澜　倒持泰阿

独树一帜　饱经风霜　小试锋芒　别具只眼　大煞风景

拾人牙慧　明察秋毫　另辟蹊径　平分秋色　初出茅庐

（五）承接式

前后两个动词所表示的动作行为一先一后，是连续发生的，例如：

开门揖盗　画蛇添足　过河拆桥　得陇望蜀　卸磨杀驴

开门见山　谈虎色变　探囊取物　下马看花

（六）兼语式

处在四字格成语第二字位置上的名词，既是前面动词的动作对象，又是后面动词的动作主体，例如：

使蚊负山　率兽食人　引狼入室　指鹿为马　咳唾成珠　刻鹄类鹜
点铁成金　放虎归山　引火烧身　请君入瓮　磨杵成针

（七）缩合式

前后两部分犹如二重复句的两个分句进行了浓缩，呈现出因果、目的、对比、转折等关系。

（1）因果关系的缩合，例如：

曲高和寡　打草惊蛇　鸟尽弓藏　芝焚蕙叹　水清无鱼　水滴石穿
兔死狐悲　唇亡齿寒　水涨船高　立竿见影　纲举目张　蠹众木折

（2）目的关系的缩合，例如：

守株待兔　画饼充饥　望梅止渴　扬汤止沸　摇尾乞怜　剪枝竭流
削足适履　剜肉补疮　吹毛求疵　洗垢索瘢　掘室求鼠　越俎代庖

（3）对比关系的缩合，例如：

沧海一粟　一发千钧　泰山毫芒　杯水车薪　蛇心佛口　沧海桑田
口蜜腹剑　九牛一毛　太仓一粟　加膝坠渊　绠短汲深　咫尺天涯

（4）转折关系的缩合，例如：

藕断丝连　投鼠忌器　膝痒搔背　买椟还珠　朝秦暮楚　被褐怀玉

借喻类成语从字面上和结构上虽看不出其比喻性，但它确实是典型的以比喻义表情达意的成语。这类成语的意义上具有双层性：表层字面义往往是带有夸张性的事物现象，是比喻的喻体，而它所要表示的真实意义（即潜藏在深层的比喻本体），则是字面意义实质性的升华。借喻类成语字面意义往往是夸张性的，尤其是来源于古代“寓言”或历史“掌故”的成语，甚至带有荒诞的意味（像“握蛇骑虎”“煮鹤焚琴”“削足适履”“掩耳盗铃”“掘室求鼠”等，在正常人的实际生活中是根本不可能发生的），但这个字面义却是基础，其深层的比喻义均凭借这个基础产生和存在。借喻类成语，不仅数量多，而且其含义的深婉及手法的奇妙都在汉语成语中占有特殊的地位，它有以下特点：

（1）其深层义隐曲婉转，在字面义形象的体现和生动的烘托下，显得十分具体，别致有趣。有些成语本身就是一则寓言，一条掌故，一个故事，闪烁着睿智与哲理的光辉，因而人们乐于接受并使用。

（2）具有浓郁的修辞色彩和鲜明的感情色彩。如上文借喻类成语引例

180个，其中贬义100个，褒义40个，二者占总数的77%。

(3)借喻类成语的本义就是比喻义，对这类成语进行解释的释文，其提示语都应用“比喻”而不应用“形容”。这是它与明喻、暗喻类成语迥然不同之处。

第八节 “虎”字成语的文化阐释

虎乃百兽之王，汉语修辞常以“虎”为喻，据其特性，可喻威猛，或喻凶残，更可喻惊险。诗文常以其寓褒贬、辨善恶，美刺双宜，褒贬两用。“虎”字成语，褒义、贬义、中性皆有之。

褒义成语，如：猛虎插翅、如虎添翼、虎头虎脑、虎背熊腰、虎啸风生、虎头燕颔、鹰扬虎视、将门虎子、酒虎诗龙等。褒义的约占总数40%，多取虎之威猛义。

贬义成语，如：画虎类犬、鸱目虎吻、放虎归山、养虎遗患、虎头蛇尾、狐假虎威、虎视眈眈、饥鹰饿虎、九牛二虎、开柙出虎、骑虎难下、投畀豺虎、为虎作伥、畏敌如虎、与虎谋皮、坐山观虎斗、纵虎归山、豺虎肆虐、垂饵虎口、谈虎色变、握蛇骑虎、虎兕出柙、鲸吞虎噬、苛政猛于虎等。贬义者约占总数五成以上，多取虎之凶残义。

中性成语：虎落平川、狼吞虎咽、饿虎扑食、二虎相斗等。中性者只占总数一成，多为客观描述。

“虎”与“龙”结合的成语大多表褒义，如：虎斗龙争、龙腾虎跃、盘龙卧虎、藏龙卧虎、龙行虎步、风虎云龙、降龙伏虎、虎踞龙盘、虎穴龙潭、龙骧虎视、龙吟虎啸、龙跳虎卧、生龙活虎、虎略龙韬、龙驰虎骤、龙幡虎纛、龙江虎浪、龙精虎猛、龙蟠虎绕等。

“虎”与“狼”结合的成语几乎都表贬义，例如：豺狼虎豹、如狼似虎、拒虎进狼、官虎吏狼、狼贪虎视、虎穴狼巢、狼餐虎噬、狼顾虎视、狼前虎后、前怕狼后怕虎等。

“虎”与“羊”结合的成语完全表示贬义，例如：羊入虎群、虎入羊群、驱羊攻虎等。

如何解释这种既复杂又有趣的现象呢？须从文化语言学的角度进行开掘和阐释。自古及今，中国民俗形成一种传统文化底蕴，决定了虎文化内容的丰富性和审美的多元化。其中包含着审美情趣和价值观念，典型地反映了我们的民族心理。

第一，老虎是极具灵性的生命体，它繁衍生息在有山有水的自然环境中，由食草动物如山羊、鹿等作为其食物形成生命链。为了生存，虎必须与生俱来就具备顽强、勇猛、凶恶的王者雄风。中国民俗认为虎能驱鬼避邪，所以古时门神除“神荼”“郁垒”之外还有老虎，用它镇宅驱凶。——这种观念产生于敬畏。因此，它和“龙”同享尊荣，但“龙”毕竟为传说的虚幻圣灵，可望而不可即，虚无缥缈，而“虎”却是现实之存在。

第二，老虎是大自然的杰作，它斑纹美丽，体型矫健，步态优雅，表情威严，具有一种昂然的生命力，就是虎虎生气。雄威慑千里，长啸镇百邪，虎是威严、雄伟、阳刚的化身，所以演化为吉祥的图腾。——这种观念出于审美。“龙”是帝王象征，沾上皇族的高贵，端坐庙堂之上享受奉祀，而“虎”却是山野之王，草根情怀，却“气吞万里”，因此，与欧美的雄鹰、非洲的雄狮、南亚的大象一样，老虎就是华夏理想主义的英雄图腾。

第三，老虎捕食的凶猛残暴，使人联想到苛政的肆虐和暴力的凶残。于是这种动物性使人将它与“豺狼”齐名为伍，“虎狼之国”“苛政猛于虎”“官虎吏狼”的谴责鞭笞之声也不绝于口。——这种观念出于对现实社会的批判。其实是借老虎说事，以刺世疾邪。人们对“虎”褒贬参半，爱恶皆存，对“狼”却清一色的贬斥，“狼”字成语无一含褒义，便是明证。

第四，“虎”字成语这种繁复的感情色彩和相反相成的审美心理，源自美学的“审美观照下的美丑二重性”和修辞学的“比喻二柄多边说”。钱钟书先生《管锥编》指出：“比喻之二柄”就是“同此事物，援为比喻，或以褒，或以贬，或示喜，或示恶，词气迥异”，就是说：同一个喻体可以具有褒贬好恶迥然不同的感情色彩。“喻之二柄”得以存在的基础是：相当多的自然物同时兼有美与丑两种相对立的审美素质。譬如同一只老虎，既可以视为美的对象来观赏称道，也可以作为丑的对象来看待鞭挞。“生龙活虎”“虎踞龙盘”“龙腾虎跃”等是褒扬性的比喻，而“吏狼官虎”“为虎作伥”“虎兕出柙”等却是贬斥性的比喻。我们称许“战士个个小老虎”，却也可讥讽某位悍妇是“母老虎”，都是“老虎”，却爱憎迥然。——这种观念或手法的理据就是“喻之二柄”。

从总体上看，汉语语汇中以“虎”命名者，皆指英雄或与之有关的事物，例如“虎士”，武士通称；“虎臣”，勇武之臣；“虎将”，勇猛善战的将领；“虎贲”，古代的勇士；“虎牙”，古代将军名号；“虎符”，将军指挥调兵的凭证；“虎威”，武将的威风。凡山川、寺庙、泉瀑、地名等以“虎”命名者颇多，如苏州虎丘、甘肃灵台虎山、山东东阿虎窟山、福建龙岩虎岭、甘肃成县虎崖、安徽黄山虎头岩、福建厦门虎溪岩、河南荥阳虎牢关、四川广化虎跳镇、福建霞浦虎池、江西庐山虎溪、广东东莞虎门、黑龙江虎林、杭州虎跑泉等，都是地势雄峻险要之处。以“虎”为此名者，皆为英雄之赞歌也。

扫码获取
☆配套音频
☆名家课程
☆读书笔记
☆交流社群

第十章　言语交际的得体性原则

本章主要内容：一、言语材料的规范。二、交际对象的沟通。三、文化背景的制约。四、交际语境的适切。

言语交际语言学是研究人类如何运用语言进行交际活动的一门应用语言学科，包括社交学、演讲学、辩论学、说服学、谈判学、推销学、广告学、回答学、语境学等，又可从口语与书面语两方面研究言语病的防治。言语交际语言学的最高原则，就是得体地提高社会交际能力。

交际主体、语境和话语作为言语交际过程中的三大要素，存在于所有类型的言语交际活动中，而且足以覆盖一个完整的言语交际过程。以这三大要素为支撑点，即或建立起一个较为完备的言语交际学学科体系。这不仅是因为它们在言语交际过程中的地位，更是因为迄今言语交际研究的成果，都可以它们为纲串联起来。大到言语交际的各种规则，小到话语意义的三个层次，都分别与这三大要素有关。

“书以载言，言以传意”。人们通过言语交际来表情传意，达到彼此沟通的目的。交际表达效果指的是说写者与听读者之间沟通的程度，或者说是说写者使听读者接受表达之意的准确和深入程度。为了提高表达效果，说写者要对言语进行加工、修饰和调整，就是进行修辞，而衡量修辞效果一个重要的标尺就是得体性原则。可以说：得体，是言语交际的最高境界。

言语交际的得体性，表现在以下几个方面：

第一节　言语材料的规范

在交际中言语材料的规范与变异的辩证统一是得体性的直接体现。本节重点谈言语材料的规范，它又包括：语音协调、词达意顺、语句通畅、简洁明了这四个内容：

一、语音协调

声音的搭配有其规则，符合这种规则的语言系列就读来上口，听着入耳，使人易于接受，反之读来拗口，听着别扭，使交际对象难以接受，汉语同音词的大量存在，有时还会造成言语交际的误解或歧解等负面效应。在言语交际时，遇到诸如“遇见”“预见”；“学历”“学力”；“期终”“期中”；“全部”“全不”等容易产生歧义的同音现象时，应设法避开，如把“遇见”改为“遇到”，“把“学力”改为“水平”，把“期终”改为“期末”，把“全部”改为“全都”等。另外应尽量避开在语音上容易使人误解的词语，如“家里安上了钢窗、铁门”，而不说“铁窗”“钢门”，因为前者借指监牢，后者的同音词欠雅。再如一位年轻的女干部说，“我从中学就开始晨练”“会务组让我今晚到车站接人”，而不说“早练”“接客”，因为前者读音与“早恋”相同，后者的词义更涉丑恶。电视广告“戴XX牌高级领带，使您的仪容更美!”听众听到yirong，便想到“遗容”，改为“仪表风度”才为得体。再如“老一辈人倍儿走背字儿”；“我对树和和何大有有意见”；“你也真是，给老四四块四不就完事了”；“坐你的的就是为了追前面的面的”等。这类读音不和谐的句子，说起来诘屈聱牙，听起来十分别扭，都是不得体的。

二、词达意顺

词语运用失误也是造成交际负面效果的原因之一。如沙叶新的小说《告状》，写一个叫杨鲁的孩子，告他父亲杨庆的状。他向父亲所在单位的党委书记指控说：父亲不让儿子“游戏人间”，每天“画地为牢”，要儿子“咬文嚼字”，稍不满意，还要“入室操戈”。他声称父亲打他总是“重于泰山”，不像母亲打他“轻如鸿毛”。他指责父亲把他打得“犬牙交错”“抱头鼠窜”“屁滚尿流”，并表示“庆父不死，鲁难不已”。这个孩子并不理解汉语成语的深层意，只用成语的字面意去进行表达，于是就出现了一连串令人啼笑皆非的错误。再如一家公司在为一个职员发的“讣告”中最后一句话是“敬请光临”；一位干部在接受邀请时说："明晚我一定光临寒舍"；一位学子在赠给老师的书上写道，"××先师惠存"；某年轻人在社交场合屡次搬出父亲的大名作招牌，"我令尊是×××"等。由于谦辞与敬辞的误用，这些言语交际的效果都是很糟糕的。

三、语句通畅

据报载，一位厂长在大会上宣读文件。文件里有这样的话，"已经取得大专学历的和尚未取得大专学历的干部……"厂长坦然念道："已经取得大专学历的和尚／未取得大专学历的干部……"听众闻之大笑，厂长严肃地说："有什么可笑的？时代不同了，当和尚也要大专学历嘛！"于是又引起哄堂大笑。这位厂长断句有误并"巧"为之讳，确实可笑，但文件的起草者如把这句的连词"和"改为"以及"（或把"尚未"改为"没有"），这种笑话就可以避免了。南方某地方报纸有一则新闻《市长盖宽和女儿结婚不收礼》，外地读者读后愕然，他们不了解当地情况，误认为市长名叫"盖宽"。但如将该标题"和"后加上"的"字，就可以消除歧解了。以上两例都是句意产生歧义或歧解，导致了误会。

四、简洁明了

言语交际中，条理清晰，语言简洁，使人领悟透彻，而逻辑混乱，语言拖沓，则让人不知所云。鲁迅《祝福》中的祥林嫂和契诃夫《苦恼》中的老车夫姚纳的悲惨遭遇令人同情，他们不分对象和场合，再三重复自身悲惨的故事，一个逢人就说"我真傻，真的……"一个见人就道"我的儿子在这个星期死了……"但是周围的人对此都漠不关心。姑且不论世态炎凉的社会原因，仅从言语表达层面去衡量，造成这种尴尬与苦恼的原因，是这两个人物絮絮叨叨的病态言谈使听者感到厌烦。再如人们去商场闲逛时，常会遇到过分热情的营业员，他们喋喋不休的介绍，只能引起顾客的反感，甚至把顾客吓跑了。

第二节　交际对象的沟通

说话的得体性是很复杂的。社会上的人有民族、性别、地区、职业、年龄、经历、职务、文化程度等各种差异，交谈双方还有老幼尊卑、上下左右、亲疏远近等各种关系。加之不同的说话场合和气氛，说话要取得良好的效果，就要看对象、看身份、看场合，因为不同的交际对象、不同身份、不同场合对说话的具体要求不一样。

人有两种属性，一是群体的社会性，一是个体的独立性。作为生活在社会上的人，理所当然地受到传统文化的熏陶、不同社会制度的影响以及群体的约束；作为个体，每个人都有其与众不同的个性特征。这两种属性既有和谐的一面，也有排斥的一面。传统文化的影响、不同的社会制度、群体心理以及个性差异，都是造成不同的语言反应的重要因素。作为一名从业人员，要想把话说得体，就应该考虑到不同心理因素和社会因素，做到针对不同的客户说不同的话。

交际对象的沟通包括角色关系、语言距离、性别差异、言外之意等内容。

一、角色关系

所谓角色关系是由在特定交际情境中，言语交际的参与者的社会特征所确定的。一个人的说话应适合他所属的社会角色（包括文化、职业、职务、身份等），还要适切此时此地的交际情境。注意角色关系，是指说写者应该运用符合自己身份的话语，并且注意分清自己同交际对方的关系。《红楼梦》五十五回，写平儿和凤姐的一段对话：

平儿不等说完，便笑道，“你太把人看糊涂了！我才已经行在先了，这会子才嘱咐我！”凤姐儿笑道：“……这不是你又急了，满嘴里‘你’呀‘我’的起来了。”

“你”和“我”是平辈之间使用的人称代词，平儿作为侍妾却与主人王熙凤“你”“我”对称，违犯了尊卑之序，当然是不得体的，因而受到主子的批评。曹禺《日出》里的李石清在当上襄理的短暂过程中，曾得意忘形地与潘月亭

“你”我”相称，甚至直呼“月亭”其名，最终遭致对方刻薄的嘲讽。《世说新语·排调》载：

晋武帝问孙皓：“闻南人好作《尔汝歌》，颇能为否？”皓正饮酒，因举觞劝帝而言曰：“昔与汝为邻，今与汝为臣；上汝一杯酒，令汝万寿春！”帝悔之。

晋武帝司马炎让亡国之君孙皓在酒宴上作《尔汝歌》，本意是戏弄对方。不料孙皓借奉旨吟诗之际，连用四个“汝”字来回敬。“尔”“汝”这两个代词只用于称平辈、晚辈或地位低下者。司马炎此举不啻自讨没趣，所以他很后悔。这是司马炎和孙皓在角色关系上出现了暂时而微妙的逆悖，因而才发生了降王羞辱皇上的笑话。

角色关系，也体现在礼貌语言上。文明礼貌的言语是人际交往的通行证。从前，有个县官骑着高头大马带着随从进庄，走到一处交叉口不知该往哪里走，见到一位荷锄老翁过来，便盛气凌人地问：“喂，老头，往王庄朝哪条路上走？”那老翁不予理睬，只顾低头走自己的路。“喂！你站住！”县官大声喊叫，“老头子，难道你耳朵聋了吗？”老翁说：“我不聋，可我现在没功夫答话，我正急着去李庄看一件稀奇事儿呢？”“什么稀奇事儿？”“李庄有匹马下了一头牛，你说怪不怪？”“胡说！马怎么会下牛呢？”老翁马上接口说：“谁知那畜生它怎么就不下马呢？”一句话说得那位县太爷羞红了脸。可见，只有尊重别人，真正地平等相处，才会有感情的沟通与交流。

二、语言距离

言语交际双方存在的语言距离是由交际者在文化、性别、年龄、地位、关系、民俗等方面的差别形成的。说写者应尽量缩短语言距离，使对方易于接受。如唐太宗曾问大臣许敬宗：“朕观群臣，惟卿最善。有言卿之善者，有言卿之恶者，何也？”许敬宗回答说：“春雨如膏，农人喜其润泽，行人恶其泥泞；秋月如波，佳人喜其观赏，贼人恶其光辉。天犹不足，何况人乎？”太宗所提的问题，确实不好回答，如说：“有小人攻击诬陷，陛下千万别轻信谗言”，则浅鄙直露，殊不得体，如说：“木秀于林，风必摧之，行高于人，众必非之”，则骄矜自负，亦不得体。许敬宗的答话含蓄地将上述两种内容融汇进去，妙用比喻奏出弦外之音，一下子就缩短了双方的语言距离，使太宗颔首称是。再如《新五代史·伶官传》有一段精彩的文字：

庄宗好畋猎，猎于中牟。中牟县令当马立谏，为民请。庄宗怒，叱令去，将杀之。伶人敬新磨知其不可，乃率诸伶走追县令，擒至马前。责之曰："汝为县令，独不知吾天子好猎邪？奈何纵民稼穑以供税赋！何不饥汝县民而空此地，以备吾天子之驰骋？汝罪当死！"因前请亟行刑，诸伶共唱和之。庄宗大笑，县令乃得免去。

伶人敬新磨采用"反讽"这种特殊的劝谏方式，来缩短皇上与谏臣的语言距离：表面气势汹汹地历数县令的"罪状"，实质是批评庄宗扰民拒谏的错误；表面义正辞严地请求庄宗立斩县令，实质是为县令评功摆好。这种主文谲谏的表达效果远远胜过了以生命为代价的抗颜死谏，很值得我们深思。

三、性别差异

先请看两则材料：

(1)有卖木器者，有事出门，着妇守店。一人来买床，因价少色潮，争至良久，勉强卖与，次日又来买凳，妇人急怒曰："你昨日在床上，已经占了我的便宜，今日又想在凳上来占我的便宜。"(石成金《笑得好》)

(2)刘鬃二子，俱登进士。……次媳入京，公适卧疾，呼之床前，而以手拍枕曰："老年头畏风，速买一帕寄会。"明日登程，诸亲毕会，忽又呼媳曰："勿忘昨夜枕上之嘱。"众大骇然。问其故，乃抚掌。(冯梦龙《雅谑》)

以上二例都是因词语的多义性而造成听者的误解，因为对话的双方是异性，所以旁听者把"占便宜"理解为"调戏"，把"昨夜枕上"理解为"昨夜同床共枕"是顺理成章的。如果上述两个故事中的交际双方是同一性别，那么这种歧义和误解也就不会产生了。因此，异性的言语交际双方，更应充分注意性别差异对言语表达可能产生的偏离和误解，并加以防范。

四、言外之意

"说者无心，听者有意"是说自己并不经心的话语有时却被对方误认为有言外之意，从而产生说写者始料未及的负面效果。《南史·殷孝祖等传》载：

刘谅"位中书宣城王记室，为湘东王所善。王尝游江滨，叹秋望之美。

谅对曰:‘今日可谓“帝子降于北渚”。’王有目疾,以为刺己。应曰:‘卿言“目眇眇以愁予”邪?’从此嫌之”。

作为文学侍从的刘谅,只顾触景生情地引用《楚辞》成句来恭维凑趣,却忘记了湘东王的眼睛有残疾,也忽略了《九歌·湘夫人》在“帝子降兮北渚”之后还有“目眇眇兮愁予”这么一句。王爷误认为刘谅是用歇后语拿自己的生理缺陷开玩笑。引诗失误是刘谅始料未及的,结果断送了自己的前程。

再请看钱钟书《围城》第三章写唐晓芙和方鸿渐的对话:

“可是,战败者常常得到旁人更大的同情——”唐小姐觉得这话会引起误会,红着脸——“我意思是说,表姐也许是赞助弱小民族的。”

这里的“战败者”自然是指情场败北者方鸿渐,而“旁人”指谁呢?如果从现场情境来看,应该是指唐晓芙本人,那么这话的言外之意应是“我很同情你”。意识到这一点,唐小姐不好意思,脸红了。但她马上进行更正,把“旁人”明确为“表姐”——苏文纨,来为自己刚说的话作一个转移目标的否定。这个例子说明:同样一句话可以产生不同的言外之意,不同的人对同一句的言外之意也是见仁见智的。因此,在言语交际中,说写者应慎重从事。

第三节 文化背景的制约

俗语说,一言可以兴邦,一言也可误国。还有“一人之辩,重于九鼎之宝,三寸之舌,强于百万之师”的说法。在古代,不乏凭借“三寸不烂之舌,两行伶俐之齿”治国安邦的事例。苏秦张仪,四处游说谈横论纵;唐雎不辱使命;墨翟止楚攻宋;触龙说赵太后;烛之武退秦师;孟子见梁惠王;邹忌讽齐王纳谏,等等。但是这些能言善辩之士所说的话,都要受到文化背景的制约。文化背景的制约又包括时代氛围、地域特色、习俗影响、文化差异等方面的内容。

一、时代氛围

得体性的标准受时代的制约,在某一个时代的言语行为是合理的,在另一个时代则是不合理的,甚至是荒唐可笑的。宋人周密在《齐东野语》卷一七云：

余负日茅檐，见山翁野媪扪身得虱，则置口中，意甚恶之。然应侯谓秦王曰："邯郸犹口中虱。"王莽校尉韩威曰："吞胡虏犹口中蚤虱。"陈思王著《论》亦云云。三人者，皆当时贵人，其言乃尔。

"口中蚤虱"这类比喻的理据，到了周密所处的时代已不合时宜了，至于魏晋名士以"扪虱"来形容放达任性的美德，在今人看来更不文明。如果我们在今天还用"扪虱""持螯"之类词语来表现知识分子的生活情趣，恐怕就不得体了。

孔乙己的"多乎哉，不多也"，二诸葛的"恩典恩典"，为什么成为笑柄，是因为这种语言与时代氛围的不协调。常宝华、常贵田的相声《昨天》，其喜剧效果是由相隔仅十年，新旧社会时代语言的巨大反差而构成的。再如电影《牧马人》中郭扁子给逃荒来的川妹子李秀芝找对象，把她带到许灵均的住处。在介绍情况时，郭说："什么都好，就是穷点，不过越穷越光荣嘛……""越穷越光荣"这句话引起观众的放声大笑，因为这句典型的极"左"理论，显示出"文革"的时代特征。

二、地域特色

言语交际还应考虑不同地域的文化背景。如中国人在交往中询问对方的恋爱婚姻状况是正常的，体现出一种热情关怀的心理。但西方人却认为恋爱婚姻纯属个人隐私，向别人询问是不礼貌的，尤其是向异性打听婚姻状况，更有关心过甚之嫌。另外，向西方人询问他的年龄、文化、工资、财产等私人问题，也很不得体，往往被对方视为无礼的提问。不同的民族或地区有不同的言语禁忌，如西方忌"十三"和忌"星期五"，广东忌"猪舌"，船家忌"翻"和"沉"。在我国港澳地区，探视病人不能送梅花和吊钟花，因为这两种花名与"倒霉""寿终"语音相谐。在上海一带，探视病人，不宜送苹果，因为"苹果"和"病故"读音相近。"师傅"这一社会称谓在多数地区都流行，但一位上海青年在承德旅游时间向一妇女问路，使用"师傅"这个称呼时，却遭到对方的斥责。原来，在承德地区，"师傅"专指出家人。

三、习俗影响

在言语交际中，语言与文化常融为一体。不同民族的人在交往时，一个民族独特的习俗文化因素（包括生活方式、行为准则、生活习惯、价值取向、社会规约、人际关系等）往往使对方不理解、不适应，严重的甚至会产生“文化休克”（culture shock）。在一次国际学术会议上，一位外国汉学家见到他所认识的中国学者，为了表示亲热，他握着中国同行的手说：“你这个老小子，怎么还没有死啊！”在场的中国人瞠目结舌，被问候者也十分尴尬。原来这位外国汉学家在词典上看到这句话的注解是“见到老朋友、老相识时表示亲热的话。”但他僵滞地仅就词典意义不分场合和对象的滥用，是闹笑话的原因。在山东省某大学进修汉语的俄罗斯学生库里科夫，看了电视连续剧《聊斋》后，向中国教师提出，要把自己的名字改为“狐狸科夫”，理由是《聊斋》里由狐狸变成的美女很善良可爱。老师听罢差点儿笑出声来，他告诉库里科夫，在中国人的心目中，狐狸是狡猾而善于迷惑人的，“狐狸精”“老狐狸”等是贬义的惯用语，以“狐狸”为名是不得体的。库里科夫听后还是将信将疑，仿佛为自己不能如愿改名而惋惜。

四、文化差异

旧时一个秀才上街买柴，秀才喊道：“荷薪者过来！”卖柴农夫听懂了“过来”两字，就走了过来。秀才问：“其价几何？”卖柴人听懂了一个“价”字，就回答说：“每担二十文。”秀才看了看柴，嫌贵，便摇头晃脑地说：“外充而内虚，烟多而焰少，请损之。”卖柴的农夫一个字也没听懂，瞪丁秀才一眼，挑起担子就走了。这次交际失败的原因，在于这位冬烘秀才不顾对象的文化差异，使用迂腐的文言，形成言语交际的障碍。

来中国学汉语的外国学生由于文化差异，对诸如“气管炎”“吃豆腐”“炒鱿鱼”“拍马屁”“敲竹杠”等富于汉民俗文化特征的词语的理解总是“雾里看花，终隔一层”。即使老师费很大的劲儿，帮助他们了解和掌握这些词语的深层意义，他们在言语交际的实践中仍常闹笑话。有一位外国留学生学汉语很用功，且颇有长进，中国教师在“士别三日”后，当众称赞他“汉语讲得很不错”，没想到这位留学生冒出一句：“老师，您不要给我拍马屁了！”使老师哭笑不得。从社会语言学的观点来看，在交际中犯“文化”错误比犯语法的错误更可笑，对言语交际产生的负面效果更严重。

第四节 交际语境的适切

言语交际是人们沟通思想、传递信息的重要方式。它实际上是在特定的语境中具体运用语言的过程。同时，由于自然语言具有多义性、模糊性的特点，因而更应该根据具体的语境来确定言语的意义。也即对言语的理解依赖于语境、语境制约着言语的选择和运用，二者密不可分。

交际的适切由语句衔接，交际情境、心理语境，语体风格等因素构成。

一、语句衔接

所谓语句衔接是指在一个语篇中语言成分之间的关系，当其中一个成分的含义须依赖于另一个成分的解释时，便形成了语义衔接关系。例如温庭筠《菩萨蛮》词有一句“雨后却斜阳”，景物很鲜明，但情感意义却不够明确，只有衔接下一句“杏花零落香”，才体现出凄艳哀婉的伤春情调。毛泽东《菩萨蛮·大柏地》也有“雨后复斜阳”的句子，但下文却是“关山阵阵苍”，这两句衔接就产生了一种苍茫壮丽的境界。

再如打油诗“一片一片又一片，两片三片四五片，六片七片八九片”，三个句子只是数量递增，谁知道它描写的是什么?但看了第四句：“飞入池中皆不见／飞入草丛都不见”，才知道是写“雪花／落花”。这就是语句衔接的重要作用。譬如一位女子对另外两位女性说：“你是包子，她是包子，我也是包子。”这句话不通，令人不解，而且滑稽可笑。但如果把上下文衔接起来，把语言环境展示出来，这句话就通了。原来在机关吃午饭时，三位女同志一起从蒸饭箱里取出饭盒；当他们分别打开自己的饭盒时，同样的食物让三人哈哈大笑，于是才说出：“(今天带的饭就像商量好了一样，)你是包子，她是包子，我也是包子。”可见上下文所提供的语义线索，对于正确理解话语含义具有重要的定位功能。

二、交际情境

言语交际还受到具体时空情境的制约。如唐朝某县令看到江面上漂过一个溺死的年轻女子,他口占一绝:“二八谁家女,漂来倚岸芦,鸟窥眉上翠,鱼戏口边珠。”这首诗很不得体,原因是身为地方官,面对这种悲剧场景却轻薄无聊地吟诵艳体诗,与情境气氛相悖。还有一个故事:马戏团在演出时,后台突然失火。身穿灯笼裤、头戴圆锥形高帽的小丑,气喘吁吁地跑到前台,大声喊道:“观众朋友们,后台失火了,快……”他还没说完,观众便轰然大笑起来。他更急了,高声吼道:“别笑了! 快跑吧……”可是场内的笑声反而更大了。为什么这位演员讲的实话却没人相信呢?因为处于当时的情境,观众们都认为小丑说的话是他滑稽表演的内容。再如,宣传标语“生产要搞上去,人口要降下来”,如果把它挂在医院急症抢救室或殡仪馆的墙上,人们看了会别扭、反感的,尽管标语的内容无懈可击,但它所处的情境却是不得体的。

三、心理语境

相同的话语,有可能表达出不同的会话含义来。这主要是受了交际者心理语境的影响和制约的结果。同样是“您今年多大了”这句问话的含义,可以依照交际双方心理语境的不同呈现出复杂的状况:如果是机关里一位老大姐问一位年轻的姑娘,那么这位姑娘可能猜想对方要给自己介绍男朋友,她的脸随之就红了。如果是人事科的科长问一位将满60岁的职工,这位老职工心里可能别扭:通知我办退休手续就算了,何必明知故问! 如果总经理问一位年轻的职员,这位年轻人可能庆幸:领导可能要重用我了。如果是父亲问一个不争气的儿子,这半大小子肯定作好了思想准备:这是老爷子给我上课的前奏。再如妻子问丈夫,“明天是几号?”“咱们三口人上次春游是哪一年?”“小明还没去过麦当劳吧?”从心理语境上分析,这三个问话所潜藏的真正含义分别是:提醒丈夫明天是结婚十周年纪念日,提议应安排全家人春游,落实带儿子小明去麦当劳的设想。如果粗心的丈夫只听到问话的字面意义,仅径直地回答:“明天是四月三十日”,“是大前年去的吧”,“可能没去过吧”。他肯定会遭到妻子的嗔怪。

四、语体风格

语体风格的协调也是得体性原则的要求之一。言语交际的说写者还要注意口头语体与书卷语体在风格上的差异。书卷语体的特征是严密、规范、文雅、庄重;口头语体则表现出自然、活泼、通俗、生动的特征,另外,口头语体声音抑扬顿挫,停顿较多,富有感情。语气词、口语词使用频率较高,在特定的语境下,还可使用方言俗语。句式简短,多用省略式,具有较大的跳跃性。在言语交际中注意语体风格的适切度,才能更好地贯彻得体性原则,提高表达效果。

本章从言语材料的规范、交际对象的沟通、文化背景的制约、交际语境的适切四个方面对言语交际的最高境界——得体性原则进行了阐发。言语交际是十分复杂而多变的,说写者只有根据这种变化来把握自己的话语、选用适当的言语,以适应新的言语交际情景,才能使自己的交际目的得以实现。言语表达有许多规则,但其最高的原则仍是“得体”。当然,这些规则又都不是僵死的一成不变的程式。为了适应具体的言语交际环境,以取得良好的表达效果,有时也可以打破某些规则,灵活变通的组织特殊形式来表达,有时也会收到意想不到的效果。总之,追求言语形式与思想内容的统一,不能脱离言语交际的时空来讲统一。只有力求言语表达与交际场相适应,才能取得理想的交际效果。

扫码获取
☆配套音频
☆名家课程
☆读书笔记
☆交流社群

第十一章 韵文修辞

本章主要内容：一、比喻二柄与多边。二、诗词的比喻格式。三、诗词的对偶格式。四、诗词的押韵格式。五、韵文辞格三式。六、词曲鼎足对。七、散曲修辞艺术。

第一节 比喻二柄与多边

一、喻之二柄

“喻之二柄”是钱锺书先生在《管锥编》中提出来的，这一创说是钱氏对汉语修辞学的一大贡献。钱锺书指出：

同此事物，援为比喻，或以褒，或以贬，或示喜，或示恶，词气迥异；修词之学，亟宜拈示。斯多噶派哲人尝曰：“万物各有二柄”，人手当择所执。刺取其意，合采慎到、韩非“二柄”之称，卿明吾旨，命之“比喻之两柄”可也。

“柄”的本义是指器物的把柄，后以比喻权力，如“权柄”“国柄”“柄臣”等，慎到、韩非论述的“二柄”是指统治者处理政务时操执赏罚的两种权柄。钱先生取“刑”与“德”为“比喻二柄”之理，是从同一个喻体可以具有褒贬好恶迥然不同的感情色彩这一特点来取义命名的，旨在强调比喻修辞的灵活运用。

古罗马斯多噶派哲学家所指出的“万物各有两柄”，强调客观事物具有正反两方面的属性。这与美学理论中自然物的“美丑二重性”之说是相吻合的。相当多的自然物同时兼有美与丑两种相对立的审美素质。如同一个老虎，既可以视为美的对象来观赏称道，也可以作为丑的对象来看待鞭挞。“生龙活虎”“虎踞龙盘”“龙腾虎跃”等是褒扬性的比喻，而“吏狼官虎”“为虎作伥”“虎兕出柙”“苛政猛于虎”等却是贬斥性的比喻。又如桃花，取其艳丽的色彩，可以成为美的对象，“桃之夭夭，灼灼其华”令人联想到美丽的新嫁娘；若只注重桃花易开易落的特点，又与轻薄无情相联系，“轻薄桃花逐水流”这个比喻又令人联想到轻佻风流的女子。

请对照以下两首写牡丹的绝句：

庭前芍药妖无格，池上芙蕖净少情；
唯有牡丹真国色，花开时节动京城。

（刘禹锡《赏牡丹》）

枣花至小能成实，桑叶虽柔解吐丝；
堪笑牡丹如斗大，不成一事又空枝。

（王溥《咏牡丹》）

前者以芍药、芙蕖为陪衬，赞颂牡丹“国色天香”；后者以枣花、桑叶为陪衬，讥讽牡丹“华而不实”。二诗同咏一物，一褒一贬，但皆命意精妙，喻义深长，且各言之成理，均有令人莞尔首肯之处。后者着眼于经济学，注重经济实效，不能说没有道理，但从美学鉴赏来说，牡丹属于观赏植物，拿它和枣树、桑树等经济作物对比，是不合适的。因此，王溥的诗作远不及刘禹锡《赏牡丹》流传久远。

自然物的美丑二重性是自然美的一种特殊的审美特征。客观事物具有正反两方面的属性，人的感情也有两极变化，因而在取象拟喻时，必然带有强烈的主观色彩。譬如唐人皮日休有一首《咏螃蟹》的诗：

未游沧海早知名，有骨还从肉上生。
莫道无心畏雷电，海龙王处也横行！

——后两句“莫道无心畏雷电，海龙王处也横行”，对横行的螃蟹唱出了赞歌。

明代京师流传着百姓们诅咒奸佞的两句诗：

尝将冷眼观螃蟹，看你横行得几时？

——这里横行的螃蟹喻指恶贯满盈的大奸臣严嵩。

在汉文化心理中，“横行”这个词也具有褒贬相异的“二柄”：

(1)愿得十万众,横行匈奴中。

(《史记·季布传》)

(2)男儿本自重横行,天子非常赐颜色。

(高适《燕歌行》)

(3)骁腾有如此,万里可横行。

(杜甫《房兵曹胡马诗》)

——这些“横行”者都是(或喻指)纵横驰骋的猛士,具有英勇无畏的霸气和豪情。而“横行霸道”“横行乡里”“横行无忌”这些词语的所指,却是胡作非为的豪权奸党,或是得志便猖狂的卑鄙小人!

二、喻之多边

对于“喻之多边”,钱锺书先生指出:

比喻有两柄而复具多边。盖事物一而已,然非一性一能,遂不限于一功一效。取譬者用心或别,着眼因殊,指同而旨则异;故一事物之象可以孑立应多,守常处变。(见《管锥编》第一册,第37页)

这就是说,同一事物,由于它的性能和作用不是单一的,加之用以比喻的人着眼点不同,目的不同,所以能用这同一事物构成性质不同的多种比喻。这与美学理论关于“自然美的多面性”的观点是契合的。自然物有多方面的属性,自然物与人的社会生活存在着广泛而复杂的联系,因此自然物的美在一定条件下,在与人类社会生活的特定联系中,会得到不同侧重的显示。譬如蝴蝶,它的斑斓的色彩,翩翩的舞姿以及对鲜花的依恋等不同的侧面,与人的社会生活构成不同的关系,表现出这样或那样的审美属性。如下列带有比喻性质的习用语:“身轻如蝶”“蝶粉蜂黄”“蜂媒蝶使”“招蜂惹蝶”“蝶恋花”等都是在取象拟喻时,依表达旨意而任取“蝶”的多样审美属性的一边为相似点。下面我们列举以“水”为喻体的“喻之多边”的例子:

比喻友谊清淡纯净的——君子之交淡如水。(庄子)

比喻爱情缠绵交融的——柔情似水,佳期如梦。(秦观)

比喻长夜深邃悠长的——遥夜沉沉如水,风紧驿亭深闭。(秦观)

比喻人心水平无倾的——长恨人心不如水,等闲平地起波澜。(刘禹锡)

比喻眼睛晶莹明澈的——望穿他盈盈秋水，蹙损他淡淡春山。（王实甫）

比喻月光清冷洁白的——吟罢低眉无写处，月光如水照缁衣。（鲁迅）

比喻天空蔚蓝明净的——一声声送一声悲，云淡碧天如水。（佚名）

比喻席纹起伏荡漾的——扫地焚香闭阁眠，簟纹如水帐如烟。（苏轼）

比喻列队奔腾流淌的——铁骑无声望似水，想关河，雁门西，青海际。（陆游）

比喻愁苦源远流长的——问君能有几多愁？恰似一江春水向东流。（李煜）

“水”这个喻体竟能生发出如此多的比喻来。“阿里山的姑娘美如水”“水性杨花”，都用“水”形容女子，但二者的区别，一褒一贬，迥然不同。

一物之体可做面面观，立喻者可从喻体的多边特点中各取所需，每举其一而不及其余。毛泽东主席在诗词创作的用喻上是一位茹古涵今的大家，我们举两个例子：

六月天兵征腐恶，万丈长缨要把鲲鹏缚。

（《蝶恋花·从汀州向长沙》）

——在这里，“鲲鹏”比喻腐朽但又拥有庞大力量的反动势力，呈贬义，取鲲鹏体态巨大的一边为喻。

鲲鹏展翅，九万里，翻动扶摇羊角。

（《念奴娇·鸟儿问答》）

——在这里，“鲲鹏”比喻壮志凌云的革命力量，呈褒义，取鲲鹏高飞远翥的一边为喻。

这两个诗例，都用“鲲鹏”作为比喻的喻体，一褒一贬，属于典型的喻之二柄。前者取鲲鹏体态巨大的一边为喻，后者取鲲鹏高飞远翥的一边为喻，又是喻之多边的典型体现。

第二节　诗词的比喻格式

比喻是诗词创作常用的艺术手法，也是历代诗人在艺术构思和创作中形象思维的重要手段。亚里斯多德说：“比喻是天才的标识。”钱钟书先生说：“比喻是文学语言的根本。”美妙的比喻是人类思维的智慧灵光闪现，是语言艺术绽开的艳丽花朵。

怎样使比喻更新颖诱人呢？从内容上看，根据相反相成的哲理，可以尽量拉大喻体和本体的距离，在选择的喻体和本体之间，“不同处愈多愈大，则相同处愈有烘托；分得愈远，则合得愈出人意表，比喻就越新颖”（钱锺书《七缀集》）。喻体和本体的距离越大，比喻的效果就愈显著，给予人的审美愉悦也就愈强烈，给人留下难忘的印象。从形式上看，比喻的诗句从修辞形式和句法布局上，力求避旧趋新，给人以新颖脱俗的感受。

自古及今，历代诗人在艺术构思和创作实践中，创造出不少新颖别致的特殊比喻形式，例如互喻、倒喻、顶喻、共喻、双喻、连喻、骈喻、较喻、否喻、曲喻、疑喻、博喻等格式。本文拟对此分类引例阐释，并分别总结其修辞效果及句法规律，以飨读者。

一、互喻（A如B，B如A）

互喻就是本体与喻体互相设喻，即先用喻体比本体，再用本体比喻体，形成A如B，B如A的格式。例如：

（1）昔去雪如花，今来花似雪。（范云《别诗》）

（2）去岁荆南梅似雪，今年蓟北雪如梅。（张说《幽州新岁作》）

（3）去年相送，余杭门外，飞雪似杨花；今年春尽，杨花似雪，犹不见还家。（苏轼《少年游·润州作代人寄远》）

（4）雪似故人人似雪，虽可爱，有人嫌。（苏轼《江神子·黄昏犹是雨纤纤》）

——以上四例都把“雪”引进比喻的苑囿，或把花、或把人比喻成雪，接着又把雪比喻成花或人，互喻的诗句使读者产生一种回味无穷的联想。再如：

（5）冰如玉，玉似冰，比壶天表里澄清。（钟嗣成《凌波仙·吊范冰壶》）

——这首小令点化了王昌龄“一片冰心在玉壶”的诗意，用“冰如玉，玉似冰”来称颂范冰壶“表里俱澄澈”的高尚人格与气节。

（6）花枝似脸脸如花，娇脸无瑕玉有瑕，黄金有价金无价。（杨慎《水仙子》）

——这个互喻用“花枝似脸脸如花”来形容少女娇艳的容貌，启人联想。

(7)其上天如水,其下水如天。(郭麐《水调歌头·望湖楼》)

——这个互喻描摹了望湖楼下天水合一的浩淼景色,令人忆起“秋水共长天一色”“水随天去秋无际”的景致。

以上互喻诗句都是比喻与回环的兼用。这种互喻句使本体、喻体两种物象缠绕勾连,反复强调,给人留下深刻印象。另外,形成回环往复的音乐美,强化了诗句的节奏感。

二、倒喻(B如A)

倒喻又称逆喻,是本体与喻体在位置上互相颠倒的比喻,其特点是喻体置前,本体移后,形成B如A的格式。例如:

(8)久判野鹤如霜鬓,遮莫邻鸡下五更。(杜甫《书堂饮既夜复邀李尚书下马月下赋绝句》)

——按正常语序,应为“霜鬓如野鹤”。

(9)花红易衰似郎意,水流无限似侬愁。(刘禹锡《竹枝词》)

——按正常语序,应为“郎意似花,虽红易衰;侬愁如水,无限流淌”。

(10)芙蓉如面柳如眉,对此如何不泪垂?(白居易《长恨歌》)

——写唐玄宗思忆马嵬丧命的杨玉环,回到长安池苑,见芙蓉如睹其面,见柳(叶)如见其眉。其实,比喻的本体仍应是杨妃之“面”与“眉”,复原后应为“面如芙蓉眉如柳”。

(11)桃花应是我心肠,不禁微雨。(王观《临江仙·离怀》)

——按正常语序,应为“我心肠应是桃花”,曲折道出女子唯恐情郎变心的担忧。用娇弱而承受不了微雨摧残的桃花,来比喻自己那敏感、脆弱的感情。

(12)自在飞花轻似梦,无边丝雨细如愁。(秦观《浣溪沙》)

——按正常的语序,应为“梦如飞花,轻盈无碍地翻飞;愁似丝雨,纤细而绵长”。

诗歌的倒喻,都是为了强调喻体,或为了适应平仄韵律的规则而把喻体移至句首,来强化其意象,从而强化了新奇而显豁的艺术效果。

三、顶喻(A如B,B如C)

顶喻:在一个句子或相邻的两个句子里,包含着两个明喻;前一个比喻的喻体同时兼任后一个比喻的本体。形成A如B,B如C的格式。例如:

(13)独上江楼思悄然,月光如水水如天。(赵嘏《江楼感旧》)

——“水”既是“月光如水”这一比喻的喻体,又是“水如天”这一比喻的本体。二喻相衔,情景相生,生动地抒发了诗人独上江楼,望月怀人的怅惘之情。

(14)携手登高赋,望前山。山色如烟,烟光如雨。(刘辰翁《金缕曲·登高华盖岭和同游韵》)

——以“山色如烟,烟光如雨”的顶喻,来描摹苍茫雄浑的江山胜景。

(15)客心如水水如愁,容易归帆趁疾流。(叶燮《客发苕溪》)

——“客心如水水如愁”,即景设喻,抒发扁舟游子的羁旅愁思。

顶喻是在明喻的基础上兼用顶真辞格,两个比喻上递下接,紧紧相依,使意象环生,语势畅达,增强了艺术感染力。

四、共喻(A1 A2如B)

在一句话里,用一个喻体同时比方并列的两个本体,形成A1 A2如B的格式。这种喻式我们称之为共喻。例如:

(16)郎马两如龙,春朝上路逢。(卢纶《送黎兵曹往陕府结亲》)

——诗句中的“郎”,指黎兵曹,他即将成亲,是为乘龙快婿;所乘之“马”亦如龙媒神驹。故谓“郎马两如龙”,以“龙”共喻“郎”与“马”,新颖俏皮。充满喜庆气氛。

(17)窈窕双鬟女,容德俱如玉。(白居易《续古诗》)

——赞赏梳着双鬟的窈窕淑女,容貌和品德俱佳,犹如美玉之晶莹纯美。

(18)年光往事如流水,休说情迷。(冯延巳《采桑子》)

——以“流水”共喻“年光”与“往事”,抒发“逝者如斯夫,不舍昼夜”之喟叹。

(19)不论世外隐君子,佣儿贩妇皆冰玉。(苏轼《书林逋诗后》)

——以"冰玉"共喻"佣儿""贩妇",这种手法正如汪师韩《苏诗选评笺释》所评:"将以称美林逋,乃至谓吴侬之佣贩皆如冰玉,深一层说入,而林之神清骨冷,其为高节难继处,不待罗缕矣。"

(20)诗情饮兴如云薄,草色花光似酒醲。(范成大《登西楼》)

——以"酒"共喻"草色"与"花光"之蓬勃艳丽,以"云薄"("薄",迫近)共喻"诗情"与"饮兴"的浓烈激荡,来突出少年豪气。

在共喻句式中,处于比喻本体的两个并列的事物(如"年光、往事""诗情、饮兴"等),必须具有某种共性或内在联系,因而一个喻体即可兼顾胜任。共喻可以突出本体两个事物共同的特征,而且言简意繁,以少胜多。

五、双喻(A如B1如B2)

双喻,指在一个诗句中,并用两个喻体同时比喻一个事物,形成A如B1如B2的格式。例如:

(21)月色满床兼满地,江声如鼓复如风。(元稹《使东川·江楼月》)

——"江声如鼓复如风",以双喻描摹嘉陵涛声如鼓声大作,又似狂风怒吼。

(22)似带如丝柳,团酥握雪花。(温庭筠《南歌子》)

——描写杨柳枝条如带、如丝的飘拂参差的景状。

(23)十指如玉如葱,凝酥体,雪透罗裳里。(敦煌词《倾杯乐》)

——以"如玉、如葱"比喻女子手指的纤长白皙。

(24)再安社稷垂衣里,寿同山岳长江水。(敦煌词《菩萨蛮》)

——以"山岳"与"长江水"为喻体,比喻"寿"之高、之长。

(25)春云如兽复如禽,日照风吹浅又深。(王禹偁《春居杂兴》)

——"春云如兽复如禽",描写风中春云的瞬息变幻。

(26)秋心如海复如潮,但有秋魂不可招。(龚自珍《秋心》)

——先以"海"比喻心事的浩茫,然后以"潮"比喻心情之激荡。

(27)事事相同古所难,如鹣如鲽在长安。(龚自珍《己亥杂诗》之三十)

——"如鹣如鲽"这个双喻句是用典:"鹣"jiān——传说中的比翼鸟,"鲽"dié——传说中的比目鱼。(见《尔雅·释地》)后多用以比喻夫妻恩爱。这两句诗借以比喻诗人（龚自珍）与莫逆之交吴虹生的友情。

双喻，连用两个喻体比喻同一本体，其中描写景物或心情的双喻，往往呈现出时间或空间的动态变化，使本体的特征得到充分而有层次的描绘与展示。

六、连喻（A如B/C如D）

连喻是指在一句诗里，两个相关联的明喻并列连接在一起，形成A如B/C如D的格式。例如：

（28）可怜九月初三夜，露似珍珠月似弓。（白居易《暮江吟》）

——“露似珍珠，月似弓”，用连喻把地上露珠与天上弓月勾联在一起，突出“九月初三夜”的可爱。

（29）衣如飞鹑马如狗，临歧击剑生铜吼。（李贺《开愁歌》）

——“衣如飞鹑，马如狗”，用漫画式的夸张性比喻，展示生活的拮据困苦。

（30）扫地焚香闭阁眠，簟纹如水帐如烟。（苏轼《南堂》）

——“簟纹如水帐如烟”，写诗人在黄州南堂的生活环境，借以烘托安闲自得的情趣。

（31）笋如玉箸椹如簪，强饮且为山作主。（苏轼《越州张中舍寿乐堂》）

——“笋（嫩笋）如玉箸，椹（桑葚）如玉簪”，借以形容张中舍隐居处的山野风光与情趣。

（32）碧天如水月如眉，城头银漏迟。（秦观《醉桃源》）

——“碧天如水，月如眉”，两个比喻既符合接近联想的心理规律，又妙将景物与抒情联系起来。

连喻的两个喻体之间，并没有直接的联系，但由两个比喻句组成的七言诗句，形成上四下三的音节结构，使诗句的语言更为流畅贯注。

七、骈喻（A如B，C如D）

所谓骈喻，是指一首诗中相互依存、相互对照的两个比喻成对地并列在一起，形成A如B，C如D的格式。例如：

(33)君当作磐石,妾当作蒲苇;

蒲苇韧如丝,磐石无转移。(佚名《孔雀东南飞》)

(34)愿妾身为红菡萏,年年生在秋江上;

重愿郎为花底浪,无隔障,随风逐雨长来往。(欧阳修《渔家傲》)

(35)妾心江岸石,千古无变更;

郎心江上水,倏忽风波生。(吴龙翰《乐府》)

(36)妾似井底桃,开花向谁笑?

君如天上月,不肯一回照。(李白《自代内赠》)

——上述四个例句都是以女性抒情主人公的口吻,用对比手法,妙用骈喻以两个喻体之间的关系去比喻述说两个本体("妾"与"郎")之间的关系("蒲苇"与"磐石""红菡萏"与"花底浪""岸石"与"江水""井底桃"与"天上月"),借以表达抒情主人公——"妾"对爱情的执着追求。

还有一种骈喻的变体,即将两个各自独立的比喻按其特殊的逻辑关系复合联系在一起,以表达深婉的含义。试以苏轼三个诗例说明:

(37)欲将驹过隙,坐待石穿溜。(《次韵答章传道见赠》)

——"驹过隙",比喻时光易逝;"石穿溜",即滴水穿石,比喻长期而逐渐深入的磨炼。二喻复加,通过对比昭示深层含义:"以短暂易逝的人生,去追求遥遥无期的功名,简直是渺茫之极!"

(38)浮云世事改,孤月此心明。(《次韵江晦叔二首》之二)

——这两个比喻较为曲折,二喻合解,意为:"我的心田皎如孤月,但世事如浮云动荡变化不定,使我炽热的一片忠心化为孤寂的虚无。"

(39)人似秋鸿来有信,事如春梦了无痕。(《正月二十日与潘郭二生出郊寻春忽记去年是日同至女王城作诗乃和前韵》)

——此联对仗工稳,"人似秋鸿","事如春梦",二喻骈列,文意相摩荡,顿生深层含义:有志者对人生的追求年年如斯,亘古不变;但因种种外力阻挠,竟使这种努力往往落空,时过境迁,令人遗憾喟叹!

骈喻与连喻的区别在于:连喻的不同喻体间只是平面线条式的连接,并无深层的密切联系;而骈喻的喻体之间却是立体的逻辑联系,形成相互依存,互为因果的密切关系。

八、较喻（比较性的比喻）

较喻，又称为“比较性的比喻”，即本体与喻体在比喻的基础上加以形象化的比较，来强化主体的某个本质特征。较喻又可分为“本体超过喻体”与“本体不及喻体”两类。修辞学家把前者称为“强喻”，把后者称为“弱喻”。

（一）强喻（A比B强）

所谓强喻，其特点是本体胜过喻体，形成“A胜B”或“A比B强”的格式。例如：

（40）日出江花红胜火，春来江水绿如蓝。（白居易《忆江南》）

——强调本体事物在某一相比点上超过喻体事物。“日出江花红胜火”，在“红”这个相比点上，花＞火，以突出江花在旭阳照耀下的艳丽醒目。

（41）来时万缕弄轻黄，去日飞毬满路旁；

我比杨花更飘荡，杨花只是一春忙。（石懋《绝句》）

——在“飘荡”这个相比点上，我＞杨花，以突出诗人连年奔波不得安生的苦状。

（42）莫道不消魂，帘卷西风，人比黄花瘦。（李清照《醉花阴》）

——在“瘦”这个相比点上，人＞黄花，以突出抒情女主人公的腰肢瘦损。

（43）别离滋味浓于酒，着人瘦。（张耒《秋蕊香》）

——在“浓烈”这个相比点上，别离滋味＞酒。突出“别离滋味”令人难以忘怀。

总之，强喻的特点是：强调本体事物在某一相比点上超过喻体事物，以奏出抒情的弦外之音。

（二）弱喻（A不及B）

所谓弱喻，其特点是本体不及喻体，形成A不及（或不如）B的格式。例如：

（44）桃花潭水深千尺，不及汪伦送我情。（李白《赠汪伦》）

——强调本体事物在某一相比点上不及喻体事物，在“深”这个对比点上，桃花潭水＜汪伦送我情。

(45)玉颜不及寒鸦色,犹带昭阳日影来。(王昌龄《长信秋词》)

——在“得宠幸”这个对比点上,遭贬的玉颜<寒鸦。

(46)自恨身轻不如燕,春来长绕御帘飞。(赵嘏《长信宫》)

——在“轻盈自由”这个对比点上,被弃置的嫔妃<春燕。

(47)功名本是无凭事,不及寒江日两潮。(陆游《舟中感怀绝句呈太傅相公兼简岳大用郎中》)

——在“按时达到”这个对比点上,功名<江潮。

(48)绝顶峰攒雪剑,悬崖水挂冰帘;

倚树哀猿弄云尖,血华啼杜宇,

阴洞吼飞廉——比人心,山未险!

(张可久《红绣鞋·天台瀑布寺》)

——在“险恶”这个对比点上,天台山<人心。

弱喻最突出的特点是:用喻体事物做衬托,强调本体事物在某一相比点上不及喻体事物,借以抒发诗人强烈的思想感情。

由强喻和弱喻组成的较喻,是在隐式比喻的前提下,对本体事物进行形象化的对较映衬,它往往以夸张的手法通过对比,将本体事物的本质特征推向极致。

九、否喻(A不像B)

否喻又称为“反喻”或“否定性比喻”。它通过对喻体进行否定的方式来突出本体的本质特征,形成A不像B的格式。例如:

(49)我心匪鉴,不可以茹。

我心匪石,不可转也。

我心匪席,不可卷也。(《诗经·邶风·柏舟》)

——这首诗以女子口吻说:“我的心不是镜子,不是任何东西都可以容纳的;我的心不是石头,不可任意搬动;我的心不是席子,不可以随便翻卷。”连用三个否喻,表现出这位女性坚贞不渝的品德。

(50)团圆莫作波中月,洁白莫为枝上雪。(温庭筠《相和歌辞·三洲歌》)

——诗句否定了喻体“波中月”,因为它外表虽圆,但实质虚幻;否定了喻体“枝上雪”，因为它颜色虽白，但轻浮无定。从而表达出对真正长久的团圆的追求、对永生不变的纯洁心灵的赞颂。

(51)莫将愁绪比飞花，花有数，愁无数。(朱敦儒《一落索》)

——否定了喻体“飞花”，因为它虽纷繁，但毕竟有数可计。借此为衬托，强调“愁绪”的无穷无尽。

否喻从反面肯定本体，强调本体与喻体在本质上的相异之处。在这方面，它与较喻的弱喻有某种相近、重合之处；但它往往对喻体作完全否定以肯定本体事物，语气更为决绝，给读者留下深刻的印象。

十、曲喻(无喻词的明喻)

明喻是一种最为常见的比喻形式，其特点是由本体(被比喻的对象)、喻体(用来比喻的事物)和喻句(“如”“似”“像”等)三部分组成。在古典诗歌中明喻句甚为多见。我们举唐诗两个诗例：

(52)苍苍森八桂，兹地在湘南。

江作青罗带，山如碧玉篸。(韩愈《送桂州严大夫同用南字》)

——这首诗描写湘南自然风光，其中“江作青罗带，山如碧玉篸”是明显的比喻，“江”和“山”是比喻的本体，“青罗带”和“碧玉篸”是喻体，而二者是用比喻词“作”和“如”来连接的。

(53)海畔尖山似剑铓，秋来处处割愁肠。

若为化得身千亿，散上峰头望故乡。(柳宗元《与浩初上人同看山寄京华亲故》)

——这首诗描写柳州山川景色，其中“海畔尖山似剑铓”也是明显的比喻，“海畔尖山”是比喻的本体，“剑铓”是喻体，而二者是用比喻词“似”来连接的。

这种比喻显著鲜明，不必赘述。另有一种明喻句式，只出现本体和喻体，而省略了比喻词。这种比喻句式比较隐曲，往往没引起学者的重视，但并不少见。我们举唐诗两个诗例，说明这种隐曲比喻在句式上的特点。

(54)世间行乐亦如此，古来万事东流水。(李白《梦游天姥吟留别》)

——“古来万事东流水”亦为明喻，但因受字数的限制，本体“古来万事”

与喻体“东流水”之间的比喻词(如)只能被略去。

(55)波漂菰米沉云黑,露冷莲房坠粉红。(杜甫《秋兴八首》之七)

——这两句也属于明喻,但比喻的本体“菰米”和“莲房”与喻体“沉云黑”和“坠粉红”之间的比喻词(如),因字数限制而被省略。

这种比喻形式前人很少提及,但在阅读古典诗歌时,常会遇到,应细心分辨。请看以下唐宋诗词名作的5个例句,都各省略了两个比喻词。

(56)浮云游子意,落日故人情。(李白《送友人》)

——应为“浮云(荡荡)如游子意,落日(迟迟)如故人情”。

(57)风吹古木晴天雨,月照平沙夏夜霜。(白居易《江楼夕望招客》)

——应为“风吹古木(声)如晴天雨,月照平沙(色)如夏夜霜”。

(58)世事如今腊酒浓,交情自古春云薄。(苏轼《和欧阳少师寄赵少师次韵》)

——应为“如今世事浓似腊酒,自古交情薄如春云”。

(59)旧恨春江流不断,新恨云山千叠。(辛弃疾《念奴娇·书东流村壁》)

——应为“旧恨(缠绵)如春江流不尽,新恨(怵目)如云山千叠”。

(60)正惊湍直下,跳珠倒溅;

小桥横截,缺月初弓。(辛弃疾《沁园春·灵山齐庵赋时筑偃湖未成》)

——应为“正惊湍直下,(如)跳珠倒溅;小桥横截,(如)缺月初弓”。

这种没有喻词的比喻句,本质为明喻,但因省略了喻词,形式比较隐曲,读者往往不易把握。故而我们将其命名为“曲喻”,即隐曲的比喻。

(61)看公风骨,似长松磊落多生奇节。

世上儿曹都蓄缩,冻芋旁堆秋瓞。(辛弃疾《念奴娇》)

——这首词是词人送给好友赵晋臣的,第一句“看公风骨似长松……”是普通明喻,显而易见。第二句也是明喻,但较难辨明,“世上儿曹都蓄缩”,言世上都是猥琐、懈怠,无所事事之徒;“冻芋旁堆秋瓞”,言堆在墙角的冻芋、秋瓜等物。前句言人,后句言物,似不相及,但用隐曲比喻句式来解说,则顺理成章。即用冻芋、秋瓜来比况那些置国家危亡于不顾的浑浑噩噩、苟且偷安之辈。

(62)试问闲愁都几许?

一川烟草,满城风絮,梅子黄时雨。(贺铸《青玉案》)

——罗大经《鹤林玉露》指出:“盖以三者比愁之多也。”第一句发出设问,后三句以博喻作答:闲愁如“一川烟草”,无边无际;如“满城风絮”,纷乱飞扬;又如“梅子黄时雨”,无休无止。既是对眼前江南景物传神的描绘,又妙用博喻来比况内心愁苦之阔、之乱、之长。研读此类诗句,切不可粗疏大意,而应注意从前后文的逻辑关系上,从语言环境和意念关系上去细心辨析。

有些更为复杂的句式,除了应辨明其是否为“没有喻词”的“曲喻”之外,还应确实搞清其本体、喻体间的关系。如:

(63)鸭头新绿水,雁齿小红桥。(白居易《新春江次》)

——不可机械解为“鸭头如新绿水,雁齿如小红桥”,因为诗是描写新春江上景致,所以本体应为“新绿水”“小红桥”,而“鸭头”“雁齿”却是喻体。

(64)日月笼中鸟,乾坤水上萍。(杜甫《衡州送李大夫七大勉赴广州》)

——如呆板地解为“日月如笼中鸟,乾坤如水上萍”则扞格不通了。这一联诗历来解说不一,郭知达《九家集注杜诗》卷三十六注曰:“其句盖言:‘我身于日月之下,如笼中之鸟,局而不伸;于天地之中,如水上之萍,泛而无定。’非谓言:‘以日月为笼而我为鸟,以天地为水而我为萍也。’”这一联比喻较为特殊,处于本体位置的“日月”“天地”不过是句子的状语,而本体“我”却被略去。“九家注”所载之言甚当,可供参考。

这种无喻词的明喻句,在描摹音乐形象的古诗中,更为多见,请看:

(65)幽音变调忽飘洒,(如)长风吹林雨堕瓦。
(如)迸泉飒飒飞木末,(如)野鹿呦呦走堂下。
(李颀《听董大弹胡笳声兼寄语弄房给事》)

(66)第一第二弦索索,(如)秋风拂松疏韵落;
第三第四弦泠泠,(如)夜鹤忆子笼中鸣。
(白居易《五弦弹》)

(67)嘈嘈切切错杂弹,(如)大珠小珠落玉盘。
(如)间关莺语花底滑,(如)幽咽泉流冰下难。
(白居易《琵琶行》)

(67)江娥啼竹素女愁,李凭中国弹箜篌。

（如）昆山玉碎凤凰叫，（如）芙蓉泣露香兰笑。

（李贺《李凭箜篌引》）

这类描写音乐形象的诗篇，多用比喻，甚至连用多种喻体来比况音乐的美妙动听，但由于字数和格律的限制，其中的喻词多被省略去。本文为节省篇幅，将被省略的喻词处用（如）表示。读者诸君读赏时，自可明辨也。

十一、疑喻（以“疑”为喻词的比喻）

一个完整的比喻句通常由本体、喻体和喻词这三个部分组成。常见的喻词，除了“如、似、若、像、犹、譬、类、比”之外，还有“是、作、成、即”等。本文拟以语言精练的古典诗歌作品为例，进行论证阐发。例如：

（68）诸峰罗立如儿孙。（杜甫《望岳三首其二》）比喻词“如”。

（69）闻道长安似弈棋。（杜甫《秋兴》）比喻词“似”。

（70）白马将军若雷电。（杜甫《折槛行》）比喻词“若”。

（71）额鼻象五岳。（李白《古风》）比喻词“像”。

（72）东海犹蹄涔。（郭璞《游仙》）比喻词“犹”。

（73）人生譬朝露。（秦嘉《赠妇诗》）比喻词“譬”。

（74）走马兰台类转蓬。（李商隐《无题》）比喻词“类”。

（75）欲把西湖比西子。（苏轼《饮湖上，先晴后雨》）比喻词“比”。

在古典诗歌作品的比喻句式中，有时会出现一个较为特殊的喻词——“疑”，但因它常被人们当作通常的“怀疑”义来理解，所以往往被摈弃于喻词之外。

例如李白名作《静夜思》：“床前明月光，疑是地上霜。”

——其中的“疑”，就被许多注释本或赏析文章解释为“怀疑”。其实，在古典诗歌作品里，由“疑”与其他常见的喻词以互文的形式相对应，组成的对仗句并不少见。例如：

（76）深居疑避仇，默卧如当暝。（韩愈《东都遇春》）

——其中“疑”与“如”互文同义。

（77）枝低疑欲舞，花开似含笑。（费昶《芳树》）

——其中“疑”与“似”互文同义。

(78)雾浓光若昼,云驶影疑流。(萧纶《咏新月》)

——其中"疑"与"若"互文同义。

如果对以上三例诗句中的"疑"字,分别加以细心地揣摩和体味,就会发现:把"疑"解释为"怀疑",其语义表达显得呆滞、别扭,且舍近求远;不如视之为表比喻的喻词,更为直接、顺畅,且与文理相合。其实,在《康熙字典》《中华大字典》《中文大辞典》等辞书中,都有把"疑"字解释为"如""似""若"的义项,就是说:这些权威工具书已经把"疑"字归入喻词家族之中了。

请辨析诗例中的"疑"字:

(79)梅花落处疑残雪,柳叶开时任好风。(杜审言《大酺》)

(80)飞流直下三千尺,疑是银河落九天。(李白《望庐山瀑布》)

(81)乘兴杳然迷出处,对君疑是泛虚舟。(杜甫《题张氏隐居》)

(82)衙斋卧听萧萧竹,疑是民间疾苦声。(郑燮《潍县署中画竹呈年伯包大中丞括》)

以上例句中的"疑"字,都不宜解释为"怀疑",只有解为"好像""如同""似乎"等,方为恰切。综上所述,"疑"在古代诗文中可以充任喻词,具有和"如、似、像"等喻词完全一样的语义功能。故将这种以"疑"为喻词的比喻形式,姑称之为"疑喻"也。

十二、博喻(A如B1,如B2,如B3……)

博喻是指三个或三个以上的喻体接连着比喻一个本体,形成"A如B1,如B2,如B3……"的格式。例如:

(83)昔有佳人公孙氏,一舞剑器动四方。
观者如山色沮丧,天地为之久低昂。
㸌如羿射九日落,矫如群帝骖龙翔。
来如雷霆收震怒,罢如江海凝清光。
(杜甫《观公孙大娘弟子舞剑器行》)

——分别用四个喻体比喻公孙大娘的舞技,剑光闪烁如后羿射落九日,矫健腾越如群仙驾龙飞翔,在雷鸣般的鼓点将歇止时登场,结束时犹如江海的波光平静凝滞。

(84)长洪斗落生跳波，轻舟南下如投梭。
水师绝叫凫雁起，乱石一线争磋磨。
有如兔走鹰隼落，骏马下注千丈坡。
断弦离柱箭脱手，飞电过隙珠翻荷。
（苏轼《百步洪》）

——描写一叶轻舟在一泻千里的洪流中飞驶，连用七个绝妙的比喻来描摹："兔走""鹰隼落""骏马下坡""断弦离柱""箭脱手""飞电过隙""珠翻荷"。笔墨淋漓恣肆，蔚为壮观。

(85)一落千丈声怒号，如旗如布如狂蛟。
（袁枚《到石梁观瀑布》）

——连用三喻描摹瀑布的气势，如旌旗飘动，如布帛抖落，如狂蛟腾跃怒吼。将三个比喻浓缩于七言句中，更令人击节赞赏。

(86)如钱塘潮夜澎湃，如昆阳战晨披靡。
如八万四千天女洗脸罢，齐向此地倾胭脂。
（龚自珍《西郊落花歌》）

——用三个明喻（如钱塘夜潮汹涌澎湃，又如昆阳大战清晨的战场，还似天女洗脸后倾倒的胭脂）描摹形容北京西郊山野中的落花，复沓迭出，交织成磅礴的气势和炫目的境界，奇思妙想显示出诗人卓然不群的才气。

博喻的修辞功能如钱钟书先生所言：

一连串把五花八门的形象来表达一件事物的一个方面或一种状态。这种描写和衬托的方法仿佛是采用了旧小说里讲的车轮战法，连一接二地搞得那件事物应接不暇，本相毕现，降伏在诗人的笔下。（钱钟书《宋诗选注·苏轼》）

博喻就是从不同角度反复设喻以加强语意，使诗作气势更盛畅，而且极态尽妍，妙喻如珠，具有很强的艺术感染力。巧妙而贴切地运用博喻，可以使抽象的思想感情形象化，使平淡的事物鲜明化，使呆板的议论生动化。无论是哲学家还是文学家，无论是诗人还是文艺评论家都可以借助它的艺术力量，使诗文创作闪烁着动人的异彩。

第三节　诗词的对偶格式

对偶是汉语言文学独有的一种艺术表现形式。所谓对偶，就是把字数相等、意思相对、结构相同、句法相称的两个句子对称地排列在一起。对偶在古典诗歌（包括诗、词、曲）中运用得极为广泛。这些对偶诗句给读者一种结构和谐的整齐感，读起来上口，听起来悦耳，具有音调抑扬、节奏鲜明的音乐美感。古人在诗歌创作中，苦心孤诣地追求对偶的工稳以及形式的变化，创造出一些较为特殊的对偶形式，如“当句对”“隔句对”“联璧对”等。本讲拟对这几种对偶格式作一简单的论说，并援引例句说明。

一、当句对

“当句对”又称“就句对”，就是在一句之中自成对偶。如：

（1）杜甫《涪城县香积寺官阁》：小院回廊春寂寂，浴凫飞鹭晚悠悠。

——“小院”与“回廊”相对，“浴凫”与“飞鹭”相对。

（2）王维《春日与裴迪过新昌里访吕逸人不遇》：城上青山如屋里，东家流水入西邻。

——“城外”对“屋里”，“东家”对“西邻”。

（3）柳中庸《征人怨》：岁岁金河复玉关，朝朝马策与刀环；三春白雪归青冢，万里黄河绕黑山。

——“金河”对“玉关”，“马策”对“刀环”，“白雪”对“青塚”，“黄河”对“黑山”，全诗四句皆为当句对。

关于当句对的起源，宋人洪迈《容斋随笔》：“唐人诗文或一句中自成对偶，谓之当句对。盖起于《楚辞》蕙蒸兰借、桂酒椒浆、桂棹兰枻、斫冰积雪。自齐梁以来，江文通、庾子山诸人亦如此。”洪迈的引例为《九歌·东皇太一》：“蕙肴蒸兮兰藉，奠桂酒兮椒浆。”（《九歌·湘君》：“桂棹兮兰枻，斫冰兮积雪。”其实，溯源到《诗经》，也可以找到最原始的当句对，如“螓首蛾眉”（《卫风·硕人》），“绿衣黄裳”（《邶风·绿衣》）等。

在唐人律诗中，较为多见的是互为对偶的两个双音词中有一字相同的

当句对,请看:

(1)桃花细逐杨花落,黄鸟时兼白鸟飞。(杜甫)

(2)戎马不如归马逸,千家今有百家存。(杜甫)

(3)座中醉客延醒客,江上晴云杂雨云。(李商隐)

宋人模仿这种格式更为多见,如:

(4)南岭禽过北岭叫,高田水入低田流。(梅尧臣)

(5)野水自添田水满,晴鸠却唤雨鸠归。(黄庭坚)

值得提出的是白居易《寄韬光禅师》诗的前三联:

一山门作两山门,两寺原从一寺分。

东涧水流西涧水,南山云起北山云。

前台花发后台见,上界钟声下界闻。

——六句皆为当句对,尤其是第一、三、四句,每句中皆有两个音节词组相对仗而有两字相同,这种诗句殊为少见。

李商隐有一首七律题为《当句有对》八句诗皆由"当句对"组成,请看:

密迩平阳接上兰,秦楼鸳瓦汉宫盘。

池光不定花光乱,日气初涵露气干。

但觉游蜂绕舞蝶,岂知孤凤忆离鸾。

三星自转三山远,紫府程遥碧落宽。

冯浩笺注曰:"八句皆自为对,创格也。"当句对的写作比一般的对偶句更费斟酌,确实有一定的难度。但是古代杰出的诗人却乐于在这高难度的格律要求下进行创作,以显示其卓荦超群的笔力。上文所引诸例,词语搭配贴切,对仗工稳,读来具有一种抑扬回复的韵味。"当句对"对于新诗创作也有一定的影响,如歌曲《我的中国心》:"长江长城,黄山黄河,在我心中重千斤。"就是典型的当句对。

二、隔句对

"隔句对"又称为"扇面对"或"扇对"。它的特点是一联之中的上句与下句并不对偶,而邻近的两联四句之中,第一句与第三句对偶,第二句与第四句对偶。例如:

（1）缥缈巫山女，归来七八年。

殷勤湘水曲，留在十三弦。

（白居易《夜闻筝感旧》）

——第一句“缥缈巫山女”与第三句“殷勤湘水曲”对偶；第二句“归来七八年”与第四句“留在十三弦”对偶。可见隔句对是隔句交叉相对，扩大了对偶句的容量，形成了上一联十个字与下一联十个字的对偶。

请再看七言诗的例句：

（2）莫悲建业荆榛满，昔日繁华是帝京；

莫爱广陵台榭好，也曾芜没作荒城。

（韦庄《杂感》）

——其实是十四字为一句的对偶句式。

隔句对在《诗经》中已肇其端，如：

（3）昔我往矣，杨柳依依；

今我来思，雨雪霏霏。

（《小雅·采薇》）

——这种交叉的对偶使呆板的句式富于变化，宛转流利，对后世隔句对的形成和发展起到了“导夫先路”的作用。

在唐诗中隔句对更为多见，技巧更为娴熟，如：

（4）海客谈瀛洲，烟涛微茫信难求；

越人语天姥，云霞明灭或可睹。

（李白《梦游天姥吟留别》）

（5）煖客貂鼠裘，悲管逐清瑟；

劝客驼蹄羹，霜橙压香橘。

（杜甫《自京赴奉先县咏怀五百字》）

（6）井底引银瓶，银瓶欲上丝绳绝；

石上磨玉簪，玉簪欲成中央折。

（白居易《井底引银瓶·止淫奔也》）

隔句对在词曲中也得到广泛的运用，先举辛弃疾的词为例：

（7）腰间剑，聊弹铗；

尊中酒，堪为别。(《满江红》)

(8)解频教花鸟，前歌后舞；

更催云水，暮送朝迎。(《沁园春·再到期思人筑》)

把两句为一组的普通对偶发展成四句为一组的隔句对，这在诗律发展史上是重大进步。隔句对不仅扩大了对偶辞格的疆域，加大了诗歌表达内容的容量，而且使诗歌句式、语言更加灵活畅达。

在当代新诗的创作中，隔句对也受诗人垂青。如郭小川《秋歌》中的一节；

风中的野火呵，长明不灭！

有多险的关隘，就有多勇的行列。

浪里的渔舟呵，身轻如蝶！

有多大的艰难，就有多壮的胆略。

他的《青纱帐——甘蔗林》《秋日谈心》《刻在北大荒的土地上》等，全首均由隔句对组成，读来别具风姿，如诗如赋。传统楹联中的长联则是对隔句对的进一步发展，使这种对偶格式登峰造极。

三、流水对

流水对又称为“串对”或“走马对”。一般的对仗句是并行的两个事物的并举相对，如双峰对峙，二瀑并流，出句与对句位置相换而意思基本不变。流水对的特点是出句与对句在意义上一气贯注，前后相连；如一水奔流，整个一联表达一个完整的内容。流水对这种特殊的对仗形式是在律诗高度繁荣的唐代成熟的。宋人严羽在《沧浪诗话·诗体》中说：“有十字对，刘慎虚‘沧浪千万里，日夜一孤舟’。有十四字对，刘长卿‘江客不堪频北望，塞鸿何事又南飞’是也。”严沧浪所谓“十字对”“十四字对”即“五言流水对”“七言流水对”。明人胡震亨给流水对下了一个言简意赅的定义：“谓两句只一意也，盖流水对耳”(《唐音癸签》卷4)。流水对两句字字相对而文意连贯而下，如流水奔泻，似骐骥驰骋，“流水对”“走马对”就是由此取义得名的。

对于流水对这种特殊的对仗形式，许多青年学子感到玄妙，难以把握。其实流水对就是一整句话分成两句说，类似现代汉语复句中的两个分句。我们把流水对的一联视为一个复句，把出句和对句视为两个分句，根据诗句的具体内容，分析、判明出句与对句间的意念关系，进而完整、准确地把握住这一联诗的内涵，并把它置于全诗的语言环境和结构章法布局之内去考察和理解。请看以下唐人七律中的流水对及其分析：

(1)即从巴峡穿巫峡，便下襄阳向洛阳。(杜甫《闻官军收河南河北》)

——这一联流水对双拟了“巴峡”“巫峡”“襄阳”“洛阳”四个地名，既是当句对，又形成了工稳的地名对。这是诗人预想回乡行程的路线，由水路转旱路，自巴蜀东下荆襄，再北上赴洛阳。出句与对句前后相承，相当于承接复句。

(2)岂有文章惊海内，漫劳车马驻江干。(杜甫《宾至》)

——意为：“我写的诗文并没有惊动海内文坛的声望，所以空劳你驾车到临江的草堂相访。”前因后果，条达理畅，可视为因果复句。

(3)万里悲秋长作客，百年多病独登台。(杜甫《登高》)

——意为：“离家万里，沦落异乡，长年漂泊，悲秋之情日笃；更何况年老多病，孤身独行，登台远眺，则更令我难以禁受了。”构思缜密，抒情沉郁，对句又推进了一层，可按递进复句分析。

(4)玉玺不缘归日角，锦帆应是到天涯。(李商隐《隋宫》)

——意为：“如果皇帝的金印不是落到唐高祖李渊手中；那么隋炀帝是不会以游幸至江都为满足的，他的龙舟恐怕要顺着开凿的运河驶到天边去吧！”此联为设想揣度的分析，揭露出杨广顽冥不化，至死不悟的昏君面目。这联流水对可理解为假设复句。

(5)彩笔昔曾干气象，白头吟望苦低垂。(杜甫《秋兴》之八)

——意为：“昔日我健笔凌云，所撰诗文曾受到天子的赏赐；但如今却白发萧疏，穷愁潦倒，唯余垂头喟叹了。”昔盛今衰，荣枯迥异，出句与对句呈转折之势，可视为转折复句。

(6)唯将终夜长开眼，报答平生未展眉。(元稹《遣悲怀》之三)

——《遣悲怀》是诗人怀念亡妻韦丛的悼亡名作。这里引的是尾联，意为：“我只有永远怀念你，以‘终夜长开眼’的无尽思念，才能报答你‘平生未展眉’的一片真情。”前后句形成条件关系，相当于典型的条件复句。

(7)宁为宇宙闲吟客，怕作乾坤窃禄人。(杜荀鹤《自叙》)

——意为:“我宁愿自甘淡泊,作天地间自由自在的隐逸诗人;决不尸位素餐,充任尘世间的庸官俗吏。”上下两句,态度决绝,泾渭分明,可视为取舍复句。

为了帮助读者掌握辨析流水对的特点及规律,引例分类论说如下:

(一)承接关系的流水对

(8)寄言全盛红颜子,应怜半死白头翁。(刘希夷《代悲白头翁》)

(9)请看石上藤萝月,已映洲前芦荻花。(杜甫《秋兴》之二)

(10)当君白首同归日,是我青山独往时。(白居易《九年十一月二十一日感事而作》)

(11)遥知湖上一樽酒,能忆天涯万里人。(欧阳修《春日西湖寄谢法曹歌》)

(12)岂意青州六从事,化为乌有一先生。(苏轼《章质夫送酒六壶书至而酒不达戏作小诗词之》)

(13)谁谓石渠刘校尉,来依绛帐马荆州。(黄庭坚《次韵马荆州》)

此类诗句十四字当一气读下,浑灏流转。初读似无诵偶句之感,细加品味,方倍觉其属对之工切。

(二)因果关系的流水对

(14)所向无空阔,真堪托死生。(杜甫《房兵曹胡马诗》)

(15)烽火连三月,家书抵万金。(杜甫《春望》)

(16)欲为圣明除弊事,肯将衰朽惜残年。(韩愈《左迁至蓝关示侄孙湘》)

(17)此日六军同驻马,当时七夕笑牵牛。(李商隐《马嵬》)

(18)不辞驿骑凌风雪,要使天骄识凤麟。(苏轼《送子由使契丹》)

前三例皆为前因后果,前后相生;后两例为前果后因,下句逆接上句。此类流水对虽然句中没有表因果的关联词,但从前后的意念关系上衡量,还是可以判明其因果的逻辑关系的。

(三)递进关系的流水对

(19)已知出郭少尘事,更有澄江销客愁。(杜甫《卜居》)

(20)每愁夜来自足蝎,况乃秋后转多蝇。(杜甫《早秋苦热堆案相仍》)

(21)每因暂出犹思伴,岂得安居不卜邻。(白居易《欲与元八卜邻,先有

是赠》)

(22)岂有蛟龙愁失水,更无鹰隼与高秋!(李商隐《重有感》)

(23)可怜湖海三年隔,又作尘沙万里行。(王安石《示长安君》)

(24)初怪上都闻战马,岂知穷海看飞龙。(陈与义《伤春》)

此类流水对文气连贯,对句诗意又递进了一层,应注重从前后句的逻辑关系上去体味分析。

(四)假设关系的流水对

(25)欲穷千里目,更上一层楼。(王之涣《登鹳雀楼》)

(26)不辨风云色,安知天地心。(张巡《闻笛》)

(27)纵使有花兼有月,可堪无酒又无人。(李商隐《春日寄怀》)

(28)纵被春风吹作雪,绝胜南陌碾成尘。(王安石《北陂杏花》)

出句与对句表现出假设关系。

(五)转折关系的流水对

(29)身无彩凤双飞翼,心有灵犀一点通。(李商隐《无题》)

(30)徒令上将挥神笔,终见降王走传车。(李商隐《筹笔驿》)

(31)只有安仁能作诔,何曾宋玉解招魂。(李商隐《哭刘蕡》)

(32)未生白发犹堪酒,垂上青云却佐州。(黄庭坚《次韵王定国扬州见寄》)

(33)腹里虽盈五车读,囊中能有几钱穿?(黄庭坚《和张沙河招饮》)

(34)剩欲出门追语笑,却嫌归鬓着尘沙。(陈师道《春怀示邻里》)

这类流水对不仅对仗精密工稳,而且文意转折,顿挫深警。

(六)条件关系的流水对

(35)但使闾阎还揖让,敢论松竹久荒芜。(杜甫《将赴成都草堂途中有作,先寄严郑公五首》)

(36)但令有妇如康子,安用生儿似仲谋。(黄庭坚《次韵答柳通叟问舍求田之诗》)

(37)但使此君常有子,不忧每食叹无鱼。(曾几《食笋》)

(38)但得暑光如寇退,不辞老境似潮来。(范成大《秋前风雨顿凉》)

(39)但愿暂成人缱绻,不妨常任月朦胧。(朱淑真《元夜》)

以上各例前后句呈条件关系，一气呵成，如贯珠蝉联，对仗工切。

（七）取舍关系的流水对

(40)宁与燕雀翔，不随黄鹄飞。（阮籍《咏怀》之八）

(41)宁为百夫长，胜作一书生。（杨炯《从军行》）

(42)宁作野中之双凫，不愿云间之别鹤。（鲍照《拟行路难》之三）

这类流水对所言二事，如冰炭异器，泾渭分流，取舍明确，别具一格。

总之，流水对的修辞功能有以下三个特点：

首先，文意连贯，有流动之美。流水对变传统对仗的双峰对峙为一水奔流，乍一读来，往往只感到浑然天成，文意贯注，却忽略了它是锱铢相对的偶句。反复咀嚼方会觉察其匀称工切的对仗特点。这种特殊的对仗句，单行直下，一气呵成，还有跌宕起伏的变化，形成一般对仗句所缺乏的流动之美。其次，对仗工稳，有均衡之美。流水对既要求文意的连贯畅达，又必须恪守字字工切，铢两悉称的对仗规则，它是“以单行之神，运排偶之体”（黄遵宪《人境庐诗草自序》），前后两句间的逻辑性很强，上下句既不能分割，也不宜倒置。其对仗精严，用字工切，结构整齐，匀称稳妥，具有均衡之美。最后，语言活泼，有变化之美。一般律诗因拘于对偶，容易失之于板滞，而流水对却化板为活。变拙为巧，并善于巧妙地把虚字安排入诗句中斡旋呼应，寓散行于骈偶之中。经过语言与形式上别开生面的创新，具有曲尽其情、文气抑扬的变化之美。

四、联璧对

“联璧对”又称“四句对”，就是以四句为一组形成互为对偶的句式，犹如把几块璧玉连缀在一起。联璧对在古诗中偶然有之，但极为罕见，如黄庭坚的《送王郎》：

酌君以蒲城桑落之酒，泛君以湘累秋菊之英，
赠君以黟川点漆之墨，送君以阳关堕泪之声。

乍看过来像是散文句，毫不似对偶，但认真体味，方知是“以歌行之气，运于偶句”了。词中联璧对也很少见，只有《满江红》等个别词牌才能容纳这种联璧对的句式。如辛弃疾的词作：

(1)云液满,琼杯滑,长袖起,清歌咽。

(2)山左右,溪南北,花远近,云朝夕。

(3)诗酒社,江山笔,松菊径,云烟屐。

(4)樽如海,人如玉,诗如锦,笔如神。

联璧对在元曲中得到了广泛的运用。在散曲作品中,联璧对往往与排比手法配合运用,融为一体,例如:

三言联璧对:

云黯黯,水迢迢,

风凛凛,雪飘飘。(花李郎《玉翼蝉煞》)

四言联璧对:

银筝懒按,锦瑟慵弹,

玉箫倦品,宝鉴羞观。(贯云石《梁州第七》)

五言联璧对:

苍猿攀树啼,残花扑马飞,

越女随舟唱,山僧逐渡归。(吕止庵《后庭花》)

七言联璧对:

功名万里忙如燕,斯文一脉微如线,

光阴寸隙流如电,风霜两鬓白如练。(薛昂夫《塞鸿秋》)

八言联璧对:

银杏叶凋零鸭脚黄,玉树花冷淡鸡冠紫,

红豆蔻啄残鹦鹉粒,碧梧桐栖老凤凰枝。(贯云石《[南吕]一枝花·丽情》)

从上述联璧对例句中可以看出,散曲具有与含蓄蕴藉的诗词相反的艺术个性,它多用排比铺陈,无论写景、言志、抒情都以穷形尽相,刻露无余为宗旨。联璧对语势如飞流注涧,一泻无余多语言似明珠走盘,圆转晓畅,正是散曲作者进行铺陈的好方法。从古典诗歌这些工稳精美、脍炙人口的特殊对偶形式中,我们可以窥见古代诗人在对偶句锤炼中,刻意出奇,另立新法,别出新意的创新精神。

第四节 诗词的押韵格式

押韵是我国古典诗歌传统的艺术手法之一。经过多少代人的努力，创造出许多较为特殊的押韵形式，如柏梁体、福唐体、短柱体等。拟对这几种特殊的押韵格式，做简要论说。

一、柏梁体

古代诗歌一般都是逢偶句押韵的，这称为隔句韵。也有少数作品是句句都押韵的，这称为排韵。柏梁体就是句句都押韵，而又一韵到底的诗体。相传汉武帝建造柏梁台，大宴群臣，席间宣布凡是俸禄在二千石以上的高级官员每人作一句诗，合成一首七言诗。于是包括汉武帝在内共二十六人每人一句，句句押韵，联成一首《柏梁诗》。后世就把每句用韵的七言古诗称为柏梁体。魏文帝曹丕著名的七言诗《燕歌行》就是一首柏梁体诗，请看：

秋风萧瑟天气凉，草木摇落露为霜。
群燕辞归雁南翔。
念君客游思断肠，慊慊思归恋故乡，何为淹留寄他方？
贱妾茕茕守空房，忧来思君不敢忘，不觉泪下沾衣裳。
援琴鸣弦发清商，短歌微吟不能长。
明月皎皎照我床，星汉西流夜未央。
牵牛织女遥相望，尔独何辜限河梁！

这首乐府诗句句用韵，一韵到底，一气卷舒，声情相谐，不愧为柏梁体的佳作。柏梁体诗有以下四个特点：(1)只限于七言古诗，忌入律，忌对仗。(2)全诗每句都得押同一平声韵，中间不得转韵。(3)诗的句数不限，可以是偶数，也可以是奇数。(4)在韵脚处，允许同字连押。柏梁体用韵很密，音乐性与节奏感都很突出，但终不如隔句韵那样平稳舒缓，易于安排。加之长篇诗作一韵到底使作者费力而难工，所以它始终不能跻身于诗体正宗，只得居于别体之列。

二、福唐体

通篇使用同一个押韵的诗被称为福唐诗，又俗称为独木桥体。对于"福唐"二字的含义，学术界迄今尚无确论。夏承焘《唐宋词论丛》云："其体不知始于何人，'福唐'之名亦未得解。"王力《汉语诗律学》亦云："'福唐'义未详。"但从这种有趣的诗体的特点上看，全诗只允许押同一个字的韵脚，既窄且险，犹如小心翼翼地走过一座独木桥，这大概就是"独木桥体"取义命名的来由吧？

独木桥体在词曲中较为多见，张德瀛《词征》："福唐体者，即独木桥体也。创自北宋黄鲁直《阮郎归》用'山'字，辛稼轩《柳梢青》用'难'字，赵惜香《瑞鹤仙》用'也'均然。"另外蒋捷、刘克庄、石孝友等宋人皆有福唐独木桥体词作存世。

一般说来，这种诗词不仅难写，而且难工。通篇同押一个韵脚，往往使声韵和语言显得呆板，缺少变化。但是也有名家高手于难见巧，写出情韵盎然的独木桥体佳作来，《词苑丛谈》载董文友望梅一调，通篇以"七"字为韵：

奴家两七。比陶家八八，李家七七。

风情仙韵知难并，自思量，可及十分之七。

却似天孙，几望断新秋初七。

正闲看北斗，遥挂阑干，云边横七。

空有琴弦五七，更词名八六，歌名一七。

奈唱回残月晓风，难说与，韦曲才人柳七。

简点春风，已花信今番六七。

怕年华都似，顷刻开花般七。

——词作以女子口吻叙说，共押十个"七"字为韵，把枯燥乏味的数字安排得妥帖巧妙，虽属文人游戏笔墨，但慧心巧舌，读来还是饶有风趣的。

福唐独木桥体在元散曲中也较为多见，意新语工，字响调圆，体现出独特的俚俗口语风格。如无名氏的元曲小令《折桂令》：

叹世间多少痴人，多是忙人，少是闲人。

酒色迷人，财气昏人，缠定活人。

钹儿鼓儿终日送人，车儿马儿常时迎人。

精细的瞒人，本分的饶人。

不识时人，枉只为人。

——全曲十二句皆押“人”字韵，写尽了元代那种病态社会的世态人情。

福唐独木桥体作为诗中一格，对后世文学，尤其是对民歌民谣产生了一定的影响。如赵树理《李有才板话》中顺口溜（“刘广聚，假大头”），袁水拍《马凡陀的山歌》中的《发票贴在印花上》等皆是通篇以一字为韵的。曾有一首题为“人字歌”的诗篇，全诗押“人”字韵：

清明寒气紧逼人，怎敌扫墓万千人。

人民本是守法人，无奈小丑气杀人。

人民总理爱人民，恶犬狂吠也算人？

暂披画皮扮作人，定能揭破画皮人！

这首诗表现出对周总理的沉痛悼念，对“四人帮”的严正声讨，是对福唐独木桥体的妙用。独木桥体诗歌的佳作格式整齐，韵律往复，语言流畅，读来顺口，听起悦耳，易诵易记，但多数作品成为诗人求新猎奇的文字游戏，文学价值不高。

三、短柱体

所谓短柱体是在诗的句中韵的基础上发展起来的。句中韵在《诗经》《楚辞》、汉代谣谚中就有一些例证，在词曲中句中韵更为常见，如宋词：

(1)琅然‖清圆‖谁弹？ 响空山‖无言。

(2)长松‖之风‖如公。 肯余从‖山中。

再如元曲中：

(1)柳绵‖满天‖舞旋。

(2)醉烘‖玉容‖微红。

(3)玉娘‖粉妆‖生香。

(4)忽听‖一声‖猛惊。

(5)本宫‖始终‖不同。

(6)自古‖相女‖配夫。

(7)口来‖欲开‖两腮。

以上引例皆为二字一韵，六字分为三韵，形如短柱。在元曲中出现了某一部分用句中韵的作品，如汤式《醉太平》有一副鼎足对：

柳屯云‖护城闉‖两岸黄金嫩，

杏酣春‖映山村‖万树胭脂喷，

草铺茵‖绕湖滨‖一片绿绒新。

每句的第三字、第六字皆为句中韵，读来确实音韵回环，琅琅上口。这种句中韵发展到极致，就出现了全篇各句均为两字一押韵的短柱体诗。这种诗每句往往有两韵或三韵，典型之作是元人虞集的《折桂令·席过偶谈蜀汉事因赋短柱体》：

銮舆 | 三顾 | 茅庐，汉祚 | 难扶，日暮 | 桑榆。

深渡 | 南泸，长驱 | 西蜀，力拒 | 东吴。

美乎 | 周瑜 | 妙术，悲乎 | 关羽 | 云殂；

天数 | 盈虚，造物 | 乘除。

问汝 | 何如？早赋 | 归欤。

通篇两字一韵，平仄通叶，精心雕镂，语妙天成。读来音繁韵促，节奏铿锵，文笔流转自然，并无滞涩拼凑之感，足见作者高超的笔力。但此类短柱体，费力难工，故和者盖寡，问津者鲜矣。

四、转韵

转韵又称为换韵，就是较长篇幅的诗章可以中间转韵，譬如有的诗两句一韵，如《诗经·大雅·常武》：

王犹允塞，徐方既来。|

徐方既同，天子之功。|

四方既平，徐方来庭。|

徐方不回，王曰还归。

这种两句一押韵，至下两句又弃掷前韵，改换他韵的方式又称为掷韵。再如《文镜秘府论》的引例：

不知羞，不肯留；|

集丽城，夜啼声；|

出长安，过上兰；|

指扬都，越江湖；|

念邯郸，忘朝餐；|

但好去，莫相虑。

在古体诗中，四句一转韵很多见。例如唐人张若虚《春江花月夜》：

春江潮水连海平，海上明月共潮生。

滟滟随波千万里，何处春江无月明！‖（转韵）

江流宛转绕芳甸，月照花林皆似霰；

空里流霜不觉飞，汀上白沙看不见。‖（转韵）

江天一色无纤尘，皎皎空中孤月轮。

江畔何人初见月？江月何年初照人？‖（转韵）

人生代代无穷已，江月年年只相似。

不知江月待何人，但见长江送流水。‖（转韵）

白云一片去悠悠，青枫浦上不胜愁。

谁家今夜扁舟子？何处相思明月楼？‖（转韵）

可怜楼上月徘徊，应照离人妆镜台。

玉户帘中卷不去，捣衣砧上拂还来。‖（转韵）

此时相望不相闻，愿逐月华流照君。

鸿雁长飞光不度，鱼龙潜跃水成文。‖（转韵）

昨夜闲潭梦落花，可怜春半不还家。

江水流春去欲尽，江潭落月复西斜。‖（转韵）

斜月沉沉藏海雾，碣石潇湘无限路。

不知乘月几人归，落月摇情满江树。

古体诗转韵有的三句一转，有的四句一转，很为普遍，兹不赘举。在长短句的词作中，转韵更为多见，而格式日趋复杂多变。一首词内平仄韵转换或平仄韵错落的词调是相当多的，常见的如《清平乐》《菩萨蛮》《更漏子》《虞美人》《定风波》《诉衷情》《相见欢》《减字木兰花》等。我们知道词是可以配乐演唱的，一首唐宋词作，如果在韵律上安排了平仄相间的转韵，那么对于词的内容变化和意脉的转折或升华，都会起到暗示作用，而且使词的音乐韵味更为浓郁，使舒促的节奏更富变化。

以上所谈只是古典诗歌特殊押韵方式之中荦荦显者。纵观古典诗歌用韵的演化发展，大约可概括为“古诗”→“律诗”→“词曲”这三个阶段。古诗用韵变化多端，《诗经》用韵为其滥觞。据清代音韵学家江永《古韵标准》的统计，《诗经》用韵方法多达数十种。汉魏古诗用韵方法已渐狭窄，但平仄韵可通押，转韵亦为自由。齐梁间永明声律之风盛行，逐步发展形成了格律诗。用韵要求趋于严整而划一：诗章必一韵到底，隔句押韵，限用平声韵。格律愈趋精细完美，但用韵格式却愈为狭窄单一。宋元以来，词曲兴盛。词曲之作虽有谱调拘囿，但格式颇繁，足资选用。加之相当一部分谱调容许转韵，而且词的仄韵三调（上，去，入）可通用，曲的平仄四声均可通押。这样，就使诗之用韵又由严整划一变为宽松多样，呈现出丰富多彩的状况。

总之，古典诗歌在3000年的发展历程中，各种押韵形式是纷然杂陈，分镳并驱的。这些林林总总的押韵法对后世诗歌产生了极大的影响。我们从现代的戏剧、曲艺、歌谣以及新诗的韵律中可以体察出古典诗歌这种垂范后昆的影响所在。

第五节　韵文辞格三式

一、通感

人的感觉是通过感官产生的。眼、耳、鼻、舌、身是分别司视、听、嗅、味、触的五种官能。各官能分工很明确，但其间往往可以互相沟通，彼此相生。钱钟书先生把这种“五官的感觉简直是有无相通，彼此相生”的现象命名为“通感”。所谓“通感”就是视觉、听觉、嗅觉、味觉、触觉的沟通交融。古典诗歌中运用通感的佳作很多，例如：

（1）宋·陈亮《水龙吟·春恨》：“闹花深处层楼，画帘半卷东风软。”

——写繁盛的春花争奇斗妍，好像在喧闹欢嬉，使人在视觉形象里似乎获得了听觉的感受，无声化为有声，视觉沟通了听觉。

(2)唐·李贺《南山田中行》:“云根苔藓山上石,冷红泣露娇啼色。”

——写山间云雾遮绕,山石上布满了苔藓,娇弱的红花在冷风中瑟缩着,露珠滴落,宛如少女悲啼的泪珠。“冷红”之“冷”,既是深秋夜色的气候特征,又是诗人悲凉心境的写照。这是视觉通于触觉。

(3)清·蒋春霖《蝶恋花》:“屋后筝弦莺语艳,浊酒孤琴,门对春寒掩。”

——间关莺语,作用于听觉的鸟鸣声竟然有了艳丽之色,这是听觉通于视觉。

(4)唐·赵嘏《发青山》:“凫鹥声暖野塘春,鞍马嘶风驿路尘。”

——鸟语啁啾带有春日的暖意这是听觉通于触觉。

以上四例的“闹花”“冷红”“语艳”“声暖”都是通感的体现。

其实通感是各种感官的相通,是在大脑支配下的一种触类旁通、由此及彼的联想。在诗歌创作过程中,这种形象思维联想的展开是诗人心理活动中的一种幻觉过程。请看摹写音乐和绘画的两首唐诗——

(5)唐·郎士元的《听邻家吹笙》:“风吹声如隔彩霞,不知墙外是谁家?重门深锁无寻处,疑有碧桃千树花。”

——写诗人在聆听音乐时,由听觉的感受牵动了艺术上的通感,在思维屏幕上出现了美丽的视觉形象:“碧桃千树花”。

(6)唐·白居易的《画竹歌》:“婵娟不失筠粉态,萧飒尽得风烟情。举头忽看不似画,低耳静听疑有声。”

——写诗人在欣赏墨竹画时,枝条劲直、栩栩欲活的竹枝竹叶,竟使诗人忘却了这不过是一幅画作,似乎听到了风吹竹叶的瑟瑟之声了。

从乐声中能见到画面,从图画中能听到声音,这种奇妙的心理现象就是艺术通感。再如作用于人的空中之云,在诗人笔下,不仅仪态万千,而且还可以从视觉沟通其他感官的感受。下面让我们一起欣赏这些描摹云彩的诗句——

杨花扑帐春云热。(李贺)/闲绿摇暖云。(李贺)/冷云深处宿菰芦。(陆游)/积雪封城,冻云迷路。(屈大均)云彩有了触觉的温度——“春云热”“暖云”“冷云”“冻云”。

风压轻云贴水飞。(苏轼)/望庾岭模糊,湿云无数。(陈澧)/香云低处有高楼。(范成大)云彩还有有重量和干湿——“轻云”“湿云”,还有嗅觉的气味——“香云”。

银浦流云学水声。(李贺)云彩会发出声响——“学水声”。

愁云绕天起。(鲍照)/颓云万叠,又雨击寒沙,乱鸣金铁。(蒋春霖)云彩还有意觉的愁苦和颓唐——“愁云”“颓云”。

读“哀响馥若兰”这句诗时,视觉(“兰”)、听觉(“响”)、嗅觉(“馥”)应同振共鸣;读“秋色冷并刀,一派酸风卷怒涛”这两句词时,视觉(“秋色”“并刀”)、听觉(“怒涛”)、嗅觉(“酸风”)、触觉(“冷”)应汇聚贯通。

在诗歌鉴赏过程中,只有调动全部感官,通过语言的流动过程(默读或吟诵)而接受形象;通过自己的想象才能真正进入作品中的艺术世界——产生临其境、观其色、闻其香、聆其声、品其味、触及冷暖、感其哀乐等全方位的立体感受。这种多方沟通、浮想联翩的艺术感受当然就更加深切、透彻了。

通感主要从视觉和听觉两个角度,相辅相成,相互衬托,使其描写的景物更具立体感,身临其境感。有些作品是以静衬动,有些作品是以动衬静,使被衬托的一方的特点更加鲜明,凸显出被衬托一方的灵动与美。

现代诗人艾青说:“给声音以色彩、给颜色以声音。”当代诗人顾城也说过:“视觉、听觉、触觉、嗅觉,可以通过心来互相交换,于是颜色的光亮可以听见,声音可以看见。”可见诗歌的通感在渲染气氛、描摹物象、抒发真情以及打破常规以扩大语言张力等方面的奇妙功能是不言而喻的。在诗歌读赏中,读者朋友丰富生活体验,培养敏锐的通感能力,很有必要。

二、叠字

叠字是指两个相同的字重叠组成的词语,是一种比较常见的修辞方式。两字相叠被称为单叠,四字相叠被称为双叠。

(一)古诗叠字

在古典诗词曲中,叠字的运用相当普遍。我国古代第一部诗歌总集《诗经》共305篇,竟有204篇见用叠字。《诗经》在运用叠字方面显示了精深的语言表现力和惊人的创造性,对后世诗歌创作产生了深远的影响。如:“风雨凄凄,鸡鸣喈喈;风雨萧萧,鸡鸣胶胶。”(《郑风·风雨》)/“昔我往矣,杨柳依依;今我来思,雨雪霏霏。"(《小雅·采薇》)——都是受到历代评论家称许的叠字佳句。

清人王筠把《诗经》中的叠字汇集分类,编成《毛诗重言》一书。刘勰《文心雕龙·物色》中对于《诗经》的叠字给予高度评价:

"灼灼状桃李之鲜,依依尽杨柳之貌,杲杲为日出之容,瀌瀌拟雨雪之状,喈喈逐黄鸟之声,喓喓学草虫之韵;……并以少总多,情貌无遗矣。虽复思经千载,将何易夺?"

汉代五言诗《古诗十九首》,运用了叠字的竟达十三首之多。如《青青河畔草》:"青青河畔草,郁郁园中柳;盈盈楼上女,皎皎当窗牖;娥娥红粉妆,纤纤出素手。"顾炎武《日知录》:"连用六叠字,亦极自然,下此即无人可继。"

在格律严整的近体诗盛行之后,叠字运用就比较少了,这是因为近体诗在句数字数上都有严格的规定,遣词造句都讲求高度精炼,如果一味滥用叠字,势必造成诗意的繁复和音节上的板滞。但在唐宋两代律诗里,成功地运用叠字的佳作仍不乏其例。

如崔颢的名作《黄鹤楼》:"晴川历历汉阳树,芳草萋萋鹦鹉洲。"

——"历历"是说登楼远眺时,汉阳的树木清晰在望,尽收眼底;"萋萋"是形容鹦鹉洲上芳草浓密茂盛,一片葱翠,由于运用了两组叠字使这联诗句形象鲜明,如在目前,意境更为高远。假如去掉这两组叠字,诗句成为"晴川汉阳树,芳草鹦鹉洲",则兴味索然了。

杜甫是善于用叠字写诗的艺术大师,他的七言律绝中妙用叠字的清词丽句很多,如:

(7)穿花蛱蝶深深见,点水蜻蜓款款飞。(《曲江》)

(8)信宿渔人还泛泛,清秋燕子故飞飞。(《秋兴》)

(9)无边落木萧萧下,不尽长江滚滚来。(《登高》)

——上述诗句中的叠字,有的精微细致地描摹刻画了客观事物的动态,有的深切真挚地表露了诗人的思想感情,无论是状物还是抒情,均达到拟声、摹形、传神的境地,使诗句音节琅琅,形象栩栩欲活。杜诗中叠字安排都是经过锤炼而成的,状物写景都精当熨帖,可见"语不惊人死不休"锤炼语言的苦心。

(二)词曲叠字

在词这种体裁中,叠字运用也不算少,但基本承袭诗的手法,并没有什么突破。例如:

(10)过尽千帆皆不是,斜晖脉脉水悠悠,肠断白蘋洲。(温庭筠《梦江南》)

(11)念去去千里烟波,暮霭沉沉楚天阔。(柳永《雨霖铃》)

(12)千古兴亡多少事,悠悠。不尽长江滚滚流。(辛弃疾《南乡子》)

在宋代词作的叠字运用中,最为令人击节赞赏的是李清照名作《声声慢》的开头:寻寻觅觅,冷冷清清,凄凄惨惨戚戚。连用七对叠字,超然笔墨恒蹊之外,确实是大胆的创新。这十四字内包容着千种愁情、万斛怨恨。后世评论给予极高评价:“此乃公孙大娘舞剑手,本朝非无能词之士,未曾有一下十四叠字者。……后叠又云‘梧桐更兼细雨,到黄昏点点滴滴’,又使叠字,俱无斧凿痕。”(张端义《贵耳集》)“首句连下十四个叠字,真似大珠小珠落玉盘也。”(《词苑丛谈》)

清代女词人双卿在其《凤凰台上忆吹箫》中,妙用叠字倾吐内心愁怨,亦为名作:

寸寸微云,丝丝残照。

有无明灭难消,正断魂魂断,闪闪摇摇。

望望山山水水,人去去隐隐迢迢。

从今后,酸酸楚楚,只似今宵。

青遥,问天不应看小小双卿袅袅无聊。

更见谁谁见?谁痛花娇?

谁望欢欢喜喜,偷素粉,写写描描?

谁还管,生生死死,暮暮朝朝。

——这首词写得宛转缠绵,情真意切,感人心脾。

元曲具有口语化、通俗化的特点,在格律上又比较宽松,故而叠字使用很为出色,举元人王实甫《十二月尧民歌·别情》小令为例:

自别后遥山隐隐,更那堪远水粼粼。

见杨柳飞绵滚滚,对桃花醉脸醺醺。

透内阁香风阵阵,掩重门暮雨纷纷。

——安排了六对叠字,“遥山”与“远水”,“杨柳”与“桃花”,“香风”与“暮雨”相对,均以叠字收尾,显得缠绵流转,音节和美,琅琅上口。

在元杂剧中,叠字运用则更为常见。

再如《西厢记》第四本第三折,崔莺莺唱词“叨叨令”:

见安排着车儿马儿,不由人熬熬煎煎的气;

有什么心情将花儿靥儿,打扮得娇娇滴滴的媚;

准备着被儿枕儿,则索昏昏沉沉的睡;

从今后衫儿袖儿,都揾作重重叠叠的泪。

兀的不闷杀人也么哥,兀的不闷杀人也么哥!

久以后书儿、信儿,索与我恓恓惶惶的寄。

一连串双叠的叠字句,整齐复沓,流转如珠,如诉如泣,曲折地倾泻出莺莺难以与张生离别的复杂感情,缠绵悱恻,呜咽凄楚,把内心世界刻画得细腻入微,栩栩如生。

诗、词、曲均属韵文范畴,在这些体裁的作品中成功地运用好叠字这种修辞手法,有三点好处:(1)可以使对自然景物和客观事物的描摹更加生动、形象,写景状物,细致真切。(2)可以使作品(或人物)的思想感情表达得更为绵密曲折,深切感人。(3)可以使作品的气势连贯,音节流美,增强了节奏感和修辞美。

(三)三字相叠

叠字是一种较为常见的修辞方式,在古典诗、词、曲等韵文中,叠字的运用更为普遍。两字相叠被称为单叠,四字相叠被称为双叠,而三字相叠较为少见,我们姑称之为三叠。

诗的三字相叠句在晚唐诗人刘驾的诗卷中较为多见。他有五首七言绝句的结句都有意安排了三叠的形式,请看:

(13)近来欲睡兼难睡,夜夜夜深闻子规。(《春夜》)

(14)时难何处披衷抱?日日日斜空醉归。(《秋怀》)

从音节上看,三个相叠的字仅是字面相叠,而读时却分属于两个音节,前两个例句应读为:夜夜—夜深—闻子规。日日—日斜—空醉归。其次,从语法上衡量,“夜夜”“日日”是独立的词,可理解为“每夜”“每日”。而第三个

“夜”“日”却分别与下文的“深”“斜”组成了主谓词组：“夜深”“日斜”。全句应理解为：“每至深夜（我都难以入眠），闻听子规鸟的悲啼声。每天夕阳西下，（我都）喝醉了酒，空着手回家。”可知诗中三字相叠只是字面形式上的相叠，而实际意义上第二字与第三字并不相连属。

词的三叠字多用在句尾，表示语气的加强，这在《醉春风》《钗头凤》等词牌中有固定的格式要求，如：

（15）归云何许误心期，候候候。

……东阳咏罢不胜情，瘦瘦瘦。

（贺铸《醉春风》）

（16）素娥传酒袖凌风，送送送。

……忽然推枕草堂空，梦梦梦。

（朱敦儒《醉春风》）

（17）一怀愁绪，几年离索，错错错。

……山盟虽在，锦书难托，莫莫莫。

（陆游《钗头凤》）

（18）欲笺心事，独语斜阑，难难难。

……怕人寻问，咽泪装欢，瞒瞒瞒。

（唐婉《钗头凤》）

这种三叠字用在词的上阕和下阕的结尾处，借以表达出深沉强烈的感情。

三、列锦

古代诗词语言简练，意境深远。在诗句中，凡是对语意表达无甚重大影响的词语都可一概省去，句与句之间的一些说明性的中介环节亦可略去不表。这样，在诗中往往形成似断实连，貌离神合的跳跃感。古代诗词有一种颇为奇特的句式，它由若干名词或名词性的词组连缀而成，其中没有动词谓语，却能摹景叙事，抒情言志。吕叔湘先生称之为“词组代句”，是从语法角度命名的（见《中国文法要略》），谭永祥先生称之为“列锦”，是从修辞角度命名的（见《修辞新格》）。

下面欣赏晚唐诗人温庭筠的名作《商山早行》：

晨起动征铎，客行悲故乡。

鸡声茅店月，人迹板桥霜。

槲叶落山路，枳花明驿墙。

因思杜陵梦，凫雁满回塘。

——这首五言律诗的颔联“鸡声茅店月，人迹板桥霜”，就是列锦格的妙用。这一联诗不假雕饰，十字之中写出六种景物：鸡声、茅店、月、人迹、板桥、霜。这里有声响也有色彩，有远景也有近景，未着一动词而人物的动作自在其中；未用一字抒情而情思溢于言外。这一联列锦妙句既传神地描摹了景物，又点明了节令、时间、地点；更重要的是通过这凄清萧索的清晨景色，曲折地透露出早行旅人孤独的心境和羁旅行役的艰辛。

列锦修辞法可分为单句列锦、对偶列锦和三句列锦。

（一）单句列锦

先请看下列诗句：

（19）“中军置酒饮归客，胡琴琵琶与羌笛。”（岑参《白雪歌送武判官归京》）

——“胡琴琵琶与羌笛”，只列出几种乐器名称，但急管繁弦的侑觞演奏，西北边陲的异乡情趣则“境界全出”了。

（20）葡萄美酒夜光杯，欲饮琵琶马上催。（王翰《凉州词》）

——“葡萄美酒夜光杯”，皆为西域之特产，借以巧妙地展示出西北边塞的奇特风情。

（21）黄河远上白云间，一片孤城万仞山。（王之涣《凉州词》）

——“一片孤城万仞山”，渲染出玉门关雄踞于万仞峰峦之上的峭拔气势。

（22）马上凝情忆旧游，照花淹竹小溪流。钿筝罗幕玉搔头。（张泌《浣溪沙》）

——“钿筝罗幕玉搔头”。俞平伯先生注曰：“连用三名词：玉搔头，玉簪，指妆饰；罗幕，帷帐，指所在地；钿筝、乐器，指技艺；只七字，写人、境、情事都有了。”

以上例子，皆有一句由名词或名词性词组组合而成。虽然诗句中所列的只是乐器、美酒、杯杓、山城、头饰等物体的名称，但这种单句列锦，状物而不滞于物，善于引导读者展开由此及彼，由表及里的艺术联想。这种单句列锦，内容比较单一，往往是叙写或描摹一时一地的事物。

（二）对偶列锦

诗人往往运用对偶列锦句去摹景状物，抒情言志，例如：

（23）床前磨镜客，树下灌园人。（王维《郑果州相过》）

（24）门外韩擒虎，楼头张丽华。（杜牧《台城曲》）

（25）深秋帘幕千家雨，落日楼台一笛风。（杜牧《题宣州开元寺水阁阁下宛溪夹溪居人》）

——无论写人，还是写景，都妙用对偶列锦把人物或景物组合在一起，以表达深挚丰厚的内在情感。另外，还有一种一句写景，一句写人的对偶列锦句，景中喻情，隽永有味。如：

（26）雨中黄叶树，灯下白头人。（司空曙《喜外弟卢纶见宿》）

——以“雨中黄叶树”比喻灯下的白头人。

（27）落叶他乡树，寒灯独夜人。（马戴《灞上秋居》）

——借“落叶他乡树”衬托客子思乡之孤苦。

（28）乱山残雪夜，孤烛异乡人。（崔涂《巴山道中除夜书怀》

——用“乱山残雪夜”烘托出凄凉纷乱的气氛。

这三联对偶列锦句手法相类，后一句皆写灯下之人，前一句皆为写景。一人一景，相映相生，景与心融，神与景会。

诗人常用对偶列锦把时间相异，空间相迥的意象巧妙地组合在一起，启发读者去咀嚼体味，如：

（29）渭北春天树，江东日暮云。（杜甫《春日忆李白》）

（30）思妇楼头月，征人马上霜。（章美中《初秋感怀》）

——“渭北”“江东”相距甚远。“思妇”“征人”远隔天涯。但这两种意象也都是靠对偶列锦来连接的。

上面所举的五言诗句，都是没有动词谓语的工稳对仗句，言简意赅，短短的十个字，构成的意境却丰厚广博。下面再举两个著名的七言对偶句。

(31)桃李春风一杯酒,江湖夜雨十年灯。(黄庭坚《寄黄几复》)

——上句回忆少年时与黄几复游宴之乐,下句摹写阔别后思念之深。时间跨度很大,空间距离甚远(首联“我居北海君南海,寄雁传书谢不能”),但各种意象靠对偶列锦连接为一体。

(32)楼船夜雪瓜洲渡,铁马秋风大散关。(陆游《书愤》)

——这联诗句,空间相隔:一是东南瓜洲,一是西北散关;时间相迥:一为冬雪之夜,一为金风秋日。诗人妙用对偶列锦将如此丰厚的内容浓缩于十四字之中,虽未用一动词,但雪夜渡江,战船森列;金戈铁马,秋日杀敌的激战场面就逼真地展现出来了。

(三)三句列锦

三个列锦句并列出现,在词曲中较为多见,如贺铸的《青玉案》:

试问闲愁都几许?一川烟草,满城风絮,梅子黄时雨。

——罗大经在《鹤林玉露》中评云:“盖以三者比愁之多也。”作者妙用三句列锦:“一川烟草”无边无垠,延及天涯;“满城风絮”纷扬飘荡,遮天盖地;“梅子黄时雨”连月不开,无休无止。这既是对眼前江南黄梅时节景物的描绘,又平列了三种景物来比喻内心的愁苦。用无边春草,飞杨柳絮,连绵梅雨喻闲愁之阔、之乱、之长。贺铸把抽象、难以说透的“闲愁”,描绘得如此生动而传神,成为以景喻情的千古佳句。

在宋词中,可以看到不少三句列锦的佳句:

(33)楼外残钟,帐前残烛,窗边残月。(朱敦儒《柳梢青》)

(34)绿杨影里,海棠亭畔,红杏梢头。(朱淑真《眼儿媚》)

三句列锦在元散曲中更为多见,仅以张可久《人月圆》为例说明:

(35)孔林乔木,吴宫蔓草,楚庙寒鸦。

(36)一声啼鸟,一番夜雨,一阵东风。

(37)黄花庭院,青灯夜雨,白发秋风。

无论是述古人典实,还是摹景状物,都寄寓感慨,饱含深情。这种内在的感情犹如一条纽带,把语言上若断若连的三句列锦连为一串,把意境上相映相生的三种意象融为一体。

（四）连珠列锦

三句以上的列锦句我们称之为连珠列锦，如：

(38)诗酒社，江山笔，松菊径，云烟屐。（辛弃疾《满江红》）

(39)鸳鸯浦，鹦鹉洲，竹叶小渔舟。烟中树，山外楼，水边鸥，扇面儿潇湘暮秋。（张可久《梧叶儿·次韵》）

——运用排比铺陈去穷形尽相地描摹事物，读来如明珠走盘，弹丸脱手，圆转而晓畅。

这种连珠列锦表现在楹联上更为人所瞩目，如清人邓石如题于碧山书屋的一联：

上联：沧海日，赤城霞，峨眉雪，巫峡云，洞庭月，彭蠡烟，潇湘雨，武夷峰，庐山瀑布：合宇宙奇观，绘吾斋壁；

下联：少陵诗，摩诘画，左传文，马迁史，薛涛笺，右军帖，南华经，相如赋，屈子离骚：收古今绝艺，置我山窗。

——上下联各铺排了九种事物，来述说“宇宙奇观”和“古今绝艺”，形成令人击节赞赏的连珠列锦句式，语势如飞流注涧，一泻无余，意象纷至沓来。

列锦辞格的成功运用，丰富了古诗艺术表现手法，对后世诗歌创作也产生了深远的影响。这种辞格具有以下三个特点：(1)言简意繁，辞约义丰，具有很强的艺术概括力，甚至能达到“咫尺有万里之势”的艺术效果。(2)含蓄隽永，词断意属，形散神凝，往往能给读者留下充分驰骋想象，进行艺术再创造的余地。(3)讲求多种修辞手法的综合运用和语言的锤炼。如上述不少引例就是列锦与对偶、互文、用典、设问、比喻等其他辞格的结合运用。诗歌列锦句讲求语言的精美与健劲，往往形成鲜明的节奏和音乐美感，读起来倍觉笔墨精炼，神采斐然。

第六节 词曲鼎足对

"鼎足对"就是以三句为一组，互为对偶，犹如鼎的三条腿。周德清《中原音韵》、朱权《太和正音谱》、王骥德《曲律》中对它都有简略的论述。鼎足对在元曲中运用得很广泛，表现出独特的艺术个性，如：

(1)暮云收，晴虹散，落霞飘。(郑光祖《驻马听近》)

(2)黄花庭院，青灯夜雨，白发秋风。(张可久《人月圆·客垂虹》)

(3)和露摘黄花，带霜烹紫蟹，煮酒烧红叶。(马致远《夜行船·秋思》)

散曲的"鼎足对"对事物的描摹刻画是淋漓酣畅的，作者乐于采用这种奇特的对仗格式去状物抒情。确实，"鼎足对"对于散曲泼辣宏肆的风格的形成也起到了一定的推动作用。

在学术界，人们一般都认为鼎足对是散曲独有的对偶形式，王季思先生在《元散曲选注·前言》中指出；"(散曲)对仗的种类也增加了，象鼎足对，就是诗词中没有的。"我们在研读唐宋词作品时，发现并札录了大量的鼎足对例证。如果说散曲的《折桂令》《醉太平》《天净沙》《水仙子》等曲牌的句格便于使用鼎足对的话，那么唐宋词的《行香子》《柳梢青》《醉蓬莱》《国门东》《水调歌头》《眼儿媚》《水龙吟》等词牌的句格也同样能容纳鼎足对句式。例如《行香子》词牌：

(4)奈心中事，眼中泪，意中人。(张先)

(5)任雪霏霏，云漠漠，月溶溶。(黄升)

(6)对一张琴，一壶酒，一溪云。(苏轼)

(7)甚霎儿晴，霎儿雨，霎儿风。(李清照)

再如《柳梢青》词牌：

(8)昨夜浓欢，今朝别酒，明日行客。……
　　无限离情，无穷江水，无边山色。(谢逸)

(9)楼外残钟，帐前残烛，窗边残月。……
　　心下难弃，眼前难觅，口头难说。(朱敦儒)

《水调歌头》：(用辛弃疾词例)

(10)梦连环,歌弹铗,赋登楼。

(11)王家竹,陶家柳,谢家池。

(12)醉淋浪,歌窈窕,舞温柔。

再如《醉蓬莱》词牌:

(13)玉宇无尘,金茎有露,碧天如水。(柳永)

再如《国门东》:

(14)指红尘北道,碧波南浦,黄叶西风。(贺铸)

又如《金人捧露盘》词牌:

(15)梦湘云,吟湘月,吊湘灵。(高观国)

再如《眼儿媚》词牌:

(16)绿杨影里,海棠亭畔,红杏梢头。(朱淑真)

(17)今宵眼底,明朝心上,后日眉头。(佚名)

再如《水龙吟》词牌:

(18)千古兴亡,百年悲笑,一时登览。(辛弃疾)

(19)绿野风烟,平泉草木,东山歌酒。(辛弃疾)

再如《诉衷情》词牌:

(20)胡未灭,鬓先秋,泪空流。(陆游)

(21)追往事,惜流年,恨风烟。(晁端礼)

再如《酒泉子》词牌:

(22)绿杨浓,芳草歇,柳花狂。(温庭筠)

(23)掩银屏,垂翠箔,度春宵。(温庭筠)

另外还有《定西蕃》《华胥引》《忆少年》《人月圆》《宝鼎现》《千秋岁》《最高楼》《玉蝴蝶》《石州慢》《烛影摇红》《六州歌头》等词牌都可以容纳鼎足对的句子。至于例句,兹不赘举。

为什么唐宋词中如此丰富的鼎足对例句却没能引起研究者的重视呢?原因有二:一是唐宋词中鼎足对的句式多被后人归入排比辞格中,而未能从对偶的角度对其进行研究;二是为散曲鼎足对显赫的声势所掩,未能摆脱传统的定论,而去追根溯源,探求其本。

上文所引词中鼎足对的实例林林总总,绚烂多姿,表现出灵巧、自由的特点。词的鼎足对，突破了律诗对仗僵滞的模式，显得灵活、生动。如律诗的对仗忌“合掌”(即一联中的出句和对句的意思相同，或上联对仗方式与下联雷同皆被称为合掌)，但词的鼎足对却完全摆脱了这种束缚，对偶的一组之中的各句不避合掌。再如律诗对仗忌出句与对句中有间字，因此力避字句的重复，而词的鼎足对却不受此局囿，上文引例中就有不少出现同字的对偶，尤其是《行香子》《柳梢青》等词牌的鼎足对更以同字见长。词中鼎足对以三字句和四字句为多，五言以上的极为少见。在句法的安排和技巧的运用上远不如后世散曲鼎足对那样灵活、丰富。

散曲作品中八字句以上的鼎足对亦不少见，如；

(24)羡傅说守定岩前版，
叹灵辄吃了桑间饭，
劝豫让吐出喉中炭。

(查德卿《寄生草》)

(25)感春情来来往往蜂媒，
动春意哀哀怨怨杜宇，
乱春心娇娇怯怯莺雏。

(马致远《惜春曲》)

(26)伴虎溪僧鹤林友龙山客，
似杜工部陶渊明李太白，
有洞庭柑东阳酒西湖蟹。

(马致远《拨不断》)

(27)银筝女银台前理银筝笑倚银屏，
玉天仙携玉手并玉肩同登玉楼，
金钗客歌金缕捧金樽满泛金瓯。

(关汉卿《南吕一枝花》)

散曲的鼎足对有些是曲律所规定的，有些则是约定俗成的惯例，但因现存曲谱的科学性较差，我们应着重从作品实际去进行分析。有些曲牌如《天净沙》《折桂令》《水仙子》《醉太平》等句式适于使用鼎足对，因此形成了应当遵守的格律。另外散曲可以在曲牌规定的字句之外另加衬字，这样就使同一曲调的作品在数字上有很大的伸缩性。衬字的灵活运用使传统的格律发生了很大的松动，散曲因此得到了长足的发展，成为“中国最自然的文学”（王国维语），这就为鼎足对的运用开拓了疆域，扩展了道路。另外散曲鼎足对往往与比喻、双关、博喻、排比、复沓、叠字、嵌字等修辞方法结合起来，珠联璧合，相得益彰。

综上所述，我们可以看出散曲的对偶与诗词相比有三个区别：在艺术形式上，诗词的对偶要求很严而散曲较宽；在语言风格上，诗词典雅工丽而散曲俚俗浅显；在艺术手法上，散曲更为灵活多样。

唐宋词作的鼎足对还处于探索阶段，在艺术手法上远不如后世散曲鼎足对那样丰富和成熟。但是，在这种特殊对偶形式发展过程中，唐宋词为元散曲“导夫先路”的作用应予充分肯定。对古典词曲中这种特殊的对偶形式进行探研和总结，对于新诗的创作与发展也是大有裨益的。

第七节　散曲修辞艺术

在古诗艺苑中，唐诗、宋词、元曲前后辉映，名呈异彩，历来就有“诗庄，词媚，曲俗”的说法。散曲是元代新兴的一种诗体，是古典韵文在形式上的一次重大解放。语言的通俗、形式的灵活、内容的多样、音律的松动是散曲的突出特点。在艺术表现手法上，散曲与传统诗词相比，有以下四个区别：诗词贵典雅而散曲尚俚俗，诗词贵含蓄而散曲尚显露，诗词贵敦厚而散曲多诙谐，诗词多用比兴而散曲好用铺陈。散曲修辞与正统诗词相比更是大异其趣，它形成了许多令人瞩目的修辞方式，不拘格套，逞才弄巧，善于大胆创新，翻新出奇。在这方面，散曲之异于诗词，可谓道迥不侔也。从林林总总的散曲修辞格式中，选出五种有代表性的修辞格式，引例论说如下。

一、排比铺陈

诗词讲求比兴寄托，以言近旨远、辞约义丰为尚，而散曲却好用直陈白描，以铺陈排比，显豁直露为当行本色。翻开散曲卷帙，我们会发现，无论写景、叙事、状物、抒情，散曲作者都以穷形尽相，刻露无余为宗旨。请看：

看看的相思病成，怕见的是八扇帏屏：
一扇儿双渐小卿，一扇儿君瑞莺莺；
一扇儿越娘背灯；一扇儿煮海张生。
一扇儿桃源仙子遇刘晨，一扇儿崔怀宝逢着薛琼琼；
一扇儿谢天香改嫁柳耆卿，一扇儿刘盼盼昧杀大官人。
哎！天公！天公！教他对对成，偏俺合孤零！

（无名氏《十二月过尧民歌》）

——连续铺排了民间广泛流传的八个恋爱故事，来衬托女主人公渴求自主婚姻的迫切心情，文气连贯，令人目不暇接。又如：

见十二个粉蝶儿飞：一个恋花心，一个挽春意，
一个翩翩粉翅，一个乱点罗衣，
一个掠草飞，一个穿帘戏，
一个赶过杨花西园里睡，一个与游人步步相随，
一个拍散晚烟，一个贪欢嫩蕊，
那一个与祝英台梦里为期。

（赵岩《喜春来过普天乐》）

——全曲分别描绘了十二（实际上只有十一）只粉蝶不同的情态，渲染出一派旖旎春光和盎然春意，新颖活泼，极富情趣。

二、重字复词

近体诗和长短句的词都以重复的字词为忌，而散曲却以此为长。请看以下几例，

云来山更佳，云去山如画；
山因云晦明，云共山高下。
倚杖立云沙，回首见山家。
野鹿眠山草，山猿戏野花。
云霞，我爱山无价；
看时，行踏，云山也爱咱。

（张养浩《雁儿落带得胜令·退隐》）

——全曲九个"山",七个"云"字巧妙钩连,字虽重复,意却奇妙,烘托出云山幽境和隐栖之乐。

散曲中词语叠用更为多见,呈现出独特的艺术风貌,如以下两首抒写相思离别的小令:

九分恩爱九分忧,两处相思两处愁,
十年迤逗十年受。几遍成几遍休,
半点事半点惭羞。三秋恨三秋感旧,
三春怨三春病酒,一世害一世风流。

(徐再思《水仙子·春情》)

怕黄昏忽地又黄昏,不销魂怎地不销魂;
新啼痕压旧啼痕,断肠人忆断肠人!

(王实甫《十二月过尧民歌·别情》)

这两支小令或一句内词语相叠,或相邻句子中词语重复,尽情地渲染了缠绵悱恻的相思之情。

再如无名氏《塞鸿秋·山行警》:

东边路西边路南边路,
五里铺七里铺十里铺。
行一步盼一步懒一步,
霎时间天也暮日也暮云也暮。
斜阳满地铺,回首生烟雾。
兀的不山无数水无数情无数。

——直率自然,一气呵成,天然俗语,不啻自其口出。词语的叠用使全曲变为基本上以三字为一组的短句,音急节促,有回环流走之妙。

三、连环往复

有些散曲全篇由几个中心词语连环往复组成,如张鸣善《普天乐·愁怀》:

雨儿飘,风儿飏。
风吹回好梦,寸滴损柔肠。
风萧萧梧叶中,雨点点芭蕉上。

风雨相留添悲怆，雨和风卷起凄凉。

风雨儿怎当，雨风儿定当，风雨儿难当。

——全曲各句分别组成四联对偶句和一联鼎足对，以“风雨”为中心词语，连环往复，格调累累如珠。

再如刘庭信的散曲《一枝花·秋景怨别》的“尾声”：

惊回残梦添凄楚，无奈秋声最狠毒：

一声风，一声雨，一声钟，一声鼓，

风声催，雨声促，角声哀，鼓声助。

一声听，一声数，一声愁，一声苦。

投至的风声宁，雨声住，角声绝，鼓声足。

又被这一声钟撞我一声长吁，

则我这泪点儿更多如窗前雨。

——全曲二十句，三字句就占十五句之多，围绕着由“风、雨、钟、角、鼓声”组成的立体“秋声”，进行反复的描述，声调急促，传神地刻画出抒情主人公彻夜难以安眠的凄怆之情。通篇是四面秋声递相起，如常山之蛇，首尾相应。

四、独木桥体

诗忌同韵，但曲中有通首只押一个韵的，称为独木桥体。如无名氏的《塞鸿秋》：

爱他时似爱初生月，

喜他时似喜看梅梢月，

想他时道几首西江月，

盼他时似盼辰勾月，

……要相逢似水底捞玥月。

——全曲一“月”字押韵到底，写出相思深情，语言活泼，意趣盎然。

再如周文质《叨叨令·自叹》的第一首：

筑墙的曾入高宗梦，

钓鱼的也应飞熊梦。

受的是个凄凉梦，
做官的是个荣华梦。
笑煞人也么哥，笑煞人也么哥，
梦中又说人间梦。

——曲词以“梦”字为韵脚，反映出沦至“九儒十丐”最低下地位的汉族文人普遍存在的人生虚幻的思想，从这个侧面反映了社会的黑暗。

五、广譬博喻

博喻就是使用多种多样的比喻来形容某一事物或说明某一个道理。妙用博喻的散曲佳作很多，简直俯拾皆是。它们妙语如珠，奇喻叠起，变传统比兴的深婉隐曲为宏肆豪辣，令人耳目一新，充分体现出散曲独特的艺术个性。如马致远散套《夜行船·秋思》：

蛩吟罢一觉才宁贴，
鸡鸣时万事无休歇，
争名利何年是彻？
看密匝匝蚁排兵，
乱纷纷蜂酿蜜，
闹攘攘蝇争血。

作者把世间那群追名逐利的无耻之徒喻为排兵之蚁、酿蜜之蜂、争血之蝇，投以鄙夷的目光。而尘世的纷扰，群小的龌龊则在这个博喻句中逼真而形象地显示出来。请看下面两首小令：

(1)夺泥燕口，削铁针头，
刮金佛面细搜求，无中觅有。
鹌鹑嗉里寻豌豆，鹭鸶腿上劈精肉，
蚊子腹内刳脂油，亏老先生下手！

（无名氏《醉太平·讥贪小利者》）

——连用六个生动形象的比喻，尖锐地嘲讽了元代那些贪得无厌的统治者、剥削者搜刮民脂民膏的丑行。全曲语言俚俗、诙谐，把敲骨吸髓的“老先生”之流的贪婪本性刻画得入木三分，揭露得纤毫毕现。

(2)比你做水花儿聚了还散，
比你做蜘蛛网到处粘拈，
比你做锦缆儿与你暂时牵绊，
比你做风筝儿断了线，
比你做扁担儿，挑不起莫要担，
比你做正月半的花灯也，你也亮不上三四晚。
(醉月子《新选挂技儿》)

——根据词意揣度，可能是一位歌伎对追求他的轻薄男子所言，带有调笑的意味。全曲运用眼前六个事物作喻，新颖而又贴切，语言通俗，泼辣明快，六个“比你做”又构成排比句式，赋比兼陈，清新幽默。

散曲在文学史上占有很高的地位，标志着我国诗歌形式的一次大解放，也预示着富有强大生命力的白话新体诗的产生。散曲绚烂多姿的艺术表现手法和修辞方式对后世的民间演唱文学产生了深远的影响，从当代许多戏曲、曲艺形式中，我们能强烈地感受到这种影响的存在。而历代文人仅以诗文为正统文学，词被称为“诗余”，曲则被称为“词余”，甚至把散曲摒弃于文学殿堂之外。这种历史的偏见，至今尚未完全销声匿迹。因此，对于散曲各种修辞形式进行深入、切实的探研，还有待于进一步加强。

扫码获取
☆配套音频
☆名家课程
☆读书笔记
☆交流社群

第十二章　多角度研究修辞

本章主要内容：一、模糊修辞。二、变异修辞。三、接受修辞学。四、社会心理修辞。五、修辞理据研究。六、阐释修辞。七、修辞心理学。八、得体修辞学。九、话语修辞。十、语用修辞。

近年来，中国修辞学界在多角度研究修辞方面取得了重大的成果。本章选取其中十个研究领域，依次对其主要学术思想和理论框架进行简要的阐析。这些新的研究领域是：模糊修辞学、变异修辞学、接受修辞学、社会心理修辞学、修辞理据研究、阐释修辞学、得体修辞学、修辞心理学、话语修辞学、语用修辞学。

第一节　模糊修辞

一、语言的模糊性

传统修辞学十分强调语言表达的准确，要求说话写文章做到准确、鲜明、清楚，忌讳模糊、含混、不清楚。可是客观世界林林总总，错综复杂，千变万化，各种纷繁的事物，以及事物间瞬息万变的联系，都具有模糊性和非定量化的特点。因此，作为反映客观世界、表达思维结果的语言，在人们的交际活动中确实存在着模糊的语言形式。另外，对于语言表达来说，不能脱离交际目的和具体的语境，而去追求所谓的“准确”。因为有时“准确”的表达却是蹩脚的，甚至是砸锅的。而在这种情状中，“模糊”的表述却是得体的，可以取得良好的效果。这说明在语言运用中，有时需要准确、鲜明、清楚；有时却需要模糊、含混、不清楚。

置身于大千世界，时间难以精确划分，空间无法准确分割，许多物质的性质、状态、程度、功能尚无法真正认识把握；因此模糊的情况是时常出现的，模糊性是客观事物存在的一种属性。和客观世界相对应的语言，自然就出现了模糊语言。所谓模糊语言，就是语义不确定的、模糊的语言单位。在自然语言中，绝对精确的语言几乎不存在，我们日常所使用的语言，都不同程度存在着模糊性。例如汉语的“儿童”“少年”“青年”“壮年”“中年”“英年”“老年”等表示时间概念的词语，《现代汉语词典》的解释是：

儿童——较幼小的未成年人（年纪比“少年”小）。

少年——指人十岁左右到十五六岁的阶段。

青年——指人十五六岁到三十岁左右的阶段。

壮年——三四十岁的年纪。

中年——指四五十岁的年纪。

英年——英气焕发的年龄，一般指青壮年时期。

老年——六七十岁以上的年纪。

这些词语在界线划分上都具有模糊性。再如“溪”与“河”，“树林”与“森林”，“山丘”“山峰”“山岭”与“山脉”等表示空间概念的词语，它们之间都没有明确的分界点。以上这类事物（或概念）之间，都存有相互过渡的阶段。要想在它们之间硬性规定出一个放之四海而皆准的绝对精确的外延界限，简直是不可能的。

在语言系统中确实存在着一些明显的带有模糊性的词语，例如表示数量的：“有的”“有时”“若干”“某些”“少数”“极少数”“个别”“极个别”“多数”“大多数”“绝大多数”等；再如表示程度和可能的：“原则上”“基本上”“理论上”“大体”“大致”“大概”“也许”“几乎”“可能”“比较”“或许”“似乎”“好像”“差不多”等。另外，“高”“低”“深”“浅”“宽”“窄”等也都是具有相对性的模糊词语。“三三两两”“隔三差五”“三六九等”“十天半月”“三年五载”“七十二行”“千儿八百”“千家万户”“八九不离十”等，也是模糊语言。我们在描绘事物或描述事情时，都离不开它们的帮助。

在语言运用中，准确和模糊既是矛盾对立的，又是相辅相成的统一体。比如我们说“外面正下大雨”；虽然“大雨”是模糊词语，但是听读者都了解这个模糊词语的实际意义，并可以做出相应的反映。如果说“外面正下着在24小时内雨量累计达40~79.9毫米的大雨”，当然精确得很，却没有这个必要。但如果在气象研究或者在具体的天气预报中，使用这种精确的表述就是必要的。

比方让你到会场去找一个人，给出的特征是：“找一个中年男子，身材不高，戴黑边眼睛，灰白头发，穿灰中山服的。”应当说，发出的指示信息全是模糊语言，但你却很不费劲地把所要的对象找到了，可见即使是模糊语言，也起到了社会交际的作用。如果给出的指示信息用的是精确语言，例如“找一个51岁的男人，身高1.62米，体重51.25千克，戴黑色化学镜框，镜片直径为4厘米，克罗克丝玻璃，头发5%全白，25%灰色，70%黑色，穿中山服，用料是40%棉加60%人造纤维纺成的。”精确度可谓高矣，但你到会场去找，可要遇到很大的麻烦。你把会场上的男人都量一次身高体重，没有可能，也完全不需要。这就是说，要在会场中找这么一个人，只需要模糊语言，或者说，宁愿按照模糊语言去找寻，也不能按照精密语言（精确度很高的语言）去完成任务。[①]

可见社会生活中既需要精确的语言，也需要模糊语言。对模糊语言一味挑剔和排斥，就会闹笑话啦！在一次乘车旅游时，为了避免旅途中的单调，笔者给几位同事出了两条谜语让大家猜：

（1）打篮球各进两个（打一城市名）——谜底：四平。

（2）孕妇踩钢丝（打一四字格成语）——谜底：挺儿走险（铤而走险）

正在大家热烈地竞猜时，一位先生以不屑的口吻，严肃地指出了这两个谜面存在的毛病：

> 第一个谜面，要知道打篮球得分还有远投三分球和得一分的罚球，双方各进两球，也许是六平，也许是二平，怎么就一定是四平呢？第二个谜面问题更大——首先，怀孕三四个月，外表上看不出来，怎么能说“挺”呢？其次，怀的究竟是男孩女孩，难以预知，你怎么能说“儿”呢？

---

① 陈原：《社会语言学》，学林出版社1983年，第266~267页。

听了这番冬烘高论，简直把我气得苦笑不已。我说：按照阁下的意思，这两个谜面就得改成：

(1)打篮球各进两个(注：三分球和罚球除外)

(2)怀孕四个月以上，通过B超检查确定所怀胎儿为男性的孕妇踩钢丝

平心而论，修改之后的谜面确实很精确，很科学，毫发不爽，简直无懈可击；但是这么一搞，啰唆烦琐、抱柱守株，人们看了误以为是黑色幽默，是开玩笑；而谜语独特的语言风格和诱人的情趣就都丧失殆尽了。这个例子，从一个侧面证明了模糊语言存在的合理性和必要性。社会生活既需要精确的语言，也需要模糊语言。对于模糊语言不应排斥否定，而应该很好地加以利用。

二、模糊语言与模糊言语

模糊语言与模糊言语是两个不同的概念，不能混为一谈。

模糊语言是指语言的模糊性，它是语言自身所固有的属性，对于一个语言社团的一切成员都是共同的。它的存在也并不受具体的语言环境的制约。例如“春—夏—秋—冬”，这四个表示季节的词之间，没有一个绝对的明确界线，存在着中间过渡地带，呈现出语义的模糊性。这是语言本身固有的，而不是在语言具体运用过程中产生的。另外，某些语言单位具有同形异义现象，如多义词、同音词、多义结构(也称为歧义结构)也属于模糊语言的范畴。例如：

(1)这十几篇作文我足足改了半天。(这里的“半天”指白天的一半。)

(2)我在公交车站等了半天，汽车才来。(这里的“半天”指相当长的一段时间。)

(3)杜鹃声声，令人联想起古代悲剧传说。(这里的“杜鹃”指一种益鸟，也叫布谷。)

(4)满山遍野开满了杜鹃。(这里的“杜鹃”指一种开红花的灌木，也叫映山红。)

“半天”“杜鹃”这类多义词或同形异义词的存在，也是语言模糊性的一种表现。试再举一例：“斗”是一个容量单位，斟酌“斗”这个词在与其他名词

组合成词语后所表达的语义，既可以表示“小”，又可以表示“大”，呈现出向两极异化的特殊状况：

斗[1]——表示“大”的意思，

如：斗胆、斗笔、斗碗、斗大的字不认识半升、堪笑牡丹比斗大等。

斗[2]——表示“小”的意思，

如：斗室、斗舍、斗门、斗筲之辈、斗方名士、斗斛之禄、斗升之水等。

这就形成了一个规律：在“斗”的后面组合上一个比“斗”的体积小的名词，所组成的词语就表示“大”的意义；在“斗”的后面组合上一个比“斗”的体积大的名词，所组成的词语就表示“小”的意义。这种形成两极对立的复杂的语义状况，也是模糊语言，或者说是语言的模糊性之所以存在的基础。再比如多不可数的同音词：

油船—邮船—游船　白痴—白吃—白炽　机关—籍贯—鸡冠

羁留—急流—激流　童子—桐子—铜子　琵琶—枇杷—噼啪

援助—原著—原注—圆柱　诠释—权势—全市—全是

逝世—事事—世事—试试　报复—抱负—暴富—包袱

就是—旧式—旧事—就事—就势

这些同音词在口语交际中，特别是对于影视广播的受众，也是形成语言模糊性的主要原因之一。多义结构，或叫歧义结构，也是语言模糊性的一种表现。例如：

(1)没有必要的批评是害人的

A.（没有—必要）的—批评—是—害人的。（吹毛求疵式的批评可以休矣！）

B. 没有—（必要）的—批评—是—害人的。（强调开展批评的必要性和重要性。）

(2)我们没有做不好的事情

A. 我们—没有—做（不好）的—事情（我们什么事情都可以做好—抒发豪情。）

B. 我们—没有—做—（不好）的——事情（我们没干坏事—自我辩解。）

(3)开刀的是他父亲

A."他父亲"是施事者,是为病人做手术的医生。

B."他父亲"是受事者,是接受手术的病人。

上述例句中的"没有必要的批评""没有做不好的事情"和"开刀的"都属于多义结构,或叫歧义结构。因为它们同时可以具有起码两种解释,所以也可以称之为模糊结构。

美国前总统的顾问伦纳德·加布特有一次想找以色列驻美大使谈话。他告诉白宫的接线生:"请接以色列大使。"10分钟后,接线生的电话叫醒了睡意朦胧的美国驻以色列大使。那时,正是以色列当地时间凌晨3点钟。毛病出在加布特没有讲清楚——他要找以色列驻美国大使,还是美国驻以色列大使。"以色列大使"这个模糊结构造成了一种误会。模糊结构运用不当,也会造成交际的障碍,甚至误事。

同模糊语言不同,模糊言语是某一个人在言语使用、言语交际中的具体产物,它不属于这个语言社团的全体成员,总是和具体的语言环境紧密相关的。例如:

(1)黛玉两眼直瞪瞪的瞅了他半天,气得"嗳"了一声,说不出话来。见宝玉的脸上紫胀,便咬着牙,用指头狠命的在他额上戳了一下子,"哼"了一声,说道:"你这个——"刚说了三个字,便叹了一口气,仍拿起绢子来擦眼泪。(曹雪芹《红楼梦》)

(2)我原来在农场的时候,有一个青年指导员给我写信,表示了那个意思。(张抗抗《夏》)

例(1)"你这个——"这句模糊言语,将此情此境之中,黛玉对宝玉既由衷爱怜又恼怒嗔怪,想倾诉衷肠而又难以直言,内心百感交集而又欲说还休的复杂情感惟妙惟肖地描述出来。例(2)根据上下文的语境,"那个意思"的真实意思不言自明。

语言的模糊性是模糊言语产生并赖以存在的基础,而模糊言语是语言的模糊性在言语运用中的具体体现。模糊言语在现实生活中是大量存在的,例如"这个人真有点那个""不敢恭维""不敢苟同""由于众所周知的原因""无可奉告""不好意思""给您添麻烦了"等。在口语交际中,使用模糊言语是否得当,能否取得良好的表达效果,是一个相当复杂的修辞问题。例如

1972年9月,田中角荣作为二战后首位访华的日本首相来到北京,与周恩来总理就改善中日关系问题举行会谈。田中角荣说道:“过去几十年间,日中关系经历了不幸的过程。我国给中国国民添了很大的麻烦,我对此再次表示深切的反省。”周恩来总理听到这里,立即反问:“您对日本给中国造成的损失怎么理解?”田中角荣这才意识到自己表达不当,连忙做了一番解释。“添了很大的麻烦”是模糊而婉转的外交辞令,但是日本在侵华中给中国人们造成的巨大的民族灾难,怎么能轻率地用“添了很大的麻烦”来轻描淡写呢!这个例子从一个侧面说明了:使用模糊言语如何达到良好的修辞效应,受到表达与接受,语义与语境等多种因素的制约,很值得深入探研。

三、汉语模糊修辞学的建立

模糊修辞学是修辞学的一个新兴的分支学科,是研究运用语言的模糊性来提高表达效果规律的科学。模糊修辞学的研究对象主要是模糊语言和模糊言语。

研究模糊语言,主要是结合结构、语义去研究在交际活动中模糊词语、模糊结构的种类、特点及其修辞功能。研究模糊言语,主要研究它的类型、产生根源和修辞特点。而后者更是研究的重点和难点之所在。

汉语修辞学中的反语、双关、婉曲、别解、谐解、跳脱、折绕、拈连、矛盾语、囫囵语、似不通等辞格、辞法都可以从模糊理论的角度进行阐发分析,把它们纳入模糊修辞学的研究疆域。

模糊修辞,一方面要研究如何利用语言的模糊性,去获得最佳的表达效果,探索并总结那些获得最佳的表达效果的模糊词语、模糊结构的结构方式和表达规律;另一方面要研究如何避免和消除模糊词语、模糊结构不利于交际的负面影响,研究表达效果低下的模糊言语的成因和克服方法。用修辞两大分野体系划界,前者属于积极模糊修辞,后者属于消极模糊修辞。

对汉语模糊修辞学的系统探索,以蒋有经先生的《模糊修辞浅说》(光明日报出版社1991年)为代表。《模糊修辞浅说》是模糊修辞研究领域第一部系统的论著。该书分为五章:第一章“模糊语言和模糊修辞”,讲述模糊语言和模糊修辞的一般理论问题。第二章“模糊修辞过程的矛盾和模糊修辞的原则”,论述模糊修辞与内容、语体、语境的关系。第三章、第四章“积极模糊修辞的构成手段”,讲述模糊修辞的基本内容:语音、语义、句义、语段、标点中的模糊修辞。第五章“模糊修辞不利于交际的消极因素的克服”,讲述与模糊言语有关的语病的形成和克服。第六章“模糊修辞的心理机制和审美功能”,讲述心理机制中的感知、联想和情感,以及模糊修辞的含蓄美、情感美、形象美。

著名语言学家胡裕树先生在为该书所写的序中,指出了这部专著在内容上的特点:第一,对准确与模糊的辩证统一关系作了较为深入的论述。第二,从信息交流的动态的双向流动过程来考察模糊语言的运用问题。第三,对建构一个有关模糊修辞学的整体框架,作了有益的初步探索。全书主要篇幅,用于以语言诸构成要素为单位对各种积极模糊修辞手段的构成及其效果的探讨,同时还就模糊语言不利于交际的消极因素的成因及其克服办法作了讨论。全书脉络分明,自成系统。对于汉语模糊修辞学体系的建立,做出了重要的贡献。

第二节 变异修辞

一、变异与规范

变异(variation)是社会语言学的一个术语。社会语言学研究语言与社会的共变,而语言的变异问题就是其中重要的研究内容。社会语言学从宏观角度,联系时代、社会、环境和背景,从外部功能上对语言变异现象进行研究。而修辞学是从语言的内部结构入手,对语言变异现象进行研究。语言变异现象有历时的变异,也有共时的变异。社会语言学更注重于对历时的变异进行研究,而变异修辞学把研究对象确定在语言的共时变异上。

“变异”是与“规范”相对而言的。语言规范是社会约定俗成的准则,对使用这种语言的人们来说,应该具有约束作用。但是人们依据交际和表达的需要,往往采取一些超越或异于语言规范的手段,也可以取得很好的表达效果。这种“超越”“异于”或言语使用中的“逾规”“出格”现象,就是本节所要论述的“变异”。语言规范具有规则性、稳定性和普遍性的特点，而言语变异却具有创造性、灵活性和独特性的特点。没有规矩就不能成方圆，遵守语言规范是进行交际的基础。在言语交际中，如果肆意违反语言规范，信马由缰，我行我素，就会产生理解上的误解、歧解与隔阂。但是为了提高表达效果，也容许在一定的语言环境里突破或超越这种规范。从语言发展的角度分析，规范并不是绝对静止、永远不变的金科玉律。它也应该随着时代的步伐而进行某些调整、扬弃和嬗变。而言语变异活动往往就是语言规范进行调整或发生嬗变的基础与前提。可以说，没有语言规范，语言运用就无章可循；没有言语变异，语言运用就不会创新和发展。因此，我们说，语言规范和言语变异在言语/语言运用中是相反相成的，是一对矛盾的统一体；是同一个问题的两个方面。

二、变异性修辞

修辞学界有所谓“规范性修辞”和“变异性修辞”的说法。所谓规范性修辞，就是从规范的角度探讨言语表达的修辞效果。变异性修辞，就是从变异的角度探讨言语表达的修辞效果。在修辞学界，规范性修辞受到重视是顺理成章的事，而对于变异性修辞，则缺乏系统深入的研究。

语法是语言中最为稳固的部分，但是在“求新趋异”思想的影响下，现代汉语语法的某些部分也发生了奇妙的变化。譬如按照现代汉语语法规范，支配式合成词后边一般不能带宾语；但是近年来许多支配式的不及物合成词都可以带宾语了，例如：“接轨国际”“投诉厂家”“献策天津”“挑战沙龙”“落户博鳌”“曝光豆腐渣”“寻秘海大道”“惊艳联合国”“分流下岗职工”“捐款希望工程”等。再如汉语的副词不能和名词连用，这似乎成了语法规则，但是近年来副词放在名词前面的用法已经十分普遍，例如：“很中国”“很学术”“很绅士”“很青春”“很女性”“很时尚”“很克林顿”，“不奶油”“不环保”，“最本色”“最马列”“最另类”，“特农民”“特性感”，“太亚洲”“太孔雀”“太理性”等。这些与原有的语法规范相抵牾的用法，大量而普遍地出现在报刊语言之中。[①]变异修辞就应该注意和研究这种新的语用现实，并总结其变异的规律，预测其发展趋势。

在词汇的变异方面，新词语产生的途径颇为惹人注目，尤其是仿拟造词和派生造词的铺天盖地而来，令人眼花缭乱。例如：

由“军嫂”仿拟出“警嫂”“空嫂”“乘嫂”“护嫂”“商嫂”保嫂”“纺嫂”等，

由“白领”仿拟出“蓝领”“粉领”“灰领”等，

由“文盲”仿拟出“科盲”“法盲”“舞盲”“谱盲”“股盲”“茶盲”等，

由“恶霸”产生了“村霸”“市霸”“街霸”“行霸”“厂霸”“矿霸”“水霸”“电霸”“路霸”“股霸”等，

由“股票”“股市”产生了“股民”“股客”“股迷”“股仙”“股精”“股傻”“股痴”“股疯”等，

由“作秀”产生了“表演秀”“模仿秀”“脱口秀”“手术秀”等，

由“打的”产生了“面的”“板的”“摩的”“驴的”等，

由“工程”产生了“温饱工程”“希望工程”“蓝天工程”“烛光工程”“畅通工程”“夕阳工程”“再就业工程”“米袋子工程”“菜篮子工程”“五个一工程”等。

再如以下新闻标题：

(1)本市幼师学校首次招男生“阿舅”要进幼儿园(《每日新报》2000年10月9日)

(2)婚姻法面前男女平等“包二爷”一样严惩(《每日新报》2001年2月1日)

(3)台北破大型男妓俱乐部 女嫖客中有公务员教师(《今晚报》1998年3月)

(4)双赢，否则双输(《今晚报》2001年2月21日)

(5)港人移居海外创新低(《每日新报》2000年10月9日)

上述标题中由“阿姨”仿拟出“阿舅”，由“包二奶”仿拟出“包二爷”，由“妓女”仿拟出“男妓”，由“双赢”仿拟出“双输”，由“新高”仿拟出“新低”等等。这些词汇方面发生的言语变异，有相当一部分可以经受住时间的考

---

① 谭汝为：《世纪之交报刊语言的变化趋向》，《毕节师专学报》2002年第1期。

验，进入民族共同语语汇的范畴，终将被语言规范接受，由变异转化为新的规范。

三、变异修辞学的研究对象是言语变异

另有一些言语变异现象，例如一些偶发性词语，就难以进入共同语的语汇范畴，但它们也是变异修辞学研究的对象，不应把它们摒弃在外。例如在克林顿与莱温斯基的绯闻被世界各大媒体炒得沸沸扬扬时，据说，不少国家的商家也利用这一"重大新闻"制造商业机会，促进了自己的商品销售。中国也冒出一个"东施效颦"的新闻。据报载，广西一家餐馆老板在店门口竖起一大幅广告，号称新开发出一道特色菜："克林炖莱温斯鸡"，路人过此无不掩口而笑，也有好事者前去打听究竟，然而真正去品尝这道菜的人却很少。[①] 这是通过戏谑幽默的方式来制造轰动效应，表达社会情绪，或者仅仅是为了博君一笑。

再如，近年来在大学校园和青年知识分子的群体里流行着所谓"新人类"的谐音别解词语，如：

"留学生"：留过级的学生，

"特困生"：白天犯困，昏昏欲睡的学生，

"柴可夫"：经常用自行车接送女友的司机(斯基)，

"蛋白质"：笨蛋＋白痴＋神经质，

"精英"：神经的苍蝇，

"偶像"：令人作呕的形象，

"气质"：孩子气，神经质，

"讨厌"：讨人喜欢，百看不厌，

"头疼"：头头疼爱(给受到总经理娇宠的女性起的外号)，

"偏头疼"(给颇受副总经理娇宠的女性起的外号)等。

这种通过变异修辞而成的诙谐语义，当然很难由言语进入语言，但却是变异修辞学研究的内容之一。

---

①《北京晚报》1998年11月23日。

在利用语音、文字、词汇、语义、语法、逻辑等方面的变异因素进行言语修辞方面，存在着林林总总、千姿百态的言语现象，如何对这些丰富的修辞资源进行开发研究，揭示出它们的运用规律和修辞功能，就是变异修辞学的研究重点。应当明确：变异修辞学的研究对象是言语变异。

例如为了韵律的需要，在词语结构上进行倒装、省略或添加是汉语韵律常见的变异手段之一。如：

(1)清宵陪宴话，美景从游遨。(白居易《寄献北都留守裴令公》)

(2)古史散左右，诗书置后前。(韩愈《杂诗》)

(3)耳闻明主提三尺，眼见愚民盗一抔。(唐彦谦《长陵》)

(4)老夫聊发少年狂，左牵黄，右擎苍。(苏轼《江城子》)

(5)慨当以慷，忧思难忘。(曹操《短歌行》)

(6)虎踞龙盘今胜昔，天翻地覆慨而慷。(毛泽东《人民解放军占领南京》)

例(1)"游遨"是"遨游"的倒装。例(2)"后前"是"前后"的倒装。例(3)"三尺"后省略了"剑"，"一抔"后省略了"土"。例(4)"黄"后省略了"犬"，"苍"后省略了"鹰"。例(5)(6)在"慷慨"这个联绵词中间添加了某些成分。

对汉语变异修辞学的系统探索，以冯广艺先生的《变异修辞学》(湖北教育出版社1992年)为代表。《变异修辞学》是变异修辞研究领域第一部系统的论著。该书分为九章：第一章"声响形态变异"；第二章"简单符号变异"；第三章"聚合单位变异"；第四章"词语搭配变异"；第五章"矛盾表达变异"；第六章"同素连用变异"；第七章"句子成分变异"；第八章"超句单位变异"；第九章"变异与辞格"。著名语言学家张寿康先生在为该书所写的序言指出：该书建立了一个变异修辞学的学科体系，既有理论意义，又具有使用的品格；总结了《变异修辞学》把握准、观点新、挖掘深、例证多这四个特点。

第三节　接受修辞学

一、表达与接受

修辞活动是言语交际的产物,表达与接受构成了修辞活动的两极。二者既各有不同的角色分工,又统一在同一个言语交际过程中。表达者提供获取言语交际最佳效果的可能性,接受者完成由可能性向现实性的转化。言语交际是一种合作行为,需要交际双方在合作中确保信道的畅通。言语交际离不开修辞,修辞活动的根本目的就是提高言语交际的效果,因此修辞活动应该也必须是表达者和接受者共同参与的活动。俗话"话不投机半句多",就是对缺乏接受者有效合作的言语交际的简要概括;"对牛弹琴"是对接受者缺席,而表达者却一厢情愿喋喋不休的讽刺。著名相声表演艺术家苏文茂、朱相臣的名段《论捧逗》,强调了捧哏和逗哏同等重要,缺一不可,其实它也艺术地再现了:在言语交际中,如果接受者不予合作,纵使表达者伶牙俐齿、口若悬河,也难以取得交际效果,更谈不上取得"良好的"或"最佳的"交际效果了。

表达者为了取得言语交际最佳的表达效果,就要对言语进行选择、加工和调整。但是表达者的言语行为是否可以产生良好的修辞效应,能否取得最佳的表达效果,还取决于接受者是否能够正确、充分地理解,并做出表达者所期待的反映。如果说在言语交际中,表达者的言语行为是编码活动,接受者的理解和反应就是解码活动。而从编码到解码,才构成完整的修辞活动。正如谭学纯教授等人精辟地指出:

表达和接受构成修辞的两极,二者互为因果,各自通过对方确证自身的价值;修辞信息通过表达者的语言能力,转化为语言行为,外显为物态化的话语材料,然后作用于接受者;接受者以给定的话语材料为对象,遵循一定的言语交际原则,调动自己的知识库存,以自己对于表达者输出的修辞信息的理解,证明交际效果的相对优化。由此可见,所谓最佳表达效果,在表达者那里,只具有可能性;在接受者那里,才具有现实性。而把修辞活动的主体限定在表达者一方,实际上取消了可能性和现实性之间的界限。[①]

接受不仅实现表达的价值,而且对表达产生至关重要的影响。接受既是修辞活动的结果,也是它的前提。没有前提,修辞信息无需输出;没有结果,修辞信息等于没有输出。在这个意义上,研究以争取“最佳交际效果”为目的的修辞活动,却冷落实现这一效果的修辞接受者,等于越过未完成的交际过程去谈尚未实现的交际效果,这是一种理论的疏漏。[②]

二、修辞过程

修辞是一个双向对流的信息运动过程,并不是表达者一方把话讲好写完,就完事大吉了;而是言语交际双方共同创造最佳交际效果的活动。修辞活动的完成,不在表达者方面,而在接受者方面。对于言语交际的修辞过程,可以参看下图:

———言语交际的修辞过程———

↓ ↓

(表达者 编码)……………………………(接受者 解码)

↓ ↓

修辞信息输出———修辞信息物化———修辞信息接受

↓ ↓ ↓

语言的表现功能——语言的呈现功能——语言的发现功能

修辞过程大体可分为三个阶段:

(1)修辞信息输出阶段。表达者的交际意图和所要表达的思想感情正在考虑如何借助语言材料,利用言语形式,进行信息传递活动。这是语言表现活动的开始,处于以表达者为主体的编码阶段。

(2)修辞信息物化阶段。信息内容从表达者的观念形态,转化为直接呈现的声音或文字的物质状态。语言功能由信息输出的表现功能转为呈现功能。

(3)修辞信息接受阶段。如果信息内容的可理解性和接受者的理解能

---

① 谭学纯等:《接受修辞学》(增订本),安徽大学出版社2000年,第12页。

② 同上,第4~5页。

力相切合，那么接受者对于输入的信息就获得了可接受性。这个阶段以接受者为主体，重心转为解码。语言功能则由上一阶段的呈现转为发现。[①] 修辞活动又分为口语修辞和书面修辞。在口语修辞中，表达者依靠说话和体态语进行交际，接受者依靠听觉和视觉形象分析进行语义理解，以便准确地把握。在书面修辞中，表达者依靠编码行为，希望被读者理解；接受者依靠解码行为，希望理解。但由于表达者和接受者在言语经验、审美经验和文化经验上的差异，可能是可以沟通的，也可能是隔阂的，就是修辞活动的编码和解码之间，并不是一一对应的关系，而呈现出以下几种情况：

（1）表达等于接受（信息接受等值）；

（2）表达大于接受（信息接受减值）；

（3）表达小于接受（信息接受增值）；

（4）表达不等于接受（信息接受改值）。

表达者所提供的修辞信息和接受者所获取的修辞信息，有时大致等同，有时不尽等同。前者就是信息接受等值，后者导致信息接受减值、增值或改值。修辞活动是一个很复杂的信息运动过程，从表达到接受形成完全等值信息交换，这种概率是非常小的。因此，修辞表达与修辞接受完全对等的情况是极为少见的，而常见的是“信息差”的出现。即使双方顺利沟通，也会出现信息接受的减值、增值和改值的情况。

在修辞接受活动中，接受者、接受对象、接受渠道和接受语境是支撑修辞接受行为的四个重要构成因素。接受者面对特定的接受对象，通过特定的接受渠道，借助特定的接受语境获取修辞信息。

（1）接受者。接受者是修辞接受的主体，中国人独特的思维方式（如悟性思维、平面扩展的思维、身心融入的思维等）拓展了修辞接受的空间。

（2）接受对象。对于作为接受者的中国人来说，接受对象就是汉语。汉语（包括汉字、语音、词汇、语法、文体等）的体验性特征给中国人对模糊体验的修辞接受优势，提供了物质材料基础。

---

① 本小节参考了唐跃、谭学纯：《语言功能：表现＋呈现＋发现》，《文艺争鸣》1987年第5期。

(3)接受渠道。例如口头渠道和书面渠道,单一渠道和复合渠道,官方渠道和民间渠道等。不同的接受渠道,对接受者产生不同的刺激能,具有不同的可接受性。

(4)接受语境。例如文内接受语境和文外接受语境,主观接受语境和客观接受语境,偶然接受语境和必然接受语境,真实接受语境和虚拟接受语境,历当下接受语境等。不同的接受语境给接受者提供不同的场制约。

三、《接受修辞学》的贡献

谭学纯、唐跃、朱玲合著的《接受修辞学》(18万字)1992年由上海教育出版社出版。该书的增订本(28万字)2000年由安徽大学出版社出版。这是我国第一部从接受者的角度论述修辞的著作。

该书认为:"修辞活动是言语交际审美过程复杂运动的产物;修辞的本质是获取言语交际的最佳效果。这一效果的取得,在修辞表达环节只具有可能性,在修辞接受环节才具有现实性。完整意义上的修辞研究,不应该忽视在修辞活动中占有重要位置的接受者。"基于这种认识,该书把研究中心放在修辞接受环节,以引论、构成论、特征论、类型论、方法论、价值论六个块面建构《接受修辞学》的理论体系。旨在使长期以来偏重修辞表达的单向度研究,转向修辞表达与修辞接受双向互动的系统研究思路上来,开拓汉语修辞学新的研究空间,以促进中国修辞学总体研究格局的平衡发展。

1994年第4期《修辞学习》报道《接受修辞学》荣获首届"安徽文学奖"(理论奖)时评述道:"修辞学著作获此殊荣,在安徽省乃至全国均属罕见。"这部专著打通了学科研究的界限,以现代修辞学为基点,结合接受美学、符号美学、审美心理学以及文化学等有关理论,建构起接受修辞学的理论体系。

郑子瑜、宗廷虎主编的《中国修辞学通史》认为:《接受修辞学》"在中国修辞学发展史上有开拓新领域之功。它第一次明确系统地提出了建立汉语接受修辞学的思想,阐明了接受修辞学的意义,这无疑给汉语修辞学在20世纪90年代的进一步发展注入了活力。"[①]

---

① 郑子瑜、宗廷虎主编:《中国修辞学通史》第五卷,吉林教育出版社1998年,第322页。

第四节　社会心理修辞

一、社会心理修辞学概说

社会心理修辞学是以社会和心理为视点，以言语交际的全过程为研究对象，多角度、多层次地考察、分析话语建构和话语理解同社会心理因素之间的共变关系，以揭示人类言语交际的普遍原则和普遍规律的语言应用学科。①

社会心理修辞学的历史使命是：研究如何发挥语言的人际功能，更有效地促进社会互动与合作。研究任务是：揭示修辞规律，建立科学的修辞学理论体系，指导人们的言语交际。“揭示修辞规律”包括四项具体的任务：(1)探讨修辞行为的社会心理机制。(2)研究社会心理同话语建构和话语理解的关系。(3)探讨修辞手段的社会心理基础。(4)研究各种修辞行为的特点及其控制策略。

社会心理修辞学主要的研究方法是：(1)调查法。侧重于口语修辞调查，以获取活的言语材料。(2)心理分析法。把话语的信息结构和修辞主体的社会心理因素结合起来，使之建立起统一关系，从而使话语的修辞分析更具操作性。(3)实验法。借鉴社会学和心理学研究中被广泛使用的实验法，来探讨社会心理因素同修辞过程的关系。

社会心理修辞学的理论体系构架：(1)社会心理修辞学概说。(2)修辞的社会心理网络。(3)话语建构的运作机制。(4)话语理解的运作机制。(5)社会政治与修辞行为。(6)社会审美心理与修辞行为。(7)社会道德与修辞行为。(8)社会角色与修辞行为。(9)言语动机与修辞行为。(10)话语的社会心理修辞分析。(11)个体修辞行为的特点及其社会心理控制。(12)群体修辞行为的特点及其社会心理控制。(13)修辞失误及其心理障碍。(14)民族心理差异与跨文化言语交际中的从控制。

---

① 本节参考陈汝东：《社会心理修辞学导论》，北京大学出版社1999年。

二、社会心理修辞学的创建

王德春先生在为陈汝东《社会心理修辞学导论》写的序中说："我提出社会心理修辞学的想法，是根据我长期研究修辞学和社会心理语言学而自然形成的思路。我当时发现，修辞学同社会语言学、心理语言学、话语语言学、语用学等分科一样，虽然已在不同程度上研究了话语，但往往把话语理解为按线性组织的语流，即言语单位，而较少注意话语信息和社会心理信息的关系、话语在社会信息流中的地位以及在人际关系中控制信息的方法。为了帮助交际者取得言语交际效果，不仅要研究话语结构，还要研究话语信息结构。从社会心理语言学的角度看，话语不仅是超句统一体或连贯的线性语流，而且是交际单位。它是交际者有目的的思维主动性的体现，在被建构被理解的过程中传递信息，交流思想。话语承载的社会信息流，体现了人类思维活动的成果，通过话语活动来组织社会信息，促进人际交往，提高言语交际的效果。所以，随着研究的深入，必然在社会心理语言学的基础上产生一门社会心理修辞学。""社会心理修辞学把话语建构和理解纳入社会心理的渠道，对于进一步发挥语言的社会功能，增强言语交际效果展示了广阔的前景。"

社会心理修辞学是一门很有发展前景的语言修辞新学科，它的研究采用了全新的视角，从言语交际主体出发，以交际者的社会心理因素同言语交际的关系为坐标，分析言语交际实际，阐释修辞现象，探讨社会心理因素、文化因素同修辞的关系，进而探讨言语交际的规律和修辞规律。社会心理修辞学扩大了传统修辞学的研究对象，开拓了修辞研究的新领域，它的提出和建立，对于指导人们的言语交际，对于促进修辞学研究，都具有重要的积极意义。如果说王德春、陈汝东合写的论文《浅论社会心理修辞学》[1]，是学科创建的宣言，那么陈汝东《社会心理修辞学导论》(北京大学出版社1999年)则是标志着这门学科初步建立的可喜成果。

---

① 原载《外国语》1995年第5期。另见王德春：《多角度研究语言》，清华大学出版社2002年。

陈汝东的博士论文《社会心理修辞学导论》，全书23万字，分为八章：第一章"社会心理修辞学概说"；第二章"修辞的社会心理网络"；第三章"社会政治与修辞行为"；第四章"社会审美心理与修辞行为"；第五章"社会道德与修辞行为"；第六章"社会角色与修辞行为"；第七章"言语动机与修辞行为"；第八章"修辞的社会心理原则"。同行专家对这部著作的评语是："陈汝东同志的博士学位从社会心理角度，广泛深入地考察分析了修辞行为全过程和各个层面的问题，富有成效地阐释了受社会心理制约的各种修辞现象及其规律，成功地构筑了社会心理修辞学的理论框架，为完善我国修辞学研究的科学理论，开拓修辞研究的新领域，做出了积极的贡献。这是一篇颇有创意的力作。论文的理论对于推动社会的精神文明建设亦有价值。"①

第五节　修辞理据研究

一、修辞理据概说

修辞现象尽管纷繁复杂，但无不蕴含着其赖以存在并显现其修辞价值的客观依据。这种客观依据，就是修辞理据。

修辞理据的体现方式并不是简单划一的，例如逻辑思维、心理活动、审美观等都可以作为修辞理据。但就普遍意义衡量，逻辑思维是修辞的最重要的理据，因为修辞首先是以作为人们的正确的思维规律的逻辑作为基础的。

修辞理据探索的实质，是对修辞现象进行逻辑深层的观察和剖析。修辞理据探索的最终目的，就是揭开修辞现象的艺术的面纱，还它一个逻辑的本来面目。如果深入到修辞现象的逻辑深层，找到它的理据，就能够领悟这种修辞现象的妙处所在。例如钱锺书《围城》(人民文学出版社1980年)有这么一段修辞妙语：

孙太太道："有未婚夫还那样浪漫么？我们是老古董了，总算这次学个新鲜。苏小姐，我告诉你句笑话，方先生跟你在中国是老同学，他是不是一

① 陈汝东：《社会心理修辞学导论》，北京大学出版社1999年，第3页。

向说话随便的？昨天孙先生跟他讲赌钱手运不好，他还笑呢。他说孙先生在法国这许多年，全不知道法国人的迷信：太太不忠实，偷人，丈夫做了乌龟，买彩票准中头奖，赌钱准赢。所以，他说，男子赌钱输了，该引以自慰。孙先生告诉了我，我怪他当时没质问姓方的，这话什么意思。现在看来，鲍小姐那位未婚夫一定会中航空奖券头奖；假如她做了方太太，方先生的手气非好不可。"忠厚老实人的恶毒，像饭里的砂砾或者出骨鱼片里未净的刺，会给人一种不期待的伤痛。

张炼强先生别具只眼地分析道：如果不还他一个逻辑的本来面目，这种修辞现象的艺术面纱是揭不开的。如果还它一个逻辑的本来面目，这妙语的妙处就立刻呈露在我们面前：方鸿渐所作的"男子赌钱输了，该引以自慰"的判断是虚假的，他企图以此来嘲弄孙先生，而孙太太却又并不直接指出方鸿渐的判断是虚假的，反而认可这个判断是真实的，以此合乎逻辑推理地推出方鸿渐和鲍小姐的那位未婚夫的一连串本来是倒霉的却也"该引以自慰"的事实来，以子之矛攻子之盾，陷对方于尴尬的窘境。这"忠厚老实人的恶毒"的修辞艺术的面纱，原来是由这样的逻辑理据构成的。[①]

二、"有理而妙"与"无理而妙"

修辞是以逻辑为基础的，但是以逻辑为基础对修辞进行分析研究，并不仅仅局限在那些合乎逻辑的修辞现象上，还应把研究视野拓宽到那些偏离逻辑的修辞现象上。用逻辑的观点来衡量修辞现象，可以有合乎逻辑的一面，也可以有偏离逻辑的一面。但不论修辞现象以哪一面出现，都可以把逻辑作为观察分析修辞现象的理据，探究这种语言形式是如何表达特定的思想内容的。从逻辑理据的角度分析，修辞现象存在着四种不同的情况，即：(1)有理而妙——合乎逻辑，而且修辞效果好。(2)有理而不算妙——合乎逻辑，但修辞效果不好。(3)无理而妙——偏离逻辑，但修辞效果好。(4)无理而不妙——偏离逻辑，而且修辞效果不好。修辞现象有理而妙，容易理解；修辞现象无理却竟然妙不可言，似乎就不好理解了。修辞理据探索的重点是

① 张炼强：《修辞理据探索》，首都师范大学出版社1994年，第6～7页。

“有理而妙”和“无理而妙”，尤其对“无理而妙”更有探研的必要。

形式逻辑规定了：什么样的话是合乎逻辑的，因而是可以说的；什么样的话是与逻辑相悖的，因而是不可以说的。而修辞却表明了：什么样的话是可以提高表达效果的，因而是应该运用的；什么样的话不能提高表达效果，因而是不应该运用的。修辞活动以提高表达效果为宗旨，并不斤斤计较这些话是否合乎逻辑。因此，有的话即使偏离了逻辑，但是因为它作为修辞活动，合乎特定语境和语用条件，提高了表达效果。这种性质的修辞现象就构成了无理而妙的修辞艺术。

修辞现象往往是偏离逻辑的，例如“白发三千丈”，“手可摘星辰”，“有的人活着，他已经死了”等修辞名句，都与逻辑相悖，但表达效果却很突出。钱钟书先生曾告诫那些只拘泥于逻辑规律，却忽视了修辞艺术规律的人们说：“《红楼梦》第五回写秦氏房中陈设，有武则天曾照之宝镜、安禄山尝掷之木瓜、经西施浣之纱衾、被红娘抱之鸳枕等等。倘据此以为作者乃言古植至晋而移、古物入清犹用，叹有神助，或斥其鬼话，则犹‘丞相非在梦中，君自在梦中’耳。”[①] 对于修辞现象中常见的“无理而妙”，没有必要掩盖它偏离逻辑的实质，或者指责其偏离逻辑的错误。正确的态度是：如实地揭示其逻辑上的“无理”之处，结合语用和语境条件阐释其“妙”处之所在。

三、张炼强的《修辞理据探索》

《修辞理据探索》（首都师范大学出版社1994年）是张炼强修辞学研究的代表作。全书分为四章：第一章“绪论”，探讨修辞理据的一般理论问题。第二章“修辞在概念中的反映”，研究词语修辞与概念的关系。第三章“修辞在判断中的反映”，研究语句修辞与判断的关系。第四章“修辞在推理和论证中的反映”，研究推理、论证的修辞功能以及言外之意和推理的关系。第五章“话语衔接的逻辑思路”，研究话语衔接与逻辑思路的关系。

《修辞理据探索》是第一部专门探研修辞与逻辑理据关系的力作。其突出的成就有三个方面：(1)严格根据逻辑的范畴，从概念、判断、推理乃至话

---

① 钱锺书：《管锥编》第一册，中华书局1979年，第98页。

语衔接四个方面,细致地讨论了修辞在这四个方面的反映,深入地阐明了修辞现象中"有理而妙"与"无理而妙"的理据。(2)与传统的修辞分析大不相同,独辟蹊径地从逻辑的角度,对纷纭复杂的修辞现象进行系统的研究和规律性的总结。(3)在分析、总结修辞理据时,使之条理化、系列化,归纳成具体的方式和类型,构造成一个完整而缜密的修辞理据网络,增强了修辞理据系统的科学性。

第六节　阐释修辞

一、描写语言学与解释语言学

所谓"描写",就是解决具体事物"是什么"和"怎么样"的问题;所谓"解释",就要回答"为什么"的问题,其重心就是深入揭示事物的因果关系。在西方语言学体系中,由于研究目的和研究方法的不同,存在着描写语言学和解释语言学的区别。描写语言学又称为共时语言学,它研究语言在某一个时期的情况,即对语言习惯进行如实描写,不加任何褒贬。美国结构主义学派的布龙菲尔德,就主张对语言现象进行纯客观的描写,因而被称为描写学派。后来,乔姆斯基主张语言学不能仅仅停留在描写和分类上,应该对人类特有的语言能力作出解释;并提出"存在描写语言学和解释语言学两种不同的科学。语言理论的强弱决定于解释能力的强弱。"[①] 后来的功能主义学派也主张对人类语言的普遍现象进行解释,于是语言学的研究目的和重心就出现了从描写到解释的转移。

二、描写修辞与阐释修辞

20世纪70年代末至80年代中后期,中国修辞学的开拓和发展超过了以往几十年的成绩,出现了长足的进步和空前繁荣的景象。表现在以下五个

① 陈平:《描写与解释:论西方现代语言学研究的目的与方法》,《外语教学与研究》1987年第1期。

方面:(1)学术活动繁荣,学术成果丰硕。(2)研究领域日益拓宽。(3)研究内容逐步加深。(4)研究方法不断更新发展。(5)基本上形成了以中青年为主体的学术梯队。但是汉语修辞研究也存在着一些相当严重的问题,主要表现在:(1)修辞理论建设薄弱。(2)汉语修辞研究从总体上看广度有余而深度不足。因此汉语修辞研究要取得突破性的进展,面临着的迫切任务是:(1)发展理论思维,构建和完善学科理论体系。(2)强化现代意识,提高研究品位。只有这样,汉语修辞研究才能朝着现代化、科学化、健康的方向发展。[①]

汉语修辞学研究,长期以来局限在对汉语辞格的分类、描写、研究的层面上,属于描写修辞学的研究范畴。辞格研究自然有其科学价值和历史贡献,这是有目共睹的事实。但是,科学的价值,不仅仅在于描写说明"是什么"以及"怎么样"的问题,而在于能够透过表象,鞭辟入里地探索事物的本源,阐明其发生发展的根由。正如著名修辞学家宗廷虎先生指出的:

修辞学科也是如此。描写修辞学是就修辞本体进行描写,如修辞系统、修辞手段、修辞规律等的观察与概括。这方面的研究,当然是相当重要的。但它只能使人知其然,还不能使人知其所以然。因为它只说明是"什么"和"怎么样"的问题。我国修辞学虽然在描写方面已取得很大成绩(也有分散、片断的阐释研究),但仅仅停留在这个阶段还令人不能满足。社会的前进,修辞学自身的发展都迫切需要在描写的基础上进行更深层次的研究,迫切需要在零星阐释的基础上进一步阐释这些修辞系统、手段、规律等生成的缘由、动力机制、文化底蕴等等,以使人知其所以然。……"究其所以然"是修辞学深入发展的必然,是修辞学向高层次攀登的标志。[②]

从20世纪80年代末开始,中国现代修辞学界中的有识之士都在反思,如何与时俱进,探寻学科继续发展的道路。一些中青年学者吸纳了邻近学科的新理论和新方法,在科研实践中突破旧格局,扩展新视野,探索新思路。他们不仅仅满足于对各种修辞现象及其规律作出系统的描写和总结,更着

---

① 谭汝为:《汉语修辞学的现代思考》,《天津教育学院学报》1996年第1期。另见谭汝为:《词语修辞与文化》,天津古籍出版社1998年,第74~76页。

② 宗廷虎:《阐释修辞论·序言》,童山东、吴礼权:《阐释修辞论》,首都师范大学出版社1998年,第2~3页。

力于对各种修辞现象产生的心理机制、修辞现象所蕴含的文化内涵，作出科学的理论阐释，从而建构一个新的修辞学科体系——阐释修辞学。

三、童山东、吴礼权的《阐释修辞论》

童山东、吴礼权合著的《阐释修辞论》(首都师范大学出版社，1998年)是阐释修辞学的第一部专著。全书分为两个部分。第一编“理论探寻”由童山东撰写，强调并论述了汉语阐释修辞学的重要性以及阐释修辞学的相关理论问题。此编分为四章：第一章“学科对象的宏观视野”；第二章“美学心理视角”；第三章“哲学文化视点”；第四章“修辞理论纵横”。第二编“实证分析”由吴礼权撰写，进行汉语阐释修辞学的实证分析和实验，也分为四章：第五章“修辞文本结构的层次性与修辞文本解构的层次性”；第六章“夸张修辞文本模式结构”；第七章“委婉修辞文本模式结构”；第八章“几个修辞文本的实验分析”。

在这部专著中，提出了“修辞文本”的概念：“所谓修辞文本，是指那些运用某种特定表达手段而形成的具有某种特殊表达效果的言语作品。……这个言语作品可以是特定语境中的一个词或几个词构成的一个句子，也可以是由两个或两个以上的几个句子构成的语句群，还可以是只表达某一特定主旨的篇什。修辞文本可以是口说的言语作品，也可以是笔写的言语作品。”[①]“修辞文本”说为阐释修辞学所要阐释的对象，规定了一个科学而清楚的范围。在这个基础上，作者又阐释了“修辞文本结构的层次性”和“修辞文本解构的层次性”问题。前者是表达者在“修辞文本”中的思维活动的层次性问题，后者是接收者在“修辞文本”中理解分析思维活动的层次性问题。从而建立了从“修辞文本”概念到“修辞文本”阐释的阐释修辞学的完整理论体系。

宗廷虎先生指出了这部新著的三方面特点：(1)大胆假设，小心求证。作者的探寻和分析，表现了一种追求真理而勇于开拓的创造精神，又表现了重实证、不蹈空的严谨学风和科学态度。(2)广泛汲取多门学科营养。例如吸收美学、心理学的成果来解释修辞手段功能的系统产生和修辞效果的

---

① 童山东、吴礼权：《阐释修辞论》，首都师范大学出版社1998年，第153、156页。

整体控制，又如从哲学文化的视点解释修辞研究对象的文化内涵与委婉修辞生成与发展的历史文化缘由等。(3)修辞学研究向深度上发掘。注重修辞理论的阐释，注重向深度上开掘，许多“究其所以然”的探索，为修辞学研究的深化和理论的完善做出了新的贡献。[①] 骆小所先生指出：“《阐释修辞论》是一部大胆假设，小心求证，既注重理论创新，又努力以实证分析来支撑其理论学说的阐释修辞学的开创之作，是中国新派修辞学初步建立的标志性著作。”[②]

第七节　修辞心理学

一、修辞心理与修辞心理学

所谓“修辞心理”，是人脑对客观世界（主要是指说写所要关涉的事物、事件等）的积极反映，以及在此基础上根据交际的目的充分利用语言（包括语言的记录符号体系——文字）的一切可能性对语言进行有意识的、创造性的自我调节。所谓“修辞心理学”，就是研究修辞心理现象和规律的科学。[③] 修辞心理学的研究对象包括两个方面，即“修辞个体心理”和“修辞社会心理”。

修辞者在进行修辞活动时所具有的心理现象就是“修辞个体心理”。它是一个异常复杂的系统，可以分为修辞动机、修辞心理过程和修辞心理特征三个方面。

所谓“修辞动机”就是修辞的目的。任何修辞活动都是人的一种有意识的语言创造活动，具有明显的目的性。在修辞动机的推动下，修辞心理过程才能够正常运行。

---

① 宗廷虎：《阐释修辞学·序言》，童山东、吴礼权：《阐释修辞论》，首都师范大学出版社1998年，第3~5页。

② 骆小所：《修辞心理学·序言》，吴礼权：《修辞心理学》，云南人民出版社2002年，第9~10页。

③ 吴礼权：《修辞心理学》，云南人民出版社2002年，第4 ~5页。

所谓“修辞心理过程”,就是指修辞者(即说写者)以不同的形式(认识、情感、意志)能动地反映客观世界的事物及其关系(说写的对象与内容)的过程。修辞者(即说写者)首先对所要说写的对象或内容有所认识,在此基础上产生肯定或否定的情绪或情感,最后根据交际的特定目的而调节其语言行为,就是以适切的措辞将自己的思想或情感表达出来。修辞心理过程的运行,是修辞心理特征形成的基础和前提。

所谓“修辞心理特征”,是指修辞者在通过认识、情感和意志反映客观世界,亦即运用语言表达自己对反映的客观世界(说写的对象与内容)的看法或情感态度时所形成的人与人之间的心理差异。修辞个性心理特征调节着修辞心理过程的进行,并赋予修辞过程以个体的特色。

修辞心理学研究人的修辞心理现象,主要是研究修辞个体心理。但是不同的社会阶层、民族、国家等社会团体的人在语言运用方面形成了某些带有共同性、普遍性的心理,这样就形成了“修辞社会心理”。修辞的社会心理和修辞的个体心理之间的关系,就是共性与个性的关系,也是修辞心理学研究的对象。

修辞心理学的基本任务就是要观察、分析、研究人们的修辞心理现象,并总结出一定的规律,以指导人们的修辞实践,使人们自觉地运用修辞心理规律,更有效地使用语言,在社会交际中取得理想的修辞效果。

建构修辞心理学理论有什么意义呢?传统的修辞学,把研究的着眼点放在如何描写、分析、归纳语言运用的表现手法,揭示这些修辞手法可以取得什么样的表达效果;列举丰富的修辞现象,提供前人运用语言的成功经验。但是对于人们为什么要运用某种修辞手法,某种修辞手法为什么有较好的表达效果等深层次的问题,则缺乏阐释性的研究。这就是“只知其然而不能知其所以然”。修辞心理学就是要阐释人们为什么要运用某种修辞手法,某种修辞手法为什么有较好的表达效果等深层次的问题,从修辞心理的角度加以科学的阐释,探索修辞现象得以产生的心理机制,以解决传统修辞学没有解决的“所以然”问题。

二、吴礼权的《修辞心理学》

吴礼权的《修辞心理学》(云南人民出版社,2002年),全书分六章。第一章"绪论",阐明了"修辞心理学"的基本内涵、研究对象、基本任务、研究方法等基本理论问题。第二章"修辞的主体",严格界定了"修辞主体"的概念,系统地论述了"修辞主体的层次及其心理""修辞主体与修辞接受主体之间的适应关系"等问题。第三章"修辞文本的基本模式及其建构的基本原则",系统地论述了"修辞文本的基本模式"和"修辞文本建构的基本原则"等问题。第四、五两章"修辞文本建构的心理机制",较为全面、系统地阐述了"修辞文本建构与联想想象""修辞文本建构与注意强化""修辞文本建构与移情作用""修辞文本建构与平衡原则""修辞文本建构与心理距离""修辞文本建构与通感联觉"等问题,对纷纭复杂的修辞现象从心理学角度进行具体而精微的理论阐释。第六章"个案实验分析:语言借贷中的修辞心理现象",通过汉语外来词在音译上呈现出来的特点,分析透视汉语修辞的民族文化心理。

正如骆小所教授的评价,《修辞心理学》是作者"多年来意欲建构中国新派修辞学——阐释修辞学体系而进行不懈努力所结下的最丰硕的学术成果。它是在礼权博士上述诸多有关阐释修辞学研究的基础上融入了他近年来对此课题进行深入研讨的最新体会而著成,较为全面地体现了他建构中国新派修辞学体系的学术思想,建构了一个较为完整严密的阐释修辞学——修辞心理学——的学科体系,标志着中国新派修辞学体系基本建立起来"①。

① 骆小所:《修辞心理学·序言》,见吴礼权:《修辞心理学》,云南人民出版社2002年,第12页。

第八节 得体修辞学

一、语言得体性是修辞学的最高原则

语言的得体性是修辞学中一个极为重要的概念,特别是近年以来,已成为修辞学理论研究中的一个热点。王希杰在《修辞学通论》(南京大学出版社1996年)中明确提出:语言得体性是修辞学的最高原则,抓住了得体性原则也就抓住了修辞学的要领。

以往的修辞学论著,大多以修辞手段为核心来建构修辞学理论体系。其主要任务是:正确界定、命名各种修辞手段,总结或发掘修辞手段的品种,分析各种修辞手段的功能效果,划分众多修辞手段的层次类别。这种研究大体上属于静态研究。

以运用得体性最高原则来建构修辞学理论体系,当然要重视修辞手段本身的科学建设;但更为重要的是——将修辞手段置于语言运用的大背景中,联系说写主体(即语言的表达者)和语言环境,进行多角度、多层次的动态考察,以探求修辞手段适应语用各种因素的规律。

"修辞手段论"属于静态的、孤立状态的、平面的研究;"语言得体论"则侧重于动态的、在辨证联系中的、立体的研究。[①]

二、《语言得体艺术》和得体修辞专题论文集

郑荣馨《语言得体艺术》(书海出版社,2001年)是第一部得体修辞学专著。全书分为八章,第一章"概论",阐述了语言得体的基本概念和意义。第二章"修辞学的最高原则",把"得体性原则"与以往的主要修辞学理论分别进行深入的比较剖析,显示出浓烈的理论色彩。第三、四、五、六章分别论述语言得体的"四性",即层次性、文化性、主体性和辩证性。这是本书的核心部分,也是其理论价值之所在。语言得体性是使用修辞的生命线,对

① 见郑荣馨:《语言得体艺术》,书海出版社2001年,第30~35页。

人们的语言交际具有很大的指导意义。书的最后两章侧重于语言得体性的具体运用:第七章论述“教学语言的得体性”问题,第八章安排了“语言得体性例析”。

(一)着眼于构建修辞学理论的新体系,努力开拓修辞学研究的新领域

以往的修辞学论著,大多以修辞手段为核心来建构修辞学理论体系。其主要任务是:正确界定、命名各种修辞手段,总结或发掘修辞手段的品种,分析各种修辞手段的功能效果,划分众多修辞手段的层次类别。《语言得体艺术》的主要贡献,就是“初步建立了一个比较完整的理论体系”①,显示出很强的理论思辨能力。以运用得体性最高原则来建构修辞学理论体系,当然也要重视修辞手段本身的科学建设,但更重要的是——将修辞手段置于语言运用的大背景中,联系说写主体(即语言的表达者)和语言环境,进行多角度、多层次的动态考察,以探求修辞手段适应语用各种因素的规律。该书按照语言得体性最高原则的指导思想,构建出一个全新的修辞理论体系,可以促使人们从新的思路、新的视角考察、研究、描述修辞矛盾的运动。

(二)在比较研究中确立了语言得体性最高原则的地位

作者对历史上四种不同类型的修辞学理论体系——以修辞手段为核心、以“题旨情境”为核心、以语言交际为核心、以“审美价值”为核心——与得体性最高原则进行了实事求是的对比分析。例如总结归纳出:“修辞手段论”属于静态的、孤立状态的、平面的研究;而“语言得体论”则侧重于动态的、在辨证联系中的、立体的研究。②既分别肯定了它们的成就与贡献,也客观地指出其缺陷和局限性,从而在深入而公允的比较研究中,把语言得体性确定为修辞学的最高原则。导出的结论令人信服。

(三)对语言得体性概念的界定作了重要的修正

王希杰先生在《修辞学通论》中明确指出:语言的“得体性指的是语言材料对语言环境的适应程度”。经过深刻而缜密的思考,郑荣馨先生对王先生

---

① 见王希杰:《语言得体艺术·序言》,郑荣馨:《语言得体艺术》,书海出版社2001年,第3页。

② 见郑荣馨:《语言得体艺术》,书海出版社2001年,第30~35页。

所下的定义做出如下修正："语言的得体性指的是语言材料对说写主体和语言环境的适应程度。"王希杰先生在对得体性进行论述时也涉及了说写主体，但他是把说写主体包括在语言环境之中论述的。《语言得体艺术》则主张把语言的说写主体从语言环境中分离出来，成为语言得体的四要素（语言材料、说写主体、语言环境、适应程度）之一。笔者认为：郑先生对语言得体性定义的这个修正，是对语境理论研究的一个大突破、一个大贡献；把说写主体从语境中分离出来，突出其在语言得体理论框架中的重要作用，不仅在理论上可以立住，在研究实践中更有利于对语言得体性规律做出科学辩证的描述和阐发。这个理论上的创新，源于荣馨先生对语境概念的新解释："语言环境是与说写主体有关的客观环境。"对语境概念的这个修正，直接影响到全书的理论体系和论述，该书第五章"语言得体的主体性"就语言材料对说写主体的适应问题，进行了深刻而精当的阐述。

（四）强调在动态中科学辩证地研究修辞，语料丰富，论说流畅

贯穿全书的中心，通往"得体"的路径，归根结底就是两个字："适应"。作者认为适应是动态的，是有层次的，也是没有终极、没有顶端的。因而要以动态的观点，辩证地处理好修辞研究的各种各样的矛盾。

该书对于一般读者具有一种亲和力，有可读性和实用性，而绝无某些同类著作空谈玄理、罗列公式、味同嚼蜡之弊。这是因为作者历来强调"理论的规律植根于语言的实践"，在研究中"力求做到理论与实践紧密结合，观点从材料中来"。作者关注现实生活，对于活生生的社会语言有一种职业上的敏感。全书采集引用了丰富、生动而鲜活的现实生活的语料，而名家名作所占比重很小。另外，该书贴近生活，论说深入，语言流畅，在娓娓道来之中，显示出厚实的理论功底和开拓创新的学术价值。

另外，有两部结集出版的关于得体修辞学的论文集，都产生了重要理论影响。一是天津市修辞语用学会《修辞语用探索》编委会编的《语言表达与得体性》（天津教育出版社1998年），收入专题论文20多篇，其中收入了马庆株、黎运汉、陈光磊、谭汝为、林兴仁等学者撰写的关于语言得体性的研究论文。二是李名方主编的《得体修辞学研究》（河海大学出版社1999年），收入专题论文30多篇，其中收入了王希杰、李名方、常敬宇、郑荣馨、陈炯、季湘漓等学者撰写的关于语言得体性的研究论文。

第九节　话语修辞

一、话语和话语单位

现代修辞学一方面研究语言体系中的修辞手段,另一方面研究言语规律。值得注意的是,它的研究对象已经从词句修辞转向了话语修辞。所谓话语,就是语义上有联系、有完整的话题、结构上相衔接的一连串语句。话语可以是对话,也可以是独白;可以是口头的,也可以是书面的。

在通常的情况下,单个孤立的句子并不足以完成语言的交际作用,这就需要使用与特定的言语环境相联系的“话语整体”去完成。这种“话语整体”就是连贯的话语,它包括句群、语段和语篇。句群是若干句子相衔接表示共同小主题的话语单位,语段是若干句群和单独句子相衔接表示共同次主题的话语单位,语篇是若干语段、句群、单独句子相衔接表示总主题的话语单位,即篇章。[①]

句群、语段、语篇在内容上以言语目的和语义为中心,在结构上以各种衔接手段为标志。在世纪的言语交际过程中,话语总是按照一定的规律,借助一定的衔接手段组合在一起的。所以研究话语和话语单位之间的结构关系和衔接手段,是分析连贯话语的基础。

二、话语修辞学概说

从话语层次的角度去讲究和追求修辞效果,就形成了话语修辞学。一篇话语的内容包括三个方面:(1)说写者的意图。(2)话语的意义。(3)听读者对话语的反映。这如何协调这三个方面的关系呢?说写者按照交际意图,力图使用巧当的语言手段组合话语,促使听读者的反应纳入说写者预想的轨道,从而达到言语目的。

---

① 王德春、陈晨:《现代修辞学》,上海外语教育出版社2001年,第389页。

因此，话语修辞学的主要研究任务是：(1)研究选用语言单位组成话语整体的规律，以及各种话语结构类型的修辞特征。(2)研究句子的实义切分，句群、语段之间的内在联系和语篇的构成。(3)探索话语纵向发展的规律和语言单位在话语中的结合方法。(4)研究句际关系和话语衔接手段。①

从话语修辞学的角度来看，不对整个话语进行分析，只是孤立地讲究修辞，是不可想象的。正如王德春教授的分析："一些不具表情色彩的中性语言单位组织在话语中都可产生修辞效果，超句结构的交际作用和修辞价值为一般修辞手段和方法所不能代替，话语信息量远不是语句相加的意义，话语风格的研究必须依赖于对整个话语的分析。所以，话语修辞学成为现代修辞学的重要领域，引起语言学界的广泛重视。"②

三、话语修辞学的主要内容

话语修辞学的宗旨，就是研究话语分析，指导人们的言语实践，提高人们的言语修养。话语修辞学的主要内容，包括五个方面：(1)句子功能分析。(2)话语衔接手段。(3)句际关系类型。(4)对话分析。(5)语篇分析。具体说：

(1)句子功能分析。话语修辞学结合言语环境，在连贯话语中对句子进行功能分析。

(2)话语衔接手段。实现句际联系的方法就是话语衔接手段，采用相应的词汇手段、语法手段和语义手段。

(3)句际关系类型。对话语在语义上和结构上相互联系的句子关系(如平行式、承接式、总分式、偏正式等)进行研究。

(4)对话分析。以实际交谈为研究材料，探索交谈依次进行的规约，以及交谈的话语结构和内在的联系。

(5)语篇分析。着重对话语的主题、层次、过渡、意义、基调、规则进行研究，力图总结其语用规律。

---

① 王德春、陈晨：《现代修辞学》，上海外语教育出版社2001年，第390页。

② 同上。

第十节　语用修辞

一、语用学与修辞

语用学是美国哲学家莫里斯的符号学的一个分支，后来被运用到语言学的研究范围之中。莫里斯把符号学分为语义学、句法学和语用学三个分支——语义学研究符号与所指事物之间的关系，句法学研究符号与符号之间的关系，而语用学研究符号与使用者之间的关系。语用学研究语言与语言使用者之间的关系，探索语言使用过程中的语义表达规律。语用学研究的重点内容有：言语环境、语用功能、言语行为、前提与背景等理论问题，以及对话规则、主体述题关联规则、言外之意表述规则等具体的规则。

修辞学是从表达效果出发，探索言语表达的规律及各种修辞方法。为了追求最佳的表达效果，修辞学除了研究、总结语言手段固有的表达功能之外，还要认识语言手段在具体语境中的表达功能；不但了解语境对使用语言的影响和要求，还要探索如何利用语境达到最佳表达效果。

语用学和修辞学的关系十分密切，尽管两者的研究对象和方法不尽相同，但两者的研究是相互关联、互相补充、相辅相成的。语用学揭示的语言使用的基本原理和语用规则，对于修辞学的理论和实践都产生了一定的影响。语用学原理不仅使用于修辞学，还促进了语用修辞学的产生，展示了动态研究修辞的新格局。[①]

语用修辞学与话语修辞学、语体学、风格学、信息修辞学、言语修养学一起，丰富了言语修辞学的内容，使整个修辞学体系更为充实。

二、语用修辞的调节与适应

一般说来，在特定语境中建构的话语，依赖于解释因子，大体可理解语言符号的所指。但是在实际的言语交际中，语用修辞现象有时颇为复杂。

---

① 王德春、陈晨：《现代修辞学》，上海外语教育出版社2001年，第532页。

交际双方由于客观语境因素和社会心理因素而不能相互理解，就形成了语用障碍或信息差。为了克服理解障碍，清除信息差，就要调节自己的话语，直至双方适应，达到相互了解。所谓语用修辞的调节与适应过程，就是在言语交际中，语用障碍的产生、调节话语、消除信息差到双方适应、达到相互了解的过程。[①]例如在贾大山的小说《干姐》中的一句话：

不不还不哩，要不更不啦！

这句话共有十个词，其中有五个否定词“不”，句中没有冷僻词语，也没有语法难点。但即使是精通汉语的人也未必弄懂它的意思。这是儿语？是呓语？是咒语？还是谜语？都不是。这是一句姑嫂谈话中的正常语句。但要弄懂它的意思，还得进行语用修辞分析。

在小说《干姐》中，有个女青年讲了一个精彩的故事。从前有一个媳妇，结婚三年还没有生小孩。在这样的语用背景下，有一天她的小姑子关心地询问嫂子。下面是这对姑嫂对话：

姑：嫂子，你两口儿不呀？

嫂：不不呀。

姑：不不怎么不呀？

嫂：不不还不哩，要不更不啦！

这段对话是家庭中的日常随意谈话，有特定的言语环境，有特定的语用背景，在一般情况下是可以理解的。但话语中省略了宜避讳的禁忌词语，增加了理解的难度。如果把省略的禁忌词语用委婉词语代替，话语容易理解了：

姑：嫂子，你们两口儿不同房呀？

嫂：没有不同房呀。

姑：没有不同房怎么没有喜呀？

嫂：没有不同房还没有喜哩，要是不这样就更没有喜啦！

当然，这种话语调节是为了让小说听读者理解语义。至于作为言语主体的姑嫂双方，由于特定的语境和共同的语用背景，是可以相互理解的。如

---

① 王德春、陈晨：《现代修辞学》，上海外语教育出版社2001年，第542页。

果离开话语整体和语用修辞分析，离开语境和语用背景，像“不不还不哩，要不更不啦！”这样的语句的确是难以理解的。[①]由此可见，语用调节和适应是语用修辞的重要步骤。

三、语用修辞学的研究内容

语用修辞学是语用学和修辞学这两门邻近学科的交叉，综合运用语用学和修辞学的理论和方法对言语活动和话语进行分析，就形成了语用修辞学。这门学科研究的主要内容是：

（一）话语建构中的语用修辞分析

在言语交际中，人们必须选择语言手段建构话语、传递信息，这属于“表达”问题。语言使用者在建构话语时，不仅要斟酌词句，考虑如何达到文从字顺，更要考虑怎样使自己的言语目的和意图通过话语信息有效地传递给听读者。为了使听读者易于理解和接受，必须在建构话语时考虑到听读者的可能反映。因此，言语交际中话语建构包括三个内容——说写者的意图、话语的意义和听读者对话语可能产生的反应。三者的关系是：说写者按照交际意图，尽可能采用恰当的语言手段组合话语，使听读者的反应纳入说写者联想的轨道，从而达到言语目的。

话语的意义并不是各个句义的简单相加。当一个句子进入话语后，就产生了与言语环境有关的话语意义。例如：“暗示意义”——说“他的教学还是不错的”，暗示这个高校教师科研能力差；“前提意义”——说“你又戒烟了”，包含“你多次戒烟失败”的含义。这些意义的交织，就形成了话语整体的信息。建构话语要依赖环境，突出信息核心，才能有效地传递信息。

（二）话语理解中的语用修辞分析

话语理解是指听读者在言语交际过程中，首先理解词句的意义，然后过渡到理解话语整体信息及其信息核心，进而领会说写者的言语目的。在言语交际过程中，并不是每一个听读者都能充分理解话语信息，捕捉住话语的信息核心的。因为话语理解是一种相当复杂的心理过程，仅凭着辨别词义

---

① 王德春、陈晨：《现代修辞学》，上海外语教育出版社2001年，第545～546页。

和分析语法的能力是不够的。一句话在话语整体中，依赖言语环境、心理语境和角色关系，人们可以做出不同的理解。例如：

“你今年多大了？”是一句很容易理解的普通问话。但是对这句话的理解却呈现出复杂的状况：

如果是机关里一位老大姐悄悄地问一个年轻的姑娘，姑娘的脸随之变红。因为姑娘认为：对方要给自己介绍男朋友。

如果是人事科干部问一位五十多岁的老职工，老职工心里可能别扭：“通知我办退休手续就算了，何必明知故问！”

如果是组织部长问一位年轻的干部，年轻人心中庆幸：“党委已把我列入后备干部之中了。”

如果是父亲问一个不争气的儿子，这半大小子肯定作好了思想准备：“这是老爷子给我上课的前奏。”①

在话语理解时，如果听读者所捕捉的话语信息与说写者所传递的信息不等值，就会产生信息差。言语交际中的不理解、误解、曲解、歧解等都是话语信息差的反映。现代社会是信息社会，话语所承载的信息量极为丰富多彩。现代人应具备的多种社会能力中就包括话语理解能力，就是善于从各种话语中正确地理解信息、迅速地捕捉主话语的信息核心。要想真正理解话语，就必须对话语进行语用修辞分析。

（三）对言语环境的语用修辞分析

说写者的话语建构和听读者的话语理解，都依赖于言语环境。语用学研究语言材料在表达意义时需要哪些语境条件，以保证听读者理解话语；而语用修辞学还要考虑：在一定的语境条件下，如何取得最高的表达效果。

譬如一位女子对另外两位女性说：“你是包子，她是包子，我也是包子。”这句话不通，令人不解，而且滑稽可笑。但如果把上下文衔接起来，把言语环境展示出来，这句话就通了。原来在机关吃午饭时，三位女同志一起从蒸饭箱里取出饭盒。当她们分别打开自己的饭盒时，相同的食物使三人哈哈

① 参见谭汝为：《言语交际得体性例论》，《毕节师专学报》1997年第4期。另见谭汝为：《词语修辞与文化》，天津古籍出版社1998年，第206页。

大笑，于是才说出：“（今天带的午饭就像商量好了一样，）你是包子，她是包子，我也是包子。”由此可见，在一定的言语环境的制约下，上下文所提供的语义线索，对于正确理解话语含义具有重要的定位功能，也说明了语境对于语用修辞所起的重要作用。

（四）对角色关系的语用修辞分析

言语交际的双方，总是处在一定的社会角色关系之中的。社会角色关系是在特定的话语交际情境中，由言语交际的双方的社会特征所确定的。一个人在社会交际中的说话，首先，应与自身的社会身份（包括文化、职业、职务、处境等）相适合；其次，还应与交际双方所处的特定关系（如尊卑、父子、翁媳、师生、上下级、医患等）相契合；最后，还应与于此时此地的交际情境相适切。角色关系不同，语用情况也不一样，话语基调和语用修辞当然也要作相应的调适。例如《红楼梦》五十五回，写平儿和凤姐儿的一段对话：

平儿不等说完，便笑道：“你太把人看糊涂了！我才已经行在先了，这会子才嘱咐我！”凤姐儿笑道：“……这不是你又急了，满嘴里‘你’呀‘我’的起来了。”

“你”“我”是平辈人或关系亲近的人之间使用的人称代词。平儿作为侍妾却与主人王熙凤“你”“我”对称，违反了尊卑有序的角色关系，所以受到主子的批评。

曹禺的《日出》写当上了襄理的李石清兴冲冲地跑来，向经理潘月亭大谈其公债投机的胜利。在对话中，李石清一反往昔的谦恭，得意忘形地与潘“你”“我”相称，甚至直呼“月亭”之名。这种颠倒了角色关系的话语基调，自然引起对方极大的反感。潘月亭以嘲讽的口吻教训李石清说：“你以后没事可以常到这儿来玩玩。你叫我月亭也可以，称兄道弟，跟我‘你呀我呀’地说话也可以，现在我们是平等了。”正是因为李石清没有调节好角色关系，因而导致言语交际的失败。

（五）对前提和背景的语用修辞分析

前提和背景是说写者和听读者双方必须共同具有的假设，是交际双方在传递信息之前的共同已知信息。话语要在语境条件充足的情况下才能理解，这种条件就是语用前提。语用背景是话语联系的各种社会因素，如社会文化、风俗、语用习惯等。这些都是双方共同的假设。电影《知音》有这样一段话：

小凤仙粲粲地笑着："你当我肉眼凡胎呀。老袁唱完《大登殿》，就该唱《霸王别姬》了；不过，之间还得垫上你一出戏。"

蔡锷眼睛张大了："戏？"

"《林冲夜奔》。"小凤仙有斩有杀，一字一音。

这段话中，小凤仙的话包含隐喻。语用前提是：袁世凯复辟称帝，蔡锷坚决反对，拒绝收买。语用背景是：交际双方共知《大登殿》《霸王别姬》和《林冲夜奔》三出戏的特定内容。根据语用前提和背景，蔡锷不难理解小凤仙的意思，即袁世凯称帝之后，立刻就会四面楚歌，落得个与楚霸王诀别虞姬、自刎乌江一样的下场。但蔡锷听了"中间还得垫上你一出戏"这句话后，感到惊愕。当小凤仙说出《林冲夜奔》时，蔡锷恍然大悟、豁然开朗。《水浒》中的林冲遭到权奸高俅的一再陷害，逼上梁山。蔡锷也得演一出"夜奔"的戏。小凤仙话语中哪种含蓄的潜在信息显示出巨大的语用修辞效果，也说明她是蔡锷的真正知音。①

（六）对言外之意的语用修辞分析

每一篇话语都有字面意义，有的话语还可以产生依赖言语环境的言外之意。话语字面意义的基础，就是语言手段的社会约定俗成的词汇意义和语法意义，而语言手段一旦进入语用，经过组合，依赖语境，就有可能产生言外之意。语用学认为言外之意是从语用角度理解话语。在特定的语境条件下，疑问句可以有祈使和陈述的功能，祈使句也可以有陈述的功能。从语用修辞角度看，例如：

"可以打开窗子吗？"用疑问句表示祈使，含有委婉的请求——言外之意是"请不要吸烟了"；

"这么做合适吗？"用疑问句表示陈述，带着婉转的批评——言外之意是"这种做法不合适"；

---

① 王德春、陈晨：《现代修辞学》，上海外语教育出版社2001年，第552页。

“请接受我们衷心的谢意！”用祈使句表示陈述——言外之意是“我们衷心感谢你。”

总之，对言外之意的理解和把握应依赖言语环境。言外之意是动态的、鲜活的言语现象，有的妙语双关，有的指桑骂槐，可以产生种种不同的语用修辞效果，很值得重视和研究。

扫码获取
☆配套音频
☆名家课程
☆读书笔记
☆交流社群

附录　谭汝为“修辞与语言文化”研究成果目录

一、著作

（1）《古典诗歌的修辞和语言问题》，天津古籍出版社1994

（2）《词语修辞与文化》，天津古籍出版社1998

（3）《人间词话人间词》（校注），群言出版社1995

（4）《诗歌修辞句法与鉴赏》，澳门语言学会2003

（5）《话民俗，学汉语》，三联书局2003

（6）《民俗文化语汇通论》，天津古籍出版社2004

（7）《天津地名文化》，天津古籍出版社2005

（8）《这是天津话》，天津教育出版社2009

（9）《天津地名故事》（与刘利祥合著），天津人民出版社2012

（10）《天津方言词典》（主编），天津人民出版社2014

（11）《天津方言文化研究》，天津人民出版社2014

（12）《天津方言研究与调查》（与马庆株、曾晓渝合著），天津人民出版社2014

（13）《天津方言与津沽文化》，中国国际广播出版社2015

（14）《天津方言词典 语音版》（主编），天津人民出版社2015

（15）《人名春秋——姓名文化古今谈》，商务印书馆2016

（16）《天津地名文化通论》（主编），天津教育出版社2022

（17）《津渡·乡音识烟火》，天津人民出版社2022

（18）《汉语修辞学指要》，天津人民出版社2023

（19）《天津话里话天津》，天津百花文艺出版社2023

（20）《四时节令话红楼》（与赵建忠、彭连熙合著）2023

(21)《诗词读赏心解五十讲》,天津人民出版社2023

二、论文(不含报纸所刊文章)

1982年

(1)《通感散论》,《文艺理论研究》1982年第1期

1983年

(2)《鼎足对与联璧对——散曲特殊的对仗形式》,《语文园地》1983年第3期

(3)《六言绝句散论——兼论诗歌六言句式的起源和兴衰》,《天津社会科学》1983年第6期

(4)《元散曲的博喻手法》,《语文教学与研究》1983年第7期

1984年

(5)《韵文中叠字的运用》,《语文战线》1984年第1期

(6)《博喻漫论》,《天津师专学报》1984年第2期;人大报刊资料:《语言文字》1984年第7期

(7)《论通感》,《语文园地》1984年第3期

(8)《意象组合漫说——论古典诗歌一种特殊的句式》,《天津师大学报》1984年第5期

(9)《两种特殊的叠字》,《语文教学与研究》1984年第8期;人大报刊资料:《中学语文教学》1984年第8期

1985年

(10)《流水对简论》,《语文学习》1985年第2期

(11)《即实寓虚,略貌取神——艺术欣赏漫说》,《大学文科园地》1985年第4期

(12)《急声与慢声》,《中学语文教学参考》1985年第7期

(13)《谈诗词曲中的“顶真格”》,《学语文》1985年第3期

(14)《“互文”例谈》,《语文园地》1985年第5期

(15)《古典诗歌特殊押韵形式举隅》,《语文教学通讯》1985年第6期

(16)《回文诗词漫说》,《文学知识》1985年第6期

(17)《谈“合掌”》,《语文学习》1985年第8期

(18)《古诗对比艺术谈》,《语文教学与研究》1985年第12期

1986年

(19)《论古典诗歌的典故性词语》,《语文知识》1986年第1期

(20)《“独木桥体”漫说》,《学语文》1986年第1期

(21)《古诗问答体简论》,《语文教学》1986年第1期

(22)《博喻辞格漫论》,《大学文科园地》1986年第3期

(23)《词曲鼎足对简论》,《天津师大学报》1986年第4期

(24)《论“似不通”的修辞方式》,《天津社会科学》1986年第5期

(25)《词序变化与修辞》,《逻辑与语言学习》1986年第6期

(26)《动物名词作状语表示比喻例说》,《语文知识》1986年第8期

(27)《没有喻词的明喻形式——谈古典诗歌一种特殊的比喻句》,《语文学习》1986年第11期

(28)《词序颠倒,形外实妙——谈一种特殊的修辞方式》,《语文园地》1986年第12期

1987年

(29)《古诗语言省略例谈》,《语文教学与研究》1987年第1期

(30)《论韵文三字相叠的修辞方式》,《修辞学习》1987年第3期;人大报刊资料:《语言文字》1987年第5期

(31)《“时间对比”与“空间对比”》,《语文知识》1987年第2期

(32)《“列锦”辞格研究》,《大学文科园地》1987年第3期

(33)《古典诗歌常见的词语省略类说》,《石家庄教育学院学报》1987年第3期

(34)《古典诗歌中的能愿动词表否定》,《阅读与写作》1987年第4期

1988年

(35)《比喻词“疑”字论略》,《语文学习》1988年第1期

(36)《互文的分类》,《语文知识》1988年第2期

(37)《古典诗歌特殊的对仗形式举隅》,《争鸣》1988年第2期

(38)《嵌字体诗歌例论》,《文史杂志》1988年第3期

(39)《古典诗歌平行语的省略》,《语文学习》1988年第3期

1989年

(40)《古典诗歌“对面写来”手法论略》,《语文月刊》1989年第2期

(41)《古典诗歌句法例论》,《徐州师院学报》1989年第3期

(42)《古典诗歌“逆挽倒装”句法例论》,《语文知识》1989年第5期

(43)《“谐解格”例论》,《语文学习》1989年第11期

1990年

(44)《论古典诗歌特殊的押韵形式》,《古典文学新论》,武汉出版社1990

1991年

(45)《谈“十二”及其倍数》,《语文学习》1991年第3期

(46)《成语辨析三则》,《语文月刊》1991年第12期

1992年

(47)《古典诗歌结构修辞例论》,《天津教育学院学报》1992年第4期

(48)《论古典诗词的“句中顶真”》,《修辞学习》1992年第5期

(49)《“A不如B”与“AB不如”——论古典诗歌两种比较句式的异同》,《天津师大学报》1992年第3期;人大报刊资料:《语言文字》1992年第9期

1993年

(50)《连珠合璧,相映成趣——论同异格在古典诗歌中的运用》,《修辞学习》1993年第4期

1994年

(51)《古典诗歌问答体句法研究》,《天津师大学报》1994年第3期

(52)《古典诗歌总分结构修辞初探》,《修辞学习》1994年第4期

1995年

(53)《刊名修辞纵横谈》,《修辞学习》1995年第2期

(54)《宏肆豪辣,清新俚俗——论散曲爱情作品的比喻手法》,《阅读与写作》1995年第4期

(55)《古典诗歌教学与语言修辞研究的相济互补》,《天津师大学报》1995年第5期;人大报刊资料:《语言文字》1996年第2期

(56)《嵌数体诗歌例说》,《语文知识》1995年第5期

(57)《古典诗歌的互喻、倒喻与顶喻》,《语文知识》1994年第10期

(58)《同素逆序词四论》,《词汇学新论》,语文出版社1995

1996年

(59)《突破藩篱,打通畛域——谈〈古典诗歌的修辞和语言问题〉》,《修辞学习》1996年第1期

(60)《新诗韵律论略(上、下)》,《阅读与写作》1996年第1~2期

(61)《汉语修辞研究动态》,《理论与现代化》1996年第2期

(62)《汉语修辞研究的现代思考》,《天津教育学院学报》1996年第3期

(63)《论比喻型成语》,《中国现代文学理论季刊》1996年第3期;

(64)《探隐索微,求真务实——评邓景滨〈语坛争鸣录〉》,《语言文字应用》1996年第3期;《语丛》1996年第2期

(65)《元明散曲修辞论》,《阅读与写作》1996年第3~4期

(66)《论双音节数词的表数功能》,《天津师大学报》1996年第6期

(67)《诗学四议》,《澳门写作学刊》1996年总第11~12期

(68)《从修辞角度论析比喻型成语的类型》,《语丛》1996年总第10期

1997年

(69)《创新务实,深入浅出——评张炼强新著〈修辞〉》,《修辞学习》1997年第2期

(70)《异形词定义与性质研究的回顾与思考》,《天津教育学院学报》1997年第2期

(71)《"比喻二柄多边说"论析》,《云梦学刊》1997年第3期

(72)《论清词话中的修辞思想——纪念郑子瑜〈中国修辞学史稿〉出版13周年》,《毕节师专学报》1997年第3期;宗廷虎主编《郑子瑜中国修辞学史稿问世十周年纪念论文集》,中国社会出版社1998

(73)《言语交际得体性例论》,《毕节师专学报》1997年第4期

(74)《从大同中辨析小异——并联式复合词同义语素的语义差别》,《平顶山师专学报》1997年第4期

(75)《开创修辞语用研究的新局面》(与马庆株合作),《澳门语言学刊》1997年总第4~5期;《高教研究与实践》1997年第2期

(76)《应加强清代词话修辞思想研究》,《修辞学习》1997年第4期

(77)《双音节数词特殊词义举隅》,《语文知识》1997年第5期

(78)《从“方言词”到“方源词”》,《方言与共同语》,海峰出版社1997

1998年

(79)《古典诗歌的特殊比喻形式》,《天津师大学报》1998年第1期;人大报刊资料:《语言文字》1998年第5期

(80)《同素逆序词的范围、成因及其修辞功能》,《澳门语言学刊》1998年总第6~7期

1999年

(81)《“流水对”辨误》,《古汉语研究》1999年第1期

(82)《澳门的语言规划研究》,《语文建设》1999年第2期;

(83)《澳门的语言状况与语言规划》,《汉语学习》1999年第3期

(84)《汉语词汇与玉文化》,《华文教学与研究》1999年第3期

(85)《人名用典与文化》,《毕节师专学报》1999年第3期;《汉族人名用典的文化阐释》,《语言学论辑》(第三辑),南开大学出版社,2000

(86)《俗语的词形误写与语义讹变》,《语文月刊》1999年第4期

(87)《重字“四字成语”的结构》,《语文建设通讯》1999年总第60期

(88)《形虽相叠,意却相迥——谈古诗文中一种特殊的“叠字”》,《中国语文月刊》1999年总第508期

2000年

(89)《喜新厌旧,舍近求远——论比喻运用的两条原则》,《修辞学习》2000年第3期

(90)《语言规划的回顾与前瞻》,《平顶山师专学报》2000年第3期;《澳门语言学刊》2000年总第10~11期;《澳门人文社科研究文选》,社科文献出版社2010

(91)《求真、向善、趋美——世纪之交论广告与文明》,《毕节师专学报》2000年第3期

(92)《传统取字命名法例说》,《汉字文化》2000年第3期

(93)《地名读音变异例说》,《语文建设通讯》2000年第4期

(94)《刘叔新先生的新词和新诗创作》,《语文月刊》2000年第5期;收入王泽鹏主编:《刘叔新先生纪念文集》,南开大学出版社2019

(95)《诗法漫说(四则)》,《澳门写作学刊》2000年总第17~18期

(96)《论汉语与民俗文化的关系》,《天津师大学报》2000年第6期

(97)《有关“豆腐”的熟语与民俗文化》,《语文月刊》2000年第8期

(98)《汉族四字姓名的五种形式》,《语文建设》2000年第10期

2001年

(99)《论成语的缩略形式》,《阅读与写作》2001年第1期

(100)《汉族人名结构的民俗文化阐释》,《理论与现代化》2001年第4期

(101)《论民俗语言研究对汉语教学的作用》,《天津外国语学院学报》2001年第4期

(102)《民俗语言与对外汉语教学》,《语言教学与研究》2001年第5期

2002年

(103)《应用语言学的研究现状与学科建设问题》,《理论与现代化》2002年第1期

(104)《析字辞格的民俗文化阐释》,《浙江树人大学学报》2002年第2期

(105)《论汉语修辞与汉文化的关系》,《毕节师专学报》2002年第4期

(106)《世纪之交报刊语言的变化趋向》,《澳门语言学刊》2002年总第16~17期

(107)《流俗词源与民俗文化》,《语言学论辑》(第四辑),南开大学出版社,2002

2003年

(108)《将语言学研究引上常青之路——程祥徽教授与澳门社会语言研究》,《语言文学研究》2003年第1卷第1期

(109)《修辞学理论建设的新贡献——评郑荣馨〈语言得体艺术〉》,《无锡师范学刊》2003年第1期

(110)《汉语修辞研究的十个新领域》,《平顶山师专学报》2003年第4期,《修辞学论文集》(第8集),北京大学出版社2005

(111)《内部形式、构词理据和流俗词源》,《浙江树人大学学报》2003年

第6期

2004年

（112）《楼盘命名的社会语言研究》，《修辞学习》2004年第1期

（113）《文字预言与民俗文化》，《阅读与写作》2004年第1期

（114）《修辞文化与对外汉语教学》，《绍兴文理学院学报》2004年第2期

（115）《古典诗歌时空因素的艺术布局》，《天津电大学报》2004年第4期

（116）《古典诗词鉴赏》，《中文季刊》2004年第4期

（117）《天津市中国语言学研究综述》，《天津社科年鉴2003》，天津社会科学院出版社2004

2005年

（118）《诗歌的意境与意象》，《阅读与写作》2005年第1期

（119）《解析诗歌中的时空因素》，《阅读与写作》2005年第3期

（120）《词义修辞漫话十则》，《毕节师范高等专科学校学报》2005年第3期

（121）《惯用语言小词典·序》，四川辞书出版社2005；《中文季刊》2005年第4期

（122）《2003年天津语言学研究综述》，《天津社科年鉴2004》，天津人民出版社2005

2006年

（123）《韵文叠字修辞研究》，《平顶山学院学报》2006年第3期

（124）《诗歌修辞辩证思维例析》，《修辞学新视野》，中国文联出版社2005

（125）《2004年天津语言学研究综述》，《天津社科年鉴2005》，天津人民出版社2006

2008年

（126）《语言修辞博客（四则）》，《修辞学习》2008年第1期

（127）《将语言修辞研究引上长青之路——语言应用研究在新世纪的崛起》，《平顶山学院学报》2008年第3期

（128）《顶针辞格新论》，《中文季刊》2008年第4期

（129）《从题旨情境交际目的到外显的语言形式——评郑荣鑫新著〈语

言交际艺术〉》,《修辞学习》2008年第6期

(130)《词义与修辞丛谈》,《金秋集——刘叔新先生南开执教五十周年纪念文集》,南开大学出版社2008

2010年

(131)《修辞研究与博客牵手》,《无锡高等师范学报》2010年第1期

(132)《修辞语用散论三则》,《南华工商学院学报》2010年第3期

(133)《语文教学与汉语能力测试——从"自主招生不考语文"谈开去》,《中文季刊》2010年第3期

(134)《关于汉语能力教学的八个理论问题》,《毕节学院学报》2010年第3期

(135)《社会语言散论》,《中文季刊》2010年第3期

(136)《古典诗歌四种特殊的修辞体式》,《平顶山学院学报》2010年第4期

(137)《词语选择与语体修辞》,《毕节学院学报》2010年第5期

(138)《劝君多用委婉语》,《阅读与鉴赏·高中版》2010年第5期

(139)《方言和普通话的语言关系和谐化——广州"保卫粤语"引发的思考》,《武陵学刊》2010年第6期

(140)《社交称谓语趣谈》,《阅读与鉴赏·高中版》2010年第7期

(141)《天津方言与地域文化》,《社会科学论坛》2010年第10期

(142)《汉族人名里蕴含的文化典故》,《社会科学论坛》2010年第19期

2011年

(143)《诗歌的含蓄美与意境美》,《2011第二届中华吟诵周论文集》

(144)《吟诵和朗诵的异同》,《2011第二届中华吟诵周论文集》

(145)《两岸语文:从互通到融合》,《天津台研通讯》2011年第3期;《语文教师沙龙》2011年第1期(创刊号)

(146)《把语言理论研究引上长青之路》,《语文教师沙龙》2011年第2期

(147)《论普通话与方言的和谐共处》,《北华大学学报》2011年第3期

(148)《姓氏文化散论》,《中文季刊》2011年第4期

(149)《汉族人名文化研究》,《澳门文献信息学刊》2011年第5期

(150)《词语选择与语体修辞》,《修辞学新视野》,社科文献出版社2011

（151）《方法·追求·尝试——语言修辞研究体会》，黎千驹主编：《当代语言学者论治学》，华中师范大学出版社2011

（152）《古代人名溯源四则》，《语文建设通讯》2011年总第97期

（153）《天津方言与地域文化》，《渤海名家大讲堂（第一辑）》，天津科技出版社2011

2012年

（154）《语言修辞与社会文化》，《中文季刊》2012年第3期

（155）《中国语文现代化事业的积极倡导者和杰出实践家：赵元任——纪念赵元任先生诞辰120周年》，《北华大学学报》2012年第4期

（156）《潮平两岸阔，风正一帆悬——两岸语言文化面面观》，《天津台研通讯》2012年第5期

（157）《天津方言与城市性格》，《百科知识》2012年第9期

（158）《汉语能力与口语表达》，《语文现代化论丛》（语文教研版），天津教育出版社2012

（159）《对外汉语教学与中华文化》，陈强、孙宜学主编：《汉语国际传播研究论丛——中外学者同济大学演讲录》，上海三联书店2012

2013年

（160）《中国民间俗语》，《孔子学院院刊》2013年第2期

（161）《繁简亲兄弟，文化共传承》，《天津台研通讯》2013年第3期；《语文现代化论丛》（语文教研版），天津教育出版社2013

（162）《语言修辞研究与社科普及的相济互补》，天津市社联编：《纪念天津市社科普及周十周年文集》2012；《语文教师沙龙》2013年第1期

（163）《学术论文与修辞文采》，《文化学刊》2013年第4期

2015年

（164）《思想先驱 文化启蒙——周有光先生对中华思想文化的巨大贡献》，《语言文化与现代化——“周有光与中国语文现代化”学术研讨会论文集》，广东高等教育出版社2015

（165）《天津方言与城市性格》，《读者 乡土人文版 十五年典藏精选 怀旧

卷：日久他乡成故乡》，敦煌文艺出版社2015

2016年

（166）《人名的语言文化阐析》，南开大学《文学与文化》2016年第1期

（167）《赵元任：中国现代语言学之父》，《档案记忆》2016年第1期

（168）《天津方言与地域文化》，郭登浩、周俊旗主编：《天津史研究论文选辑》（续编），天津古籍出版社2016

（169）《天津方言的源流、文化特质及其对天津城市性格的影响》，郭登浩、周俊旗主编：《天津史研究论文选辑》（续编），天津古籍出版社2016

2018年

（170）《妈祖信仰与天津方言文化》，万鲁建编：《九河寻真2017》，天津社会科学院出版社2018

（171）《天津方言单音节词研究》，《关东学刊》2018年第4期，收入万鲁建编：《九河寻真2018》，天津社会科学院出版社2020

2019年

（172）《美食与美辞——中华文化两样绝活》，《天津商业》2019年第1期

2020年

（173）《比喻象征：诗的灵魂》，《天津文艺界》2020年第1期

（174）《陆文郁与天津方言研究》，《天津文史》2020年第1期

（175）《构建和谐的社会语言生活》，天津图书馆编：《海津讲坛荟萃第四辑》，天津古籍出版社2020

（176）《天津方言词缀研究》，《北斗语言学刊》（山西大学）总第七辑，2020

2021年

（177）《天津方言研究与保护》，《天津文史》2021年第3期

（178）《古代诗词阅读鉴赏理论阐析》，《四川文理学院》2021年第5期

参考文献

[1]陈光磊:《修辞论稿》,北京语言文化大学出版社2001

[2]陈　沆:《诗比兴笺》,上海古籍出版社1981

[3]陈汝东:《社会心理修辞学导论》,北京大学出版社1999

[4]陈望道:《修辞学发凡》,上海教育出版社1976

[5]陈　原:《社会语言学》,学林出版社1983

[6]程祥徽:《语言与传意》,香港海峰出版社1996

[7]褚斌杰:《中国古代文体概论》,北京大学出版社1984

[8]戴昭铭:《文化语言学导论》,语文出版社1996

[9]冯广艺:《变异修辞学》,湖北教育出版社1992

[10]古远清、孙光萱:《诗歌修辞学》,湖北教育出版社1995

[11]郭绍虞:《中国历代文论选》,上海古籍出版社1979

[12]何九盈:《汉字文化学》,辽宁人民出版社2000

[13]胡应麟:《诗薮》,上海古籍出版社1979

[14]蒋绍愚:《唐诗语言研究》,中州古籍出版社1990

[15]黎千驹:《模糊修辞学导论》,光明日报出版社2006

[16]李明方:《得体修辞学研究》,河海大学出版社1999

[17]刘书成等:《美学基本原理》,上海人民出版社1984

[18]刘勰著、范文澜注:《文心雕龙注》,人民文学出版社1978

[19]吕叔湘、朱德熙:《语法修辞讲话》,中国青年出版社1953

[20]马庆株:《修辞语用探索·语言表达与得体性》,天津教育出版社1998

[21]马庆株、谭汝为、高歌东:《修辞与语言文明建设》,天津古籍出版社2002

[22]倪宝元:《大学修辞》,上海教育出版社 1994
[23]钱锺书:《管锥编》,中华书局 1979
[24]钱锺书:《谈艺录》,中华书局 1984
[25]沈　谦:《修辞学》,台湾空中大学出版中心 1995
[26]谭汝为:《古典诗歌的修辞和语言问题》,天津古籍出版社 1994
[27]谭汝为:《词语修辞与文化》,天津古籍出版社 1998
[28]谭汝为:《诗歌修辞句法与鉴赏》,澳门语言学会出版 2003
[29]谭汝为:《民俗文化语汇通论》,天津古籍出版社 2004
[30]谭汝为:《人名春秋——姓名文化古今谈》,商务印书馆 2016
[31]谭学纯等:《接受修辞学》,上海教育出版社 1992
[32]谭永祥:《修辞新格》,福建教育出版社 1983
[33]谭永祥:《汉语修辞美学》,北京语言学院出版社 1992
[34]童山东、吴礼权:《阐释修辞学》,首都师范大学出版社 1998
[35]童庆炳:《中国古代诗学心理透视》,百花文艺出版社 1993
[36]汪国胜:《汉语辞格大全》,广西教育出版社 1993
[37]王德春、陈　晨:《现代修辞学》,上海外语教育出版社 2001
[38]王德春:《多角度研究语言》,清华大学出版社 2002
[39]王夫之著、戴鸿森笺注:《姜斋诗话笺注》,人民文学出版社 1981
[40]王国维著、范文澜注:《人间词话》,人民文学出版社 1960
[41]王　力:《古代汉语》中华书局 1963
[42]王希杰:《修辞学新论》,北京语言学院出版社 1993
[43]王希杰:《修辞学通论》,南京大学出版社 1996
[44]王希杰:《汉语修辞学修订本》,商务印书馆 2012
[45]吴礼权:《修辞心理学》,云南人民出版社 2002
[46]吴士文:《修辞格论析》,上海教育出版社 1986
[47]吴文治:《中国古代文学理论名著题解》,黄山书社 1987
[48]西槙光正:《语境研究论文集》,北京语言学院出版社 1992
[49]谢贵安:《中国谣谶文化研究》,海南出版社 1998
[50]严羽著、郭绍虞校释:《沧浪诗话校释》,人民文学出版社 1983

[51]易　蒲、李金苓:《汉语修辞学史纲》,吉林教育出版社 1989
[52]袁　晖:《二十世纪的汉语修辞学》,书海出版社 2000
[53]袁　晖、宗廷虎:《汉语修辞学史》,安徽教育出版社 1990
[54]张　弓:《现代汉语修辞学》,天津人民出版社 1963
[55]张炼强:《修辞理据探索》,首都师大出版社 1994
[56]张少康:《中国古代文学创作论》,北京大学出版社 1983
[57]张志公:《修辞概要》,上海教育出版社 1982
[58]郑荣馨:《语言表达效果论》,广西师范大学出版社 1996
[59]郑荣鑫:《语言得体艺术》,书海出版社 2001
[60]郑子瑜:《中国修辞学史稿》,上海教育出版社 1984
[61]郑子瑜、宗廷虎:《中国修辞学通史》,吉林教育出版社 1998
[62]宗廷虎等:《修辞新论》,上海教育出版社 1988
[63]宗廷虎、陈光磊《中国修辞史》,吉林教育出版社 2007
[64]周振甫:《诗词例话》,中国青年出版社 1962
[65]周振甫:《文章例话》,中国青年出版社 1983

扫码获取
☆配套音频
☆名家课程
☆读书笔记
☆交流社群